'NCS

한국
에너지공단

직업기초능력검사

PREFACE

우리나라 기업들은 1960년대 이후 현재까지 비약적인 발전을 이루었다. 이렇게 급속한 성장을 이룰 수 있었던 배경에는 우리나라 국민들의 근면성 및 도전정신이 있었다. 그러나 빠르게 변화하는 세계 경제의 환경에 적응하기 위해서는 근면성과 도전정신 이외에 또 다른 성장 요인이 필요하다.

한국기업들이 지속가능한 성장을 하기 위해서는 혁신적인 제품 및 서비스 개발, 선도기술을 위한 R&D, 새로운 비즈니스 모델 개발, 효율적인 기업의 합병·인수, 신사업 진출 및 새로운 시장 개발 등 다양한 대안을 구축해 볼 수 있다. 하지만, 이러한 대안들 역시 훌륭한 인적자원을 바탕으로 할 때에 가능하다. 최근으로 올수록 기업체들은 자신의 기업에 적합한 인재를 선발하기 위해 기존의 학벌 위주의 채용을 탈피하고 기업 고유의 인·적성검사 제도를 도입하고 있는 추세이다.

한국에너지공단에서도 업무에 필요한 역량 및 책임감과 적응력 등을 구비한 인재를 선발하기 위하여 고유의 필기시험을 치르고 있다. 본서는 한국에너지공단 채용대비를 위한 필독서로 한국에너지공단 필기시험의 출제경향을 철저히 분석하여 응시자들이 보다 쉽게 시험유형을 파악하고 효율적으로 대비할 수 있도록 구성하였다.

신념을 가지고 도전하는 사람은 반드시 그 꿈을 이룰 수 있습니다. 처음에 품은 신념과 열정이 취업 성공의 그 날까지 빛바래지 않도록 서원각이 수험생 여러분을 응원합니다.

STRUCTURE

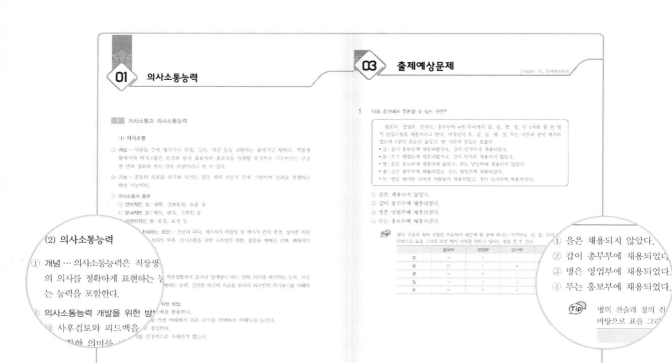

CONTENTS

PART

I

한국에너지공단 소개

01 기업소개 및 채용안내

1 기업소개

(1) 설립목적 및 연혁

① **설립목적**… 한국에너지공단은 에너지공급단계 이후 합리적·효율적 에너지이용 증진과 신·재생에너지 보급 촉진 및 산업 활성화로 온실가스 저감을 유도하고 국민의 삶의 질을 제고하는 것을 목적으로 한다.

② 연혁

시기	주요 연혁	
2000~ Today	16. 07	신재생에너지설비 KS 인증기관 지정
	15. 07	'한국에너지공단'으로 사명 변경
	12. 06	녹색건축센터 지정
	09. 07	신재생에너지센터 표준개발협력기관(COSD) 지정
	05. 11	CDM 운영기구(DOE) 지정
	05. 07	온실가스감축실적 등록소 개소
	03. 02	(부설)대체에너지개발보급센터 설치
1990~ 1999	98. 12	집단에너지사업본부 폐지 (부설)에너지자원기술개발지원센터 본사 통합
	95. 08	공업단지사업본부 설치
1980~ 1989	89. 09	대체에너지개발센터 설치 (부설)에너지자원기술개발지원센터 본사 통합 [1992.12 (부설)에너지자원기술개발지원센터로 개편]
	87. 12	대체에너지개발촉진법 공포 [2004.12 신에너지 및 재생에너지개발·이용·보급촉진법으로 명칭 개정]
	86. 01	지역난방사업본부 설치 [1993.1 집단에너지사업본부로 개편]
	80. 07	에너지관리공단 설립

(2) 경영전략체계

① 미션 및 비전

미션	"지속가능한 에너지 생태계 구축으로 국민행복에 기여"
	공단 업무를 직관적으로 표현하고 사회적 가치에 대한 의미를 반영하여 국민행복에 기여함을 의미
비전	"국민에게 신뢰받는 에너지 리더"
	국민들이 체감할 수 있는 사회적 가치 실현과 변화를 이끄는 신뢰받는 에너지 선도기관임을 의미

② 핵심가치

- ㉠ **변화주도** : 전문적, 역동적 업무추진과 주도적 역할을 강조
- ㉡ **국민안전** : 국민과 근로자 모두에게 안전한 서비스 제공
- ㉢ **청렴공정** : 업무를 수행함에 있어, 높은 윤리성 함양
- ㉣ **상생협력** : 중소기업과 사회적 약자를 배려하고 사회적 가치 창출

③ 경영방침 … "사람중심의 활기차고 투명한 KEA"

- ㉠ '**사람중심의**' : 인권이 존중되고, 차별이 없는 직장
- ㉡ '**활기차고**' : 즐겁고 활기찬 분위기
- ㉢ '**투명한**' : 투명하고 공평한 업무처리

④ 중기목표(2023)

미래 에너지 기반 확대 목표	에너지수요 감축목표	신재생에너지 공급목표	국민평가 (고객만족도/종합청렴도)
40천 업체 777천 가구	15,801천toe	14,358천toe	최우수 등급 (S등급/1등급)

⑤ 전략목표

- ㉠ 미래에너지 산업의 질적 성장 견인
- ㉡ 고효율·저탄소 에너지 환경 조성
- ㉢ 신재생에너지 확산·지원 강화
- ㉣ 사회적 가치 중심의 공공성 기반 확충

(1) 인재상

'신뢰성과 전문성을 바탕으로 공익(公益)을 우선하며 사회적 가치를 실현하는 전문가

① 에너지 분야에 대한 풍부한 지식을 갖추고 있습니다.

② 능동적인 자세로 동료와 협력하여 성과를 창출합니다.

③ 높은 윤리성을 갖추고 고객과 소통합니다.

④ 글로벌 관점에서 에너지 가치 향상의 기회를 발굴합니다.

(2) 채용안내(2020년 하반기 채용)

① 채용형태

⊙ 전문 · 경력직(8명) : 정규직

직종		인원(명)	임용직급	업무내용
사무	변호사	1	일반직 4급	공단 정관 및 제규정 제·개정, 법률 자문 및 자문변호사 관리, 공단 소송 관리 등
	노무사	1	일반직 5급	노사 간 협의체계 및 소통채널 구축 및 운영, 직원 근로조건 향상을 위한 개선사항 발굴 등
기술	열수송관 구조해석	1	일반직 5·6급	열수송관 구조해석 및 모델링 등
	열수송관 안전관리	1		열수송관 현장측정 및 분석, 안전진단 등
	자동차연비	1		자동차 연비센터 장비 운영, 자동차 연비 시험평가 연구 등
	전력계통 해석	2		에너지기본계획 및 전력수급기본계획 등 수립 지원 등
	지리데이터 분석	1		GIS 및 지리정보데이터 운용을 통한 풍력발전 입지자료 분석 등

※ 근무지역 : 본사(울산광역시 중구 소재) 및 지역본주

※ 근로조건 및 보수수준 : 공단 인사규정 및 보수규정에 따름

ⓛ 채용형 인턴(54명) : 채용형 청년인턴

구분	모집분야		인원(명)
채용형 인턴(일반)	사무	경영/경제	5
		법/행정	3
	기술	기계	11
		전기/전자	11
		화공/환경	4
		전산	2
		건축	2
		토목	3
채용형 인턴(고졸)			5
채용형 인턴(장애)			5
채용형 인턴(보훈)			3

※ 근무지역: 본사(울산광역시 중구 소재)
※ 보수수준: 195만원(중식비 포함)
※ 계약기간: 60일(2020.12.28~2021.2.25) → 인턴 근무기간 중 근무성적 평가 및 인사위원회 심의를 거쳐 채용형 인턴(일반·장애·보훈)은 일반직 6급, 채용형 인턴(고졸)은 일반직 7급으로 전환

② 전형 일정(공통)

구분	가간	비고
서류전형 합격자 발표	10.30(금)	
필기전형	11.7(토)	시험장 이원 운영(서울, 울산 각 1개소)
필기전형 합격자 발표	11.12(목)	
증빙서류 온라인 제출	11.12(목)~16(월)	11.16(월) 14:00 마감
면접전형 대상자 발표	12.4(금)	
면접전형	12.9(수)	울산 소재 면접장
최종 합격자 발표	12.17(목)	
임용	12.28(월)	수습기간 1개월

③ 전형 절차 및 평가 기준

㉠ 전문·경력직

구분		내용	비고
1차	서류전형	• 응시자격 적·부 판정 • 경력·경험기술서 정성평가(60) • 경력기간 정량평가(40)	최종합격자의 30배수 이내
2차	필기전형	• NCS 기반 직업기초능력검사 • 인성검사(적·부 판정)	최종합격자의 5배수 이내
3차	면접전형	• 직업기초능력면접 – 상황면접(40) • 직무수행능력면접 – 경험면접(60)	최종합격자 선발

※ 전문·고급자격 분야(변호사, 노무사)는 필기전형 전체 면제(서류전형에서 5배수 이내 선발)
※ 직업기초능력: 의사소통능력, 문제해결능력, 자원관리능력, 대인관계능력, 조직이해능력, 직업윤리

㉡ 채용형 인턴

구분		내용	비고
1차	서류전형	• 응시자격 적·부 판정 • 외국어 및 자격증 평가 • 한국사능력검정시험	최종합격자의 20배수 이내
2차	필기전형	• NCS 기반 직업기초능력검사(60) • 직무능력평가시험(40) • 인성검사(적·부 판정)	최종합격자의 3배수 이내 (장애·보훈·고졸 4배수 이내)
3차	면접전형	• 직업기초능력면접 – 상황면접(40) • 직무수행능력면접 – 경험면접(60)	최종합격자 선발

※ 채용형 인턴(장애·보훈·고졸) 분야는 직무능력평가시험은 면제하고 직업기초능력검사만 실시하며, 직업기초능력검사 배점을 100점으로 함
※ 직업기초능력 : 의사소통능력, 수리능력, 문제해결능력, 자원관리능력, 대인관계능력, 직업윤리

④ 동점자 처리방식(공통)

구분		동점자 처리방식
1차	서류전형	(전문·경력직) 채용우대제도 해당자 중 고득점 순→서류전형 배점이 높은 항목 중 고득점 순
		(채용형 인턴) 채용우대제도 해당자→직무 전문 기술자격 소지자→사무자동화 분야 자격 소지자→외국어 성적 →한국사능력검정 시험 점수
2차	필기전형	전원 합격처리(정수 처리)
3차	면접전형	채용우대제도 해당자→면접 배점이 높은 항목→필기전형 점수→서류전형 동점자 결정방식 순 *동일 항목 내에서는 고득점 순

02 관련기사

한국에너지공단 – 한국가스안전공사, 굴착공사 정보공유 MOU 체결
열수송관 파손사고 예방 및 교육·홍보 등 협력체계 구축

한국에너지공단(이사장 김창섭)은 지난 12일 한국가스공사(사장 임해종)과 지하매설물 파손사고 예방을 위한 굴착공사 정보공유 업무협약을 체결했다.

정보공유 업무협약은 에너지공단이 한국가스공사에서 운영 중인 굴착공사정보지원센터(EOCC)의 굴착공사 정보를 공유하여 굴착공사로 인한 지하에 매설된 집단에너지 열수송관의 파손사고를 예방하고 대국민의 공공 안전 확보를 위하여 마련됐다.

이번 업무협약을 통해 양 기관은 굴착공사 정보공유는 물론 지하에 매설된 열수송관과 가스관 등의 안전성 향상을 위한 기술, 교육 및 홍보 등에 대해 상호 협력할 예정이다.

더불어 한국에너지공단에서는 이번 협약에 따라 공유 받은 굴착공사 정보를 집단 에너지 사업자에게 제공하고 공사 진행상황 모니터링이 가능한 굴착정보시스템(가칭)을 구축하여 시범사업을 실시할 예정이다.

차재호 한국에너지공단 지역협력이사는 "최근 지하 매설물 안전에 대한 국민의 관심이 높아진 가운데 이번 굴착공사 정보공유 협약이 집단에너지 열수송관 안정성 향상에 기여할 것이다"라고 밝혔다.

－2020. 10. 12.

면접질문	• 한국에너지공단이 어떤 일을 하는 기업인지 설명해보시오. • 한국에너지공단이 최근에 실시한 사업에 대해 아는 대로 말해보시오.

'육상풍력 입지 컨설팅 시스템' 가동

'육상풍력 입지 컨설팅 온라인 시스템' 제공
51개 기업 및 개인에게 총 123건의 컨설팅 서비스 제공

한국에너지공단(이사장 김창섭) 풍력발전 추진지원단은 28일부터 '육상풍력 입지지도 컨설팅 온라인 시스템'을 본격 가동한다고 밝혔다.

'육상풍력 입지지도 컨설팅'은 지난해 발표된 육상풍력 발전 활성화 방안의 후속조치 중 하나다. 올해 말까지 개발 중인 육상풍력 입지지도 연구과제의 중간 결과물을 활용해 지난 4월부터 풍력발전 추진지원단에서 현재까지 51개 기업 및 개인에게 총 123건의 컨설팅 서비스를 제공했다.

컨설팅 서비스를 신청하면 풍력발전 추진원단에서 각종 입지규제, 풍력이용률 등을 비롯해 59종의 풍황, 환경, 산림 분야 정보를 동시에 분석, 그 결과를 사업자에게 무상으로 제공한다. 컨설팅 수요가 점차 늘면서 체계적인 컨설팅 서비스를 제공하기 위해 이번에는 온라인 시스템을 구축하였으며, 이를 통해 육상풍력발전 사업의 사전환경성 및 사업성 확보에 기여하는 것이 에너지공단의 목표다.

지금까지는 육상풍력을 개발하려면 부지 발굴이나 선정단계에서 국토교통부 공간정보 오픈플랫폼 지도, 산림청 산림공간정보서비스, 각종 문헌 등 여러 곳에 분산된 정보를 직접 수집하거나 전문 개발 업체를 통해 확인해야 하며, 기초적인 데이터가 정리되지 않은 불편함이 있었다. 하지만 이번에 제공하는 서비스를 통해 수고를 줄일 수 있다.

박성우 에너지공단 풍력발전 추진지원단 부단장은 "입지지도 컨설팅 서비스는 사전환경성이 고려된 풍력사업이 신속하게 기획되고 진행될 수 있도록 지원단이 자발적으로 제공하는 것"이라고 말했다.

– 2020. 9. 28.

면접질문	• 신재생 에너지에 대해 말해보고, 이를 통해 얻을 수 있는 효과를 설명하시오. • 육상풍력에 대해 설명해보시오.

PART

II

NCS 직업기초능력검사

01 의사소통능력

1 의사소통과 의사소통능력

(1) 의사소통

① **개념** … 사람들 간에 생각이나 감정, 정보, 의견 등을 교환하는 총체적인 행위로, 직장생활에서의 의사소통은 조직과 팀의 효율성과 효과성을 성취할 목적으로 이루어지는 구성원 간의 정보와 지식 전달 과정이라고 할 수 있다.

② **기능** … 공동의 목표를 추구해 나가는 집단 내의 기본적 존재 기반이며 성과를 결정하는 핵심 기능이다.

③ **의사소통의 종류**
  ㉠ 언어적인 것 : 대화, 전화통화, 토론 등
  ㉡ 문서적인 것 : 메모, 편지, 기획안 등
  ㉢ 비언어적인 것 : 몸짓, 표정 등

④ **의사소통을 저해하는 요인** … 정보의 과다, 메시지의 복잡성 및 메시지 간의 경쟁, 상이한 직위와 과업지향형, 신뢰의 부족, 의사소통을 위한 구조상의 권한, 잘못된 매체의 선택, 폐쇄적인 의사소통 분위기 등

(2) 의사소통능력

① **개념** … 의사소통능력은 직장생활에서 문서나 상대방이 하는 말의 의미를 파악하는 능력, 자신의 의사를 정확하게 표현하는 능력, 간단한 외국어 자료를 읽거나 외국인의 의사표시를 이해하는 능력을 포함한다.

② **의사소통능력 개발을 위한 방법**
  ㉠ 사후검토와 피드백을 활용한다.
  ㉡ 명확한 의미를 가진 이해하기 쉬운 단어를 선택하여 이해도를 높인다.
  ㉢ 적극적으로 경청한다.
  ㉣ 메시지를 감정적으로 곡해하지 않는다.

(1) 문서이해능력

① 문서와 문서이해능력
  ㉠ 문서 : 제안서, 보고서, 기획서, 이메일, 팩스 등 문자로 구성된 것으로 상대방에게 의사를 전달하여 설득하는 것을 목적으로 한다.
  ㉡ 문서이해능력 : 직업현장에서 자신의 업무와 관련된 문서를 읽고, 내용을 이해하고 요점을 파악할 수 있는 능력을 말한다.

예제 1

다음은 신용카드 약관의 주요내용이다. 규정 약관을 제대로 이해하지 못한 사람은?

> [부가서비스]
> 카드사는 법령에서 정한 경우를 제외하고 상품을 새로 출시한 후 1년 이내에 부가서비스를 줄이거나 없앨 수가 없다. 또한 부가서비스를 줄이거나 없앨 경우에는 그 세부내용을 변경일 6개월 이전에 회원에게 알려주어야 한다.
> [중도 해지 시 연회비 반환]
> 연회비 부과기간이 끝나기 이전에 카드를 중도해지하는 경우 남은 기간에 해당하는 연회비를 계산하여 10 영업일 이내에 돌려줘야 한다. 다만, 카드 발급 및 부가서비스 제공에 이미 지출된 비용은 제외된다.
> [카드 이용한도]
> 카드 이용한도는 카드 발급을 신청할 때에 회원이 신청한 금액과 카드사의 심사 기준을 종합적으로 반영하여 회원이 신청한 금액 범위 이내에서 책정되며 회원의 신용도가 변동되었을 때에는 카드사는 회원의 이용한도를 조정할 수 있다.
> [부정사용 책임]
> 카드 위조 및 변조로 인하여 발생된 부정사용 금액에 대해서는 카드사가 책임을 진다. 다만, 회원이 비밀번호를 다른 사람에게 알려주거나 카드를 다른 사람에게 빌려주는 등의 중대한 과실로 인해 부정사용이 발생하는 경우에는 회원이 그 책임의 전부 또는 일부를 부담할 수 있다.

① 혜수 : 카드사는 법령에서 정한 경우를 제외하고는 1년 이내에 부가서비스를 줄일 수 없어.
② 진성 : 카드 위조 및 변조로 인하여 발생된 부정사용 금액은 일괄 카드사가 책임을 지게 돼.
③ 영훈 : 회원의 신용도가 변경되었을 때 카드사가 이용한도를 조정할 수 있어.
④ 영호 : 연회비 부과기간이 끝나기 이전에 카드를 중도 해지하는 경우에는 남은 기간에 해당하는 연회비를 카드사는 돌려줘야 해.

[출제의도]
주어진 약관의 내용을 읽고 그에 대한 상세 내용의 정보를 이해하는 능력을 측정하는 문항이다.
[해설]
② 부정사용에 대해 고객의 과실이 있으면 회원이 그 책임의 전부 또는 일부를 부담할 수 있다.

답 ②

② 문서의 종류

　　㉠ **공문서** : 정부기관에서 공무를 집행하기 위해 작성하는 문서로, 단체 또는 일반회사에서 정부기관을 상대로 사업을 진행할 때 작성하는 문서도 포함된다. 엄격한 규격과 양식이 특징이다.

　　㉡ **기획서** : 아이디어를 바탕으로 기획한 프로젝트에 대해 상대방에게 전달하여 시행하도록 설득하는 문서이다.

　　㉢ **기안서** : 업무에 대한 협조를 구하거나 의견을 전달할 때 작성하는 사내 공문서이다.

　　㉣ **보고서** : 특정한 업무에 관한 현황이나 진행 상황, 연구·검토 결과 등을 보고하고자 할 때 작성하는 문서이다.

　　㉤ **설명서** : 상품의 특성이나 작동 방법 등을 소비자에게 설명하기 위해 작성하는 문서이다.

　　㉥ **보도자료** : 정부기관이나 기업체 등이 언론을 상대로 자신들의 정보를 기사화 되도록 하기 위해 보내는 자료이다.

　　㉦ **자기소개서** : 개인이 자신의 성장과정이나, 입사 동기, 포부 등에 대해 구체적으로 기술하여 자신을 소개하는 문서이다.

　　㉧ **비즈니스 레터(E-mail)** : 사업상의 이유로 고객에게 보내는 편지다.

　　㉨ **비즈니스 메모** : 업무상 확인해야 할 일을 메모형식으로 작성하여 전달하는 글이다.

③ **문서이해의 절차** … 문서의 목적 이해 → 문서 작성 배경·주제 파악 → 정보 확인 및 현안문제 파악 → 문서 작성자의 의도 파악 및 자신에게 요구되는 행동 분석 → 목적 달성을 위해 취해야 할 행동 고려 → 문서 작성자의 의도를 도표나 그림 등으로 요약·정리

(2) 문서작성능력

① 작성되는 문서에는 대상과 목적, 시기, 기대효과 등이 포함되어야 한다.

② 문서작성의 구성요소

　　㉠ 짜임새 있는 골격, 이해하기 쉬운 구조

　　㉡ 객관적이고 논리적인 내용

　　㉢ 명료하고 설득력 있는 문장

　　㉣ 세련되고 인상적인 레이아웃

예제 2

다음은 들은 내용을 구조적으로 정리하는 방법이다. 순서에 맞게 배열하면?

㉠ 관련 있는 내용끼리 묶는다.
㉡ 묶은 내용에 적절한 이름을 붙인다.
㉢ 전체 내용을 이해하기 쉽게 구조화한다.
㉣ 중복된 내용이나 덜 중요한 내용을 삭제한다.

---

① ㉠㉡㉢㉣   ② ㉠㉡㉣㉢
③ ㉡㉠㉢㉣   ④ ㉡㉠㉣㉢

[출제의도]
음성정보는 문자정보와는 달리 쉽게 잊혀 지기 때문에 음성정보를 구조화 시키는 방법을 묻는 문항이다.
[해설]
내용을 구조적으로 정리하는 방법은 '㉠ 관련 있는 내용끼리 묶는다. → ㉡ 묶은 내용에 적절한 이름을 붙인다. → ㉣ 중복된 내용이나 덜 중요한 내용을 삭제한다. → ㉢ 전체 내용을 이해하기 쉽게 구조화한다.'가 적절하다.

답 ②

③ 문서의 종류에 따른 작성방법
　㉠ 공문서
　　• 육하원칙이 드러나도록 써야 한다.
　　• 날짜는 반드시 연도와 월, 일을 함께 언급하며, 날짜 다음에 괄호를 사용할 때는 마침표를 찍지 않는다.
　　• 대외문서이며, 장기간 보관되기 때문에 정확하게 기술해야 한다.
　　• 내용이 복잡할 경우 '-다음-', '-아래-'와 같은 항목을 만들어 구분한다.
　　• 한 장에 담아내는 것을 원칙으로 하며, 마지막엔 반드시 '끝'자로 마무리 한다.
　㉡ 설명서
　　• 정확하고 간결하게 작성한다.
　　• 이해하기 어려운 전문용어의 사용은 삼가고, 복잡한 내용은 도표화 한다.
　　• 명령문보다는 평서문을 사용하고, 동어 반복보다는 다양한 표현을 구사하는 것이 바람직하다.
　㉢ 기획서
　　• 상대를 설득하여 기획서가 채택되는 것이 목적이므로 상대가 요구하는 것이 무엇인지 고려하여 작성하며, 기획의 핵심을 잘 전달하였는지 확인한다.
　　• 분량이 많을 경우 전체 내용을 한눈에 파악할 수 있도록 목차구성을 신중히 한다.
　　• 효과적인 내용 전달을 위한 표나 그래프를 적절히 활용하고 산뜻한 느낌을 줄 수 있도록 한다.
　　• 인용한 자료의 출처 및 내용이 정확해야 하며 제출 전 충분히 검토한다.

ㄹ 보고서
 • 도출하고자 한 핵심내용을 구체적이고 간결하게 작성한다.
 • 내용이 복잡할 경우 도표나 그림을 활용하고, 참고자료는 정확하게 제시한다.
 • 제출하기 전에 최종점검을 하며 질의를 받을 것에 대비한다.

예제 3

다음 중 공문서 작성에 대한 설명으로 가장 적절하지 못한 것은?

① 공문서나 유가증권 등에 금액을 표시할 때에는 한글로 기재하고 그 옆에 괄호를 넣어 숫자로 표기한다.
② 날짜는 숫자로 표기하되 년, 월, 일의 글자는 생략하고 그 자리에 온점(.)을 찍어 표시한다.
③ 첨부물이 있는 경우에는 붙임 표시문 끝에 1자 띄우고 "끝."이라고 표시한다.
④ 공문서의 본문이 끝났을 경우에는 1자를 띄우고 "끝."이라고 표시한다.

[출제의도]
업무를 할 때 필요한 공문서 작성법을 잘 알고 있는지를 측정하는 문항이다.
[해설]
공문서 금액 표시
아라비아 숫자로 쓰고, 숫자 다음에 괄호를 하여 한글로 기재한다.
예) 금 123,456원(금 일십이만삼천 사백오십육원)

답 ①

---

④ 문서작성의 원칙
  ㄱ 문장은 짧고 간결하게 작성한다(간결체 사용).
  ㄴ 상대방이 이해하기 쉽게 쓴다.
  ㄷ 불필요한 한자의 사용을 자제한다.
  ㄹ 문장은 긍정문의 형식을 사용한다.
  ㅁ 간단한 표제를 붙인다.
  ㅂ 문서의 핵심내용을 먼저 쓰도록 한다(두괄식 구성).

⑤ 문서작성 시 주의사항
  ㄱ 육하원칙에 의해 작성한다.
  ㄴ 문서 작성시기가 중요하다.
  ㄷ 한 사안은 한 장의 용지에 작성한다.
  ㄹ 반드시 필요한 자료만 첨부한다.
  ㅁ 금액, 수량, 일자 등은 기재에 정확성을 기한다.
  ㅂ 경어나 단어사용 등 표현에 신경 쓴다.
  ㅅ 문서작성 후 반드시 최종적으로 검토한다.

⑥ 효과적인 문서작성 요령

　㉠ **내용이해** : 전달하고자 하는 내용과 핵심을 정확하게 이해해야 한다.

　㉡ **목표설정** : 전달하고자 하는 목표를 분명하게 설정한다.

　㉢ **구성** : 내용 전달 및 설득에 효과적인 구성과 형식을 고려한다.

　㉣ **자료수집** : 목표를 뒷받침할 자료를 수집한다.

　㉤ **핵심전달** : 단락별 핵심을 하위목차로 요약한다.

　㉥ **대상파악** : 대상에 대한 이해와 분석을 통해 철저히 파악한다.

　㉦ **보충설명** : 예상되는 질문을 정리하여 구체적인 답변을 준비한다.

　㉧ **문서표현의 시각화** : 그래프, 그림, 사진 등을 적절히 사용하여 이해를 돕는다.

(3) 경청능력

① **경청의 중요성** … 경청은 다른 사람의 말을 주의 깊게 들으며 공감하는 능력으로 경청을 통해 상대방을 한 개인으로 존중하고 성실한 마음으로 대하게 되며, 상대방의 입장에 공감하고 이해하게 된다.

② **경청을 방해하는 습관** … 짐작하기, 대답할 말 준비하기, 걸러내기, 판단하기, 다른 생각하기, 조언하기, 언쟁하기, 옳아야만 하기, 슬쩍 넘어가기, 비위 맞추기 등

③ **효과적인 경청방법**

　㉠ **준비하기** : 강연이나 프레젠테이션 이전에 나누어주는 자료를 읽어 미리 주제를 파악하고 등장하는 용어를 익혀둔다.

　㉡ **주의 집중** : 말하는 사람의 모든 것에 집중해서 적극적으로 듣는다.

　㉢ **예측하기** : 다음에 무엇을 말할 것인가를 추측하려고 노력한다.

　㉣ **나와 관련짓기** : 상대방이 전달하고자 하는 메시지를 나의 경험과 관련지어 생각해 본다.

　㉤ **질문하기** : 질문은 듣는 행위를 적극적으로 하게 만들고 집중력을 높인다.

　㉥ **요약하기** : 주기적으로 상대방이 전달하려는 내용을 요약한다.

　㉦ **반응하기** : 피드백을 통해 의사소통을 점검한다.

예제 4

다음은 면접스터디 중 일어난 대화이다. 민아의 고민을 해소하기 위한 조언으로 가장 적절한 것은?

> 지섭 : 민아씨, 어디 아파요? 표정이 안 좋아 보여요.
> 민아 : 제가 원서 넣은 공단이 내일 면접이어서요. 그동안 스터디를 통해서 면접 연습을 많이 했는데도 벌써부터 긴장이 되네요.
> 지섭 : 민아씨는 자기 의견도 명확히 피력할 줄 알고 조리 있게 설명을 잘 하시니 걱정 안하셔도 될 것 같아요. 아, 손에 꽉 쥐고 계신 건 뭔가요?
> 민아 : 아, 제가 예상 답변을 정리해서 모아둔거에요. 내용은 거의 외웠는데 이렇게 쥐고 있지 않으면 불안해서
> 지섭 : 그 정도로 준비를 철저히 하셨으면 걱정할 이유 없을 것 같아요.
> 민아 : 그래도 압박면접이거나 예상치 못한 질문이 들어오면 어떻게 하죠?
> 지섭 : _____

① 시선을 적절히 처리하면서 부드러운 어투로 말하는 연습을 해보는 건 어때요?
② 공식적인 자리인 만큼 옷차림을 신경 쓰는 게 좋을 것 같아요.
③ 당황하지 말고 질문자의 의도를 잘 파악해서 침착하게 대답하면 되지 않을까요?
④ 예상 질문에 대한 답변을 좀 더 정확하게 외워보는 건 어떨까요?

답 ③

[출제의도]
상대방이 하는 말을 듣고 질문 의도에 따라 올바르게 답하는 능력을 측정하는 문항이다.
[해설]
민아는 압박질문이나 예상치 못한 질문에 대해 걱정을 하고 있으므로 침착하게 대응하라고 조언을 해주는 것이 좋다.

(4) 의사표현능력

① 의사표현의 개념과 종류
  ㉠ 개념 : 화자가 자신의 생각과 감정을 청자에게 음성언어나 신체언어로 표현하는 행위이다.
  ㉡ 종류
    • 공식적 말하기 : 사전에 준비된 내용을 대중을 대상으로 말하는 것으로 연설, 토의, 토론 등이 있다.
    • 의례적 말하기 : 사회·문화적 행사에서와 같이 절차에 따라 하는 말하기로 식사, 주례, 회의 등이 있다.
    • 친교적 말하기 : 친근한 사람들 사이에서 자연스럽게 주고받는 대화 등을 말한다.
② 의사표현의 방해요인
  ㉠ 연단공포증 : 연단에 섰을 때 가슴이 두근거리거나 땀이 나고 얼굴이 달아오르는 등의 현상으로 충분한 분석과 준비, 더 많은 말하기 기회 등을 통해 극복할 수 있다.

　　　　ⓛ 말 : 말의 장단, 고저, 발음, 속도, 쉼 등을 포함한다.

　　　　ⓒ 음성 : 목소리와 관련된 것으로 음색, 고저, 명료도, 완급 등을 의미한다.

　　　　ⓔ 몸짓 : 비언어적 요소로 화자의 외모, 표정, 동작 등이다.

　　　　ⓜ 유머 : 말하기 상황에 따른 적절한 유머를 구사할 수 있어야 한다.

　③ 상황과 대상에 따른 의사표현법

　　　ⓐ 잘못을 지적할 때 : 모호한 표현을 삼가고 확실하게 지적하며, 당장 꾸짖고 있는 내용에만 한정한다.

　　　ⓛ 칭찬할 때 : 자칫 아부로 여겨질 수 있으므로 센스 있는 칭찬이 필요하다.

　　　ⓒ 부탁할 때 : 먼저 상대방의 사정을 듣고 응하기 쉽게 구체적으로 부탁하며 거절을 당해도 싫은 내색을 하지 않는다.

　　　ⓔ 요구를 거절할 때 : 먼저 사과하고 응해줄 수 없는 이유를 설명한다.

　　　ⓜ 명령할 때 : 강압적인 말투보다는 'ㅇㅇ을 이렇게 해주는 것이 어떻겠습니까?'와 같은 식으로 부드럽게 표현하는 것이 효과적이다.

　　　ⓗ 설득할 때 : 일방적으로 강요하기보다는 먼저 양보해서 이익을 공유하겠다는 의지를 보여주는 것이 좋다.

　　　ⓢ 충고할 때 : 충고는 가장 최후의 방법이다. 반드시 충고가 필요한 상황이라면 예화를 들어 비유적으로 깨우쳐주는 것이 바람직하다.

　　　ⓞ 질책할 때 : 샌드위치 화법(칭찬의 말 + 질책의 말 + 격려의 말)을 사용하여 청자의 반발을 최소화 한다.

| 예제 5

당신은 팀장님께 업무 지시내용을 수행하고 결과물을 보고 드렸다. 하지만 팀장님께서는 "최대리 업무를 이렇게 처리하면 어떡하나? 누락된 부분이 있지 않은가."라고 말하였다. 이에 대해 당신이 행할 수 있는 가장 부적절한 대처 자세는?

① "죄송합니다. 제가 잘 모르는 부분이라 이수혁 과장님께 부탁을 했는데 과장님께서 실수를 하신 것 같습니다."

② "주의를 기울이지 못해 죄송합니다. 어느 부분을 수정보완하면 될까요?"

③ "지시하신 내용을 제가 충분히 이해하지 못하였습니다. 내용을 다시 한 번 여쭤보아도 되겠습니까?"

④ "부족한 내용을 보완하는 자료를 취합하기 위해서 하루정도가 더 소요될 것 같습니다. 언제까지 재작성하여 드리면 될까요?"

[출제의도]

상사가 잘못을 지적하는 상황에서 어떻게 대처해야 하는지를 묻는 문항이다.

[해설]

상사가 부탁한 지시사항을 다른 사람에게 부탁하는 것은 옳지 못하며 설사 그렇다고 해도 그 일의 과오에 대해 책임을 전가하는 것은 지양해야 할 자세이다.

답 ①

④ 원활한 의사표현을 위한 지침
  ㉠ 올바른 화법을 위해 독서를 하라.
  ㉡ 좋은 청중이 되라.
  ㉢ 칭찬을 아끼지 마라.
  ㉣ 공감하고, 긍정적으로 보이게 하라.
  ㉤ 겸손은 최고의 미덕임을 잊지 마라.
  ㉥ 과감하게 공개하라.
  ㉦ 뒷말을 숨기지 마라.
  ㉧ 첫마디 말을 준비하라.
  ㉨ 이성과 감성의 조화를 꾀하라.
  ㉩ 대화의 룰을 지켜라.
  ㉪ 문장을 완전하게 말하라.

⑤ 설득력 있는 의사표현을 위한 지침
  ㉠ 'Yes'를 유도하여 미리 설득 분위기를 조성하라.
  ㉡ 대비 효과로 분발심을 불러 일으켜라.
  ㉢ 침묵을 지키는 사람의 참여도를 높여라.
  ㉣ 여운을 남기는 말로 상대방의 감정을 누그러뜨려라.
  ㉤ 하던 말을 갑자기 멈춤으로써 상대방의 주의를 끌어라.
  ㉥ 호칭을 바꿔서 심리적 간격을 좁혀라.
  ㉦ 끄집어 말하여 자존심을 건드려라.
  ㉧ 정보전달 공식을 이용하여 설득하라.
  ㉨ 상대방의 불평이 가져올 결과를 강조하라.
  ㉩ 권위 있는 사람의 말이나 작품을 인용하라.
  ㉪ 약점을 보여 주어 심리적 거리를 좁혀라.
  ㉫ 이상과 현실의 구체적 차이를 확인시켜라.
  ㉬ 자신의 잘못도 솔직하게 인정하라.
  ㉭ 집단의 요구를 거절하려면 개개인의 의견을 물어라.
  ⓐ 동조 심리를 이용하여 설득하라.
  ⓑ 지금까지의 노고를 치하한 뒤 새로운 요구를 하라.
  ⓒ 담당자가 대변자 역할을 하도록 하여 윗사람을 설득하게 하라.
  ⓓ 겉치레 양보로 기선을 제압하라.
  ⓔ 변명의 여지를 만들어 주고 설득하라.
  ⓕ 혼자 말하는 척하면서 상대의 잘못을 지적하라.

(5) 기초외국어능력

① 기초외국어능력의 개념과 필요성
 ㉠ 개념 : 기초외국어능력은 외국어로 된 간단한 자료를 이해하거나, 외국인과의 전화응대와 간단한 대화 등 외국인의 의사표현을 이해하고, 자신의 의사를 기초외국어로 표현할 수 있는 능력이다.
 ㉡ 필요성 : 국제화·세계화 시대에 다른 나라와의 무역을 위해 우리의 언어가 아닌 국제적인 통용어를 사용하거나 그들의 언어로 의사소통을 해야 하는 경우가 생길 수 있다.

② 외국인과의 의사소통에서 피해야 할 행동
 ㉠ 상대를 볼 때 흘겨보거나, 노려보거나, 아예 보지 않는 행동
 ㉡ 팔이나 다리를 꼬는 행동
 ㉢ 표정이 없는 것
 ㉣ 다리를 흔들거나 펜을 돌리는 행동
 ㉤ 맞장구를 치지 않거나 고개를 끄덕이지 않는 행동
 ㉥ 생각 없이 메모하는 행동
 ㉦ 자료만 들여다보는 행동
 ㉧ 바르지 못한 자세로 앉는 행동
 ㉨ 한숨, 하품, 신음소리를 내는 행동
 ㉩ 다른 일을 하며 듣는 행동
 ㉪ 상대방에게 이름이나 호칭을 어떻게 부를지 묻지 않고 마음대로 부르는 행동

③ 기초외국어능력 향상을 위한 공부법
 ㉠ 외국어공부의 목적부터 정하라.
 ㉡ 매일 30분씩 눈과 손과 입에 밸 정도로 반복하라.
 ㉢ 실수를 두려워하지 말고 기회가 있을 때마다 외국어로 말하라.
 ㉣ 외국어 잡지나 원서와 친해져라.
 ㉤ 소홀해지지 않도록 라이벌을 정하고 공부하라.
 ㉥ 업무와 관련된 주요 용어의 외국어는 꼭 알아두자.
 ㉦ 출퇴근 시간에 외국어 방송을 보거나, 듣는 것만으로도 귀가 트인다.
 ㉧ 어린이가 단어를 배우듯 외국어 단어를 암기할 때 그림카드를 사용해 보라.
 ㉨ 가능하면 외국인 친구를 사귀고 대화를 자주 나눠 보라.

출제예상문제

1 다음의 글을 읽고 김 씨가 의사소통능력을 향상시키기 위해 노력한 것은 무엇인가?

> 직장인 김 씨는 자주 동료들로부터 다른 사람들의 이야기를 흘려듣거나 금새 잊어버린다는 이야기를 많이 들어 어떤 일을 하더라도 늦거나 실수하는 경우가 많이 발생한다. 그리고 같은 일을 했음에도 불구하고 다른 직원들보다 남겨진 자료가 별로 없는 것을 알게 되었다. 그래서 김 씨는 항상 메모하고 기억하려는 노력을 하기로 결심하였다. 그 후 김 씨는 회의시간은 물론이고 거래처 사람들을 만날 때, 공문서를 읽거나 책을 읽을 때에도 메모를 하려고 열심히 노력하였다. 모든 상황에서 메모를 하다보니 자신만의 방법을 터득하게 되어 자신만 알 수 있는 암호로 더욱 간단하고 신속하게 메모를 할 수 있게 되었다. 또한 메모한 내용을 각 주제별로 분리하여 자신만의 데이터베이스를 만들기에 이르렀다. 이후 갑자기 보고할 일이 생겨도 자신만의 데이터베이스를 이용하여 쉽게 처리를 할 수 있게 되며 일 잘하는 직원으로 불리게 되었다.

① 경청하기   ② 검토하기

③ 따라하기   ④ 메모하기

 ④ 김 씨는 메모를 하는 습관을 길러 자신의 부족함을 메우고 자신만의 데이터베이스를 구축하여 모두에게 인정을 받게 되었다.

2 다음은 A회사 내 장애인봉사회의 월례회 안내문 초안이다. 작성한 내용을 고쳐 쓰기 위한 방안으로 적절하지 않은 것은?

제10회 월례회 안내

  회원님들의 무궁한 발전을 기원합니다.
   A회사 내 발전과 친목을 도모하기 위한 장애인봉사회가 그동안 여러 회원님들의 관심과 성원으로 나날이 발전하고 있습니다. 회원님들과 함께 월례회를 갖고자 합니다. 바쁘시더라도 부디 참석하시어 미비한 점이 있다면 보완해 나갈 수 있도록 좋은 의견 부탁 드리겠습니다.

– 아래 –

1. 일시 : 2017년 00월 00일 00시
2. 장소 : 별관 10F 제2회의실

장애인봉사회 회장 ○○○

---

① 회의의 주요 안건에 대해 제시한다.
② 담당자의 연락처를 추가한다.
③ 안내문 마지막에 '감사합니다'를 추가한다.
④ '회장 ○○○'을 작성자의 이름으로 대체한다.

> **Tip** 문서에는 기관을 대표하는 장의 직함이나 성명을 적어야 한다. 안내문을 작성한 사람의 이름을 밝힐 필요는 없다.

Answer ↱ 1.④ 2.④

┃3~4┃ 다음 제시된 개요의 결론으로 알맞은 것을 고르시오.

3

제목 : 생태 관광
Ⅰ. 서론 : 생태 관광의 의의와 현황

Ⅱ. 본론
㉠ 문제점 분석
 • 생태자원 훼손
 • 지역 주민들의 참여도 부족
 • 수익 위주의 운영
 • 안내 해설 미흡
㉡ 개선 방안 제시
 • 인지도 및 관심 증대
 • 지역 주민들의 참여 유도
 • 관련 법규의 재정비
 • 생태관광가이드 육성

Ⅲ. 결론 : (   )

① 자연생태계 훼손 최소화
② 생태 관광의 지속적인 발전
③ 생물자원의 가치 증대
④ 바람직한 생태 관광을 위한 노력 촉구

Tip ④ 본론에서 생태 관광에 대한 문제점을 지적하고 그에 대한 개선 방안을 제시하였으므로 결론에서는 주장을 정리하는 '바람직한 생태 관광을 위한 노력 촉구'가 적절하다.

4

> 제목 : 우리말 사랑하고 가꾸기
> Ⅰ. 서론 : 우리말의 오용 실태
>
> Ⅱ. 본론
> ㉠ 우리말 오용의 원인
> • 우리말에 대한 사랑과 긍지 부족
> • 외국어의 무분별한 사용
> • 우리말 연구 기관에 대한 정책적 지원 부족
> • 외국어 순화 작업의 중요성 간과
> ㉡ 우리말을 가꾸는 방법
> • 우리말에 대한 이해와 적극적인 관심
> • 외국어의 무분별한 사용 지양
> • 바른 우리말 사용 캠페인
> • 대중 매체에 사용되는 우리말의 순화
>
> Ⅲ. 결론 : (   )

① 우리말을 사랑하고 가꾸기 위한 노력 제고
② 언어순화 작업의 중요성 강조
③ 잘못된 언어습관 지적의 필요성
④ 우리말 연구 기관에 대한 예산지원의 효과

 서론에서 우리말의 오용 실태를 지적했으며, 본론에서는 우리말 오용의 원인과 함께 그에 대한 우리말 가꾸는 방법이 있으므로 이를 정리하여 결론에서는 '우리말을 사랑하고 가꾸기 위한 노력 제고'가 적절하다.

Answer ↝ 3.④ 4.①

5 다음 좌담을 통해 알 수 없는 내용은?

> 사회자 : 안녕하십니까? 최근 유네스코 총회에서 문화 다양성 협약이 채택되었습니다. 오늘 이 자리에서는 전문가 두 분을 모시고 이에 대한 이야기를 나누어 보겠습니다. 먼저 김 교수님, 이 협약이 갖는 의의에 대해 말씀해 주시겠습니까?
>
> 김 교수 : 네, 우선 문화 다양성 협약이란 세계 각국의 문화적 다양성을 인정하는 국제 협약입니다. 즉, 각 나라가 자국의 문화 정책을 수립함에 있어 그 자주권을 보장하는 국제 규범으로, 이에 대한 국제법적 근거가 마련되었다는 점에서 의의를 가진다고 볼 수 있습니다.
>
> 사회자 : 네, 언뜻 들었을 때 자국의 문화 정책을 수립하는 데 있어 자주권을 보장하는 국제 규범이 왜 필요한지 이해가 잘 되지 않는데요. 이 협약이 채택된 배경에 대해 이 교수님께서 설명 좀 부탁드립니다.
>
> 이 교수 : 네, 현재 국제 사회는 세계화에 발맞춰 모든 영역에서 자유시장화를 추구해 왔습니다. 문화 영역 역시 예외가 아니었는데요. 그 결과로 몇몇 강대국의 대중문화가 전 세계의 문화를 지배하여 약소국의 고유한 문화적 정체성이 흔들릴 위기에 처했습니다. 이번 문화 다양성 협약의 채택은 이러한 배경에서 탄생한 것으로, 문화 영역을 다른 상품과 마찬가지로 단순히 산업으로만 보아서는 안 된다는 것을 전제로 한 것이라고 할 수 있습니다.
>
> 사회자 : 네, 그렇군요. 그럼 이 협약이 우리나라의 문화 산업이나 문화 정책에는 어떤 영향을 미칠까요?
>
> 이 교수 : 저는 이번 협약의 체결이 앞으로 우리 문화 산업에 긍정적인 영향을 줄 것이라고 전망합니다. 문화 산업 육성과 관련된 제도적 보완 장치를 도입하여 우리 문화 산업이 안팎으로 경쟁력을 확보할 수 있는 바탕이 마련되었다고 할 수 있으니까요.
>
> 김 교수 : 네, 저 역시도 이 교수님의 의견에 동의합니다. 다만, 이 협약의 근본 바탕이라고 할 수 있는 문화 다양성의 뜻을 다시 한 번 새기고 다른 나라의 문화도 균형 있게 받아들일 수 있는 자세가 필요하다는 것도 잊지 말았으면 합니다.
>
> 사회자 : 네, 말씀 잘 들었습니다. 그런데 일부 국가에서 이 협약에 강하게 반발하고 있는 것으로 알고 있는데요. 이 협약이 앞으로 얼마나 실효성을 가질지 의문입니다. 이 점에 대해 말씀해 주시겠습니까?
>
> 이 교수 : 글쎄요. 대다수 국가가 이 협약에 찬성을 하여 채택했지만 실질적인 영향력을 가지는 문화 산업 강대국에서 비준에 동의하지 하지 않는다면 자칫 선언적인 차원에 머물 가능성이 있습니다.
>
> 김 교수 : 네, 그렇습니다. 그러므로 우리나라와 입장이 비슷한 다른 나라들과 연대하여 이 협약이 비준될 수 있도록 노력해야 한다고 생각합니다.

① 협약의 의의
② 협약 채택의 배경
③ 협약에서 규정하고 있는 문화적 다양성의 개념
④ 협약의 실효성에 대한 전망

 ① 김 교수의 첫 번째 발언에서 확인할 수 있다.
② 이 교수의 첫 번째 발언에서 확인할 수 있다.
④ 이 교수의 마지막 발언에서 확인할 수 있다.

Answer ↪ 5.③

6 다음은 A화장품 광고부서에 입사한 갑동씨가 모델의 광고효과에 대해 조사한 자료이다. 빈칸에 들어갈 가장 적절한 문장은?

> _____ 예를 들어, 자동차, 카메라, 공기 청정기, 치약과 같은 상품의 경우에는 자체의 성능이나 효능이 중요하므로 대체로 전문성과 신뢰성을 갖춘 모델이 적합하다. 이와 달리 상품이 주는 감성적인 느낌이 중요한 보석, 초콜릿, 여행 등과 같은 상품은 매력성과 친근성을 갖춘 모델이 잘 어울린다. 그런데 유명인이 그들의 이미지에 상관없이 여러 유형의 상품 광고에 출연하면 모델의 이미지와 상품의 특성이 어울리지 않는 경우가 많아 광고 효과가 나타나지 않을 수 있다.

① 일부 유명인들은 여러 상품의 광고에 중복하여 출연하고 있는데, 이는 광고계에서 관행으로 되어 있고, 소비자들도 이를 당연하게 여기고 있다.

② 어떤 모델이든지 상품의 특성에 적합한 이미지를 갖는 인물이어야 광고 효과가 제대로 나타날 수 있다.

③ 유명인의 유명세가 상품에 전이되고 소비자가 유명인이 진실하다고 믿게 된다.

④ 유명인 모델의 광고 효과를 높이기 위해서는 유명인이 자신과 잘 어울리는 한 상품의 광고에만 지속적으로 나오는 것이 좋다.

(Tip) 빈칸 이후의 내용은 자신의 이미지에 적합한 광고 모델을 써야 광고 효과가 나타나는 예시들을 나열하고 있으므로 ②가 가장 적절하다.

7 다음에 제시된 글의 목적에 대해 바르게 나타낸 것은?

제목 : 사내 신문의 발행

1. 우리 회사 직원들의 원만한 커뮤니케이션과 대외 이미지를 재고하기 위하여 사내 신문을 발간하고자 합니다.

2. 사내 신문은 홍보지와 달리 새로운 정보와 소식지로서의 역할이 기대되오니 아래의 사항을 검토하시고 재가해주시기 바랍니다.

-아 래-

㉠ 제호 : We 서원인
㉡ 판형 : 140 × 210mm
㉢ 페이지 : 20쪽
㉣ 출간 예정일 : 2017. 1. 1

별첨 견적서 1부

---

① 회사에서 정부를 상대로 사업을 진행하려고 작성한 문서이다.
② 회사의 업무에 대한 협조를 구하기 위하여 작성한 문서이다.
③ 회사의 업무에 대한 현황이나 진행상황 등을 보고하고자 하는 문서이다.
④ 회사 상품의 특성을 소비자에게 설명하기 위하여 작성한 문서이다.

 위 문서는 기안서로 회사의 업무에 대한 협조를 구하거나 의견을 전달할 때 작성하며, 흔히 사내 공문서라고도 한다.

8 다음의 글을 읽고 박 대리가 저지른 실수를 바르게 이해한 것은?

> 직장인 박 대리는 매주 열리는 기획회의에서 처음으로 발표를 할 기회를 얻었다. 박 대리는 자신이 할 수 있는 문장실력을 총 동원하여 4페이지의 기획안을 작성하였다. 기획회의가 열리고 박 대리는 기획안을 당당하게 읽기 시작하였다. 2페이지를 막 읽으려던 때, 부장이 한 마디를 했다. "박 대리, 그걸 전부 읽을 셈인가? 결론이 무엇인지만 말하지." 그러자 박 대리는 자신이 작성한 기획안을 전부 발표하지 못하고 중도에 대충 결론을 맺어 발표를 마무리하게 되었다.

① 박 대리의 기획안에는 첨부파일이 없었다.
② 박 대리의 발표는 너무 시간이 길었다.
③ 박 대리의 기획안에는 참신한 아이디어가 없었다.
④ 박 대리의 발표는 간결하지 못하고 시각적인 부분이 부족했다.

 기획안의 작성도 중요하나 발표시 문서의 내용을 효과적으로 전달하는 것이 무엇보다 중요하다. 문서만 보면 내용을 이해하기 어렵고 의도한 내용을 바로 파악할 수 없기 때문에 간결하고 시각적인 문서작성이 중요하다.

9 다음 중 아래 행사의 사회를 맡게 된 유사원의 화법으로 가장 적절한 것은?

> OO물산에서는 매년 5월 셋째 주 목요일에 임직원의 화합과 단결을 위한 춘계 체육대회를 개최한다. 본 대회에 앞서 권민석 대표의 축사와 직원 표창이 있고, 이어서 축구, 줄다리기, 마라톤 등 각 종목별 예선 및 결승전을 실시한다.

① 사장님의 축사가 있으시겠습니다.
② 일부 경기방식의 변경에 대해 여러분께 양해를 구하겠습니다.
③ 모든 임직원 여러분이 적극적으로 경기에 임하면 감사하겠습니다.
④ 오후 장기자랑에 참가하실 분은 신청서가 접수되실 수 있도록 진행본부에 협조 부탁드립니다.

 ① 있으시겠습니다 → 있겠습니다
③ 임하면 → 임해주시면
④ 접수되실 수 → 접수될 수

❙ 10~11 ❙ 다음 문장들을 순서대로 바르게 배열한 것을 고르시오.

10

> ㉠ 그 이유는 전 세계 가장 뛰어난 선수들이 서로 자신의 기량을 마음껏 뽐내기 때문에 어설프게 잘하거나 마음만 앞선다고 올림픽 금메달의 주인공이 되는 것은 아니기 때문이다.
>
> ㉡ 누구는 명예를 위해서 또 누구는 군 면제를 받기 위해서 모든 선수들은 4년간 피땀을 흘려가며 열심히 준비를 한다.
>
> ㉢ 하지만 올림픽에서 금메달을 딴다는 것은 하늘의 별따기라는 말이 있듯이 올림픽 금메달은 쉽게 주어지지 않는다.
>
> ㉣ 올림픽에서 금메달을 따는 것은 모든 운동선수들의 꿈일 것이다.
>
> ㉤ 따라서 올림픽에서 금메달을 따려면 뛰어난 실력과 함께 어느 정도의 운도 따라 주어야 한다.

① ㉤㉠㉢㉡㉣   ② ㉣㉡㉢㉠㉤
③ ㉣㉢㉢㉠㉤   ④ ㉤㉡㉠㉢㉣

 ㉣ 모든 운동선수들의 꿈인 올림픽 금메달→㉡ 선수들이 올림픽 금메달을 따려는 이유→ ㉢ 올림픽 금메달을 따기 어려운 현실→㉠ 올림픽 금메달을 따기 어려운 이유→㉤ 글쓴 이의 생각

11

> ㉠ 무인항공기가 처음 실전에 투입되었을 때 받은 첫 임무는 정찰이다.
>
> ㉡ 하지만 얼마 지나지 않아 기술이 발전하고 경험이 축적되어 현재 무기를 장착하고 적의 중요 시설이나 병력을 공격하는 정밀 타격능력까지 보유하게 되었다.
>
> ㉢ 무인항공기는 처음에는 군사 목적으로 만들어졌다.
>
> ㉣ 당시 아직 기술이 발달하지 않아 적을 공격하지는 못했고 다만 적의 진지나 지형을 정찰하여 적의 동태를 살피는 것이 고작이었다.
>
> ㉤ 과거 전쟁터에서 많은 군인들이 목숨을 잃자 지휘부에서는 사람을 태우지 않은 항공기를 개발하여 전쟁터에 투입시켰던 것이다.

① ㉡㉣㉤㉢㉠   ② ㉤㉡㉣㉠㉢
③ ㉣㉠㉢㉤㉤   ④ ㉢㉤㉠㉣㉡

 ㉢ 무인항공기의 개발 목적→㉤ 무인항공기의 개발 목적에 대한 부연설명→㉠ 개발 초기 무인항공기의 임무→㉣ 개발 초기 무인항공기의 임무에 대한 부연설명→㉡ 이후 향상된 현대 무인항공기의 능력

Answer⤶ 8.④ 9.② 10.② 11.④

12 다음 내용은 방송 대담의 한 장면이다. 이를 통해 알 수 있는 것은?

> 사회자 : '키워드로 알아보는 사회' 시간입니다. 의료 서비스 시장 개방이 눈앞의 현실로 다가오고 있습니다. 이와 관련하여 오늘은 먼저 의료 서비스 시장의 특성에 대해서 알아보겠습니다. 김 박사님 말씀해주시죠.
>
> 김 박사 : 일반적인 시장에서는 소비자가 선택할 수 있는 상품의 폭이 넓습니다. 목이 말라 사이다를 마시고 싶은데, 사이다가 없다면 대신 콜라를 마시는 식이지요. 하지만 의료 서비스 시장은 다릅니다. 의료 서비스 시장에서는 음료수를 고르듯 아무 병원이나, 아무 의사에게 갈 수는 없습니다.
>
> 사회자 : 의료 서비스는 일반 시장의 상품과 달리 쉽게 대체할 수 있는 상품이 아니라는 말씀이군요.
>
> 김 박사 : 예, 그렇습니다. 의료 서비스라는 상품은 한정되어 있다는 특성이 있습니다. 우선 일정한 자격을 가진 사람만 의료 행위를 할 수 있기 때문에 의사의 수는 적을 수밖에 없습니다. 의사의 수가 충분하더라도 소비자, 즉 환자가 만족할 만한 수준의 병원을 설립하는 데는 더 큰 비용이 들죠. 그래서 의사와 병원의 수는 의료 서비스를 받고자 하는 사람보다 항상 적을 수밖에 없습니다.
>
> 사회자 : 그래서 종합 병원에 항상 그렇게 많은 환자가 몰리는군요. 저도 종합 병원에 가서 진료를 받기 위해 오랜 시간을 기다린 적이 많습니다. 그런데 박사님…… 병원에 따라서는 환자에게 불필요한 검사까지 권하는 경우도 있다고 하던데요…….
>
> 김 박사 : 그것은 '정보의 비대칭성'이라는 의료 서비스 시장의 특성과 관련이 있습니다. 의료 지식은 매우 전문적이어서 환자들이 자신의 증상에 관한 정보를 얻기가 어렵습니다. 그래서 환자는 의료 서비스를 수동적으로 받아들일 수밖에 없습니다. 중고차 시장을 생각해보시면 될 텐데요, 중고차를 사려는 사람이 중고차 판매자를 통해서만 차에 관한 정보를 얻을 수 있는 것과 마찬가지입니다.
>
> 사회자 : 중고차 판매자는 중고차의 좋지 않은 점을 숨길 수 있으니 정보가 판매자에게 집중되는 비대칭성을 나타낸다고 보면 될까요?
>
> 김 박사 : 맞습니다. 의료 서비스 시장도 중고차 시장과 마찬가지로 소비자의 선택에 불리한 구조로 이루어져 있습니다. 따라서 의료 서비스 시장을 개방하기 전에는 시장의 특수한 특성을 고려해 소비자가 피해보는 일이 없도록 많은 논의가 이루어져야 할 것입니다.

① 의료서비스 수요자의 증가와 의료 서비스의 질은 비례한다.
② 의료서비스 시장에서는 공급자 간의 경쟁이 과도하게 나타난다.
③ 의료서비스 시장에서는 소비자의 의료서비스 선택의 폭이 좁다.
④ 의료서비스 공급자와 수요자 사이에는 정보의 대칭성이 존재한다.

 의료 서비스 시장에서는 의료 행위를 하기 위한 자격이 필요하고, 환자가 만족할 만한 수준의 병원을 설립하는 데 비용이 많이 들어 의사와 병원의 수가 적어 소비자의 선택의 폭이 좁다고 하였다.

■13~14 ■ 다음 글에서 (   )에 들어갈 접속어를 바르게 배열한 것을 고르시오.

13

사회는 수영장과 같다. 수영장에는 헤엄을 잘 치고 다이빙을 즐기는 사람이 있는가하면, 헤엄에 익숙지 않은 사람도 있다. 사회에도 권력과 돈을 가진 사람이 있는가하면, 그렇지 못한 사람도 존재한다. 헤엄을 잘 치고 다이빙을 즐기는 사람이 바라는 수영장과 헤엄에 익숙지 못한 사람이 바라는 수영장은 서로 다를 수밖에 없다. 전자는 높은 데서부터 다이빙을 즐길 수 있게끔 물이 깊은 수영장을 원하지만, 후자는 그렇지 않다. (   ) 문제는 사회라는 수영장이 하나밖에 없다는 것이다. (   ) 수영장을 어떻게 만들 것인지에 관하여 전자와 후자 사이에 갈등이 생기고 쟁투가 벌어진다.

① 그러나, 하지만   ② 그러나, 한편
③ 그런데, 그래서   ④ 그런데, 반면에

 첫 번째 괄호는 바로 전 문장에 대해 전환하는 내용을 이어주어야 하므로, '그런데'가 적절하다. 두 번째 괄호는 바로 전 문장과 인과관계에 있는 문장을 이어주므로 '그래서'가 적절하다.

14

역사 속에서 유대인들은 엄청난 대가를 치르면서도, 그들의 동질성을 유지하고 정체성을 지켜온 것으로 유명하다. (   ) 유대인이 자신들의 언어를 소중하게 지켜왔으리라고 여기는 일은 자연스럽다. (   ) 이는 사실과 크게 다르다. 유대인들은 별다른 고민이나 갈등 없이 자신들의 언어를 여러 번 바꾸었다.

① 예를들어, 왜냐하면
② 하지만, 즉
③ 따라서, 그러나
④ 그런데, 왜냐하면

 유대인들이 동질성을 유지하고 정체성을 지켜온 것으로 유명하기 때문에 언어를 소중하게 지켜왔으리라고 여겨지는 것이므로 첫 번째 빈칸은 '따라서'가 적절하며, 유대인이 언어를 소중하게 지켜왔으리라고 여겨지지만 사실은 언어를 여러 번 바꾼 것이므로 두 번째 빈칸은 '그러나'가 적절하다.

15 다음 글에서 ㉠에 들어갈 내용으로 알맞은 것은?

> 2008년 9월, 리먼 브라더스 투자은행이 파산에 이르렀고, 메릴린치나 AIG보험사 같은 거대 금융자본들도 심히 흔들린다. 그 금융기관에 투자한 세계 각국 자본들도 당황한다. 한국 자본만 해도 리먼 브라더스에 7억2000만 달러나 투자한 상태다. 산업은행은 파산 직전 이 회사를 인수할 뻔했다. 미 연방정부는 시장만능주의 논리를 깨며 7000억 달러의 구제 금융으로 자기배반적 시장 개입을 한다. 그럼에도 사태는 불확실투성이다. 그러나 이번 사태는 이미 2007년에 미국에서 '서브프라임 모기지론(비우량 주택담보대출)' 부실이 사회 문제화했을 때부터 예견된 것이다.
>
> 비우량 주택담보대출이란 무엇인가? 이는 신용 등급이 낮은 이들을 상대로 고금리의 돈을 빌려주는 것이다. 집을 담보로 집 시세의 100% 수준으로 대출한다. 미국에서는 '압류 주택 버스 투어'까지 성행할 정도였다. 이때 돈을 빌리는 자와 돈을 빌려주는 자는 어떻게 이익을 얻는가? 빌린 자는 집을 담보로 돈을 빌려 집에 투자(투기)를 한다. 나중에 집값이 오르면 집을 되판다. 빌린 돈을 갚고도 시세차익이 생긴다. 빌려주는 기관은 고객에게서 높은 금리를 챙기고 고수익 채권도 팔아 돈을 번다.
>
> 여기서 이 게임이 잘 작동하기 위한 전제 두 가지는 무엇인가? (㉠   ) 그러나 만일 이 두 가지 조건이 충족되지 않으면 이 게임은 어떻게 될 것인가? 결과는 '거품'의 붕괴다. 그래서 '서브프라임 모기지론' 사태가 생기고, 뒤이어 투자은행 등 금융기관이 파산한다. 돌고 돌아야 할 돈이 못 돌 때, 이 거대한 세계적 투기 게임도 종말을 고한다.
>
> 생각하건대 그동안 사람들은 온갖 '재테크'니 '휴먼테크'니 하면서 현란한 말과 기술로 잔치판을 벌였지만 그 핵심은 한 마디로 '투기를 잘해 큰돈을 벌자'는 것이다. 다른 말로, '땀 흘리지 않고 떼돈 벌자'는 논리다.
>
> 그것은 한편으로 우리가 노동력을 팔아 열심히 노동해서는 결코 행복하게 살 수 없음을 말한다는 점에서 일말의 진실도 있다. 남이 하면 투기고 자기가 하면 투자라 하지만 결국 같은 것이다. 결국 이번 사태는 우리에게 땅과 더불어 땀 흘리며 살아가는 인간 본연의 모습을 되찾지 않으면 결국 거품 붕괴와 파산 선고의 칼날이 휘몰아칠 것임을 가르치고 있다.

① 집값이 오르고, 집에 대한 수요가 증가한다.
② 집값이 오르고, 집에 대한 수요가 감소한다.
③ 집값이 내리고, 집에 대한 수요가 증가한다.
④ 집값이 내리고, 집에 대한 수요가 고정된다.

 ① 이 글에서 언급한 '투기'의 과정은 빚을 내어 집에 투자하고 그 차액으로 이익을 얻는 방식이므로 집값은 올라야 하고 팔려야 그 이익이 유지될 수 있다.

Answer ⌐ 13.③ 14.③ 15.①

16 다음 중 ㉠에 가장 어울리는 말은?

> 슈탈은 베커의 아이디어를 발전시켜 이 기름 성분의 흙을 플로지스톤이라고 명명하고 물질의 연소를 이 플로지스톤의 분리로 해석했다. 이 설은 17, 18세기를 통해 영향력이 대단했기 때문에 많은 과학자들은 새로운 현상이 발견되면 일단 플로지스톤으로 설명하려 들었다. 또 플로지스톤으로 설명이 잘 안 되면 억지로 새로운 성질을 부가하기도 했다. 예를 들어 ㉠<u>금속과 같은 물질을 가열하면(태우면) 무게가 늘어나는 현상을 플로지스톤의 분리로는 잘 설명할 수 없었다. 왜냐하면 플로지스톤이 빠져 나왔는데 되레 무게가 는다는 것은 논리적이지 않기 때문이다. 그래서 머리를 짜낸 게 플로지스톤은 때때로 음(−)의 무게를 갖기도 한다고 편리한 대로 끼워 맞췄다.</u> 오늘날의 관점으로 보면 어이없을 정도로 황당한 풀이지만 정교한 개념 체계가 잡혀 있는 것도 아닌데다 실험 데이터도 충분히 축적되지 않은 상태에서 아리스토텔레스의 '상식적인 역학'이 오랜 기간 지배했듯이 플로지스톤 이론도 상식선에서 별 잘못이 없어 보였으므로 강력한 반론이 제기되지 않고 있었다. 플로지스톤의 지지자들은 훗날 가벼우면서도 타기도 잘 타는 기체인 수소를 발견하자 이 기체야말로 바로 플로지스톤이라고 단정하기도 했다.

① 곡학아세(曲學阿世)
② 견강부회(牽强附會)
③ 인지상정(人之常情)
④ 좌정관천(坐井觀天)

 ㉠에는 기존의 가설에 맞지 않는 현상이 나타나자 그 현상을 설명할 수 있도록 아무런 실험과 검증 없이 이론을 끌어다 붙이는 태도가 나타나 있다. 이와 같이 가당치도 않은 말을 억지로 끌어다 대어 조리에 맞도록 하는 것을 뜻하는 말은 '견강부회(牽强附會)'이다.

17 다음 글은 합리적 의사결정을 위해 필요한 절차적 조건 중의 하나에 관한 설명이다. 다음 보기 중 이 조건을 위배한 것끼리 묶은 것은?

> 합리적 의사결정을 위해서는 정해진 절차를 충실히 따르는 것이 필요하다. 고도로 복잡하고 불확실한 문제상황 속에서 결정의 절차가 합리적이기 위해서는 다음과 같은 조건이 충족되어야 한다.
>
> 〈조건〉
> 정책결정 절차에서 논의되었던 모든 내용이 결정절차에 참여하지 않은 다른 사람들에게 투명하게 공개되어야 한다. 그렇지 않으면 이성적 토론이 무력해지고 객관적 증거나 논리 대신 강압이나 회유 등의 방법으로 결론이 도출되기 쉽기 때문이다.

> 〈보기〉
> ㉠ 심의에 참여한 분들의 프라이버시 보호를 위해 오늘 회의의 결론만 간략히 알려드리겠습니다.
> ㉡ 시간이 촉박하니 회의 참석자 중에서 부장급 이상만 발언하도록 합시다.
> ㉢ 오늘 논의하는 안건은 매우 민감한 사안이니만큼 비참석자에게는 그 내용을 알리지 않을 것입니다. 그러니 회의자료 및 메모한 내용도 두고 가시기 바랍니다.
> ㉣ 우리가 외부에 자문을 구한 박사님은 이 분야의 최고 전문가이기 때문에 참석자 간의 별도 토론 없이 박사님의 의견을 그대로 채택하도록 합시다.
> ㉤ 오늘 안건은 매우 첨예한 이해관계가 걸려 있으니 상대방에 대한 반론은 자제해주시고 자신의 주장만 말씀해주시기 바랍니다.

① ㉠㉡
② ㉠㉢
③ ㉢㉣
④ ㉢㉤

 합리적 의사결정의 조건으로 회의에서 논의된 내용이 투명하게 공개되어야 한다는 조건을 명시하고 있으나, ㉠과 ㉢에서는 비공개주의를 원칙으로 하고 있기 때문에 조건에 위배된다.

18 다음은 주문과 다른 물건을 배송 받은 Mr. Hopkins에게 보내는 사과문이다. 순서를 바르게 나열한 것은?

> Dear Mr. Hopkins
> a. We will send you the correct items free of delivery charge.
> b. We are very sorry to hear that you received the wrong order.
> c. Once again, please accept our apologies for the inconvenience, and we look forward to serving you again in the future.
> d. Thank you for your letter dated October 23 concerning your recent order.
> e. Apparently, this was caused by a processing error.

① c − e − a − d − b
② d − b − e − a − c
③ b − c − a − e − d
④ e − a − b − d − c

 「Mr. Hopkins에게
　d. 당신의 최근 주문에 관한 10월 23일의 편지 감사합니다.
　b. 당신이 잘못된 주문을 받았다니 매우 유감스럽습니다.
　e. 듣자 하니, 이것은 프로세싱 오류로 인해 야기되었습니다.
　a. 우리는 무료배송으로 당신에게 정확한 상품을 보낼 것입니다.
　c. 다시 한 번, 불편을 드린 것에 대한 저희의 사과를 받아주시길 바라오며, 장래에 다시 서비스를 제공할 수 있기를 기대합니다.」

19 다음은 고령화 시대의 노인 복지 문제라는 제목으로 글을 쓰기 위해 수집한 자료이다. 자료를 모두 종합하여 설정할 수 있는 논지 전개 방향으로 가장 적절한 것은?

⊙ 노령화 지수 추이(통계청)

연도	1990	2000	2010	2020	2030
노령화 지수	20.0	34.3	62.0	109.0	186.6

※ 노령화 지수 : 유년인구 100명당 노령인구

⊙ 경제 활동 인구 한 명당 노인 부양 부담이 크게 증가할 것으로 예상된다. 노인 인구에 대한 의료비 증가로 건강 보험 재정도 위기 상황에 처할 수 있을 것으로 보인다. 향후 노인 요양 시설 및 재가(在家) 서비스를 위해 부담해야 할 투자비용도 막대하다.

– 00월 00일 ○○뉴스 중 –

⊙ 연금 보험이나 의료 보험 같은 혜택도 중요하지만 우리 같은 노인이 경제적으로 독립할 수 있도록 일자리를 만들어 주는 것이 더 중요한 것 같습니다.

– 정년 퇴직자의 인터뷰 중 –

---

① 노인 인구의 증가 속도에 맞춰 노인 복지 예산 마련이 시급한 상황이다. 노인 복지 예산을 마련하기 위한 구체적 방안은 무엇인가?

② 노인 인구의 급격한 증가로 여러 가지 사회 문제가 나타날 것으로 예상된다. 이러한 상황의 심각성을 사람들에게 어떻게 인식시킬 것인가?

③ 노인 인구의 증가가 예상되면서 노인 복지 대책 또한 절실히 요구되고 있다. 이러한 상황에서 노인 복지 정책의 바람직한 방향은 무엇인가?

④ 노인 인구가 증가하면서 노인 복지 정책에 대한 노인들의 불만도 높아지고 있다. 이러한 불만을 해소하기 위해서 정부는 어떠한 노력을 해야 하는가?

> **Tip** ⊙⊙을 통해 노인인구 증가에 대한 문제제기를 제기하고, ⊙을 통해 노인 복지 정책의 바람직한 방향을 금전적인 복지보다는 경제적인 독립, 즉 일자리 창출 등으로 잡아야한다고 논지를 전개해야 한다.

20 다음은 주식회사 서원각 편집팀의 주간 회의 일부이다. 회의 참여자들의 말하기 방식에 대한 설명으로 옳지 않은 것은?

> 김대리 : 요즘 날씨가 더워지면서 에너지 절약에 대한 문제가 심각한 거 다들 알고 계시죠? 작년에도 블랙아웃을 겪을 정도로 이 문제가 심각했습니다. 그래서 이번에는 사무실에서 할 수 있는 에너지 절약 방안에 대해 논의하고자 합니다. 에너지 절약에 대해 좋은 의견이 있으면 말씀해 주시기 바랍니다.
>
> 현진 : 가끔 점심식사를 하고 들어오면 아무도 없는 사무실에 에어컨이 켜져 있는 것을 볼 수 있습니다. 사소한 것이지만 이런 것도 문제가 될 수 있다고 생각합니다.
>
> 지은 : 맞아요. 오늘 아주 일찍 출근을 해보니 아무도 없는데 사무실의 에어컨이 켜져 있는 것을 보았습니다.
>
> 병근 : 진짜입니까? 그렇다면 정말 위험할 뻔 했습니다. 자칫 과열되어 불이라도 났으면 어쩔 뻔 했습니까?
>
> 효미 : 지금 에너지 절약 방안에 대한 회의를 하자고 한 것 아닙니까? 그에 맞는 논의를 했으면 좋겠습니다. 저는 담당자를 지정하여 사무실에 대한 에너지 관리를 하였으면 좋겠습니다. 예를 들어 에어컨이나 컴퓨터, 소등 등을 점검하고 확인하는 것입니다.
>
> 갑순 : 저는 에어컨 온도를 적정 수준 이상으로 올리지 않도록 규정온도를 정했으면 합니다.
>
> 을동 : 그건 안됩니다. 집도 덥고, 아침에 출근하고 나면 엄청 더운데 사무실에서까지 덥게 지내라는 것은 말이 안됩니다. 사무실 전기세를 내가 내는 것도 아닌데 사무실에서만이라도 시원하게 지내야 된다고 생각합니다.
>
> 김실 : 왜 그렇게 이기적이십니까? 에너지 문제는 우리 전체의 문제입니다.
>
> 을동 : 뭐 제가 이기적이라고 말씀하신 겁니까?
>
> 미연 : 감정적으로 대응하지 마시고 우리가 할 수 있는 방안을 생각해 보도록 하는 것이 좋을 것 같습니다.
>
> 하정 : 전 지금까지 나온 의견을 종합하는 것이 좋다고 생각합니다. 에너지 절약 담당자를 지정하여 에어컨 온도를 유지하고, 퇴근할 때 사무실 소등 및 점검을 하는 것이 좋다고 생각합니다.

① 김대리 : 참여자의 적극적인 참여를 위해 화제의 필요성을 강조하며 회의를 시작하고 있다.
② 병근 : 상대의 말에 동의하며 의사소통 상황에 맞게 의견을 개진하고 있다.
③ 효미 : 잘못된 방향으로 흘러가는 화제를 조정하며 회의에 적극적으로 참여하고 있다.
④ 미연 : 다수가 참여하는 의사소통에서 참여자의 갈등을 중재하여 담화의 흐름을 돕고 있다.

 회의의 화제는 에너지 절약에 관한 것이므로 의사소통 상황에 맞게 의견을 개진한다면 에너지 절약의 측면에서 말을 해야 한다. 여기서 병근은 화재에 대한 걱정만을 하고 있음을 볼 때 상황에 맞게 의견을 개진한다고 보기는 어렵다.

21 다음은 사원들이 아래 신문 기사를 읽고 나눈 대화이다. 대화의 흐름상 빈칸에 들어갈 말로 가장
적절한 것은?

"김치는 살아 있다"

젖산균이 지배하는 신비한 미생물의 세계

처음에 생기는 일반 세균 새콤한 맛 젖산균이 물리쳐 "우와~ 김치 잘 익었네."

효모에 무너지는 '젖산균 왕국' "어유~ 군내, 팍 시었네."

점차 밝혀지는 김치의 과학 토종 젖산균 '김치 아이'

유전자 해독 계기로 맛 좌우하는 씨앗균 연구 개발

1990년대 중반 이후부터 실험실의 김치 연구가 거듭되면서, 배추김치, 무김치, 오이
김치들의 작은 시공간에서 펼쳐지는 미생물들의 '작지만 큰 생태계'도 점차 밝혀지고 있
다. 20여 년째 김치를 연구해 오며 지난해 토종 젖산균(유산균) '류코노스톡 김치 아이'
를 발견해 세계 학계에서 새로운 종으로 인정받은 인하대 한홍의(61) 미생물학과 교수는
"일반 세균과 젖산균, 효모로 이어지는 김치 생태계의 순환은 우리 생태계의 축소판"이
라고 말했다.

흔히 "김치 참 잘 익었다."라고 말한다. 그러나 김치 과학자라면 매콤새콤하고 시원한
김치 맛을 보면 이렇게 말할 법하다. "젖산균들이 한창 물이 올랐군." 하지만, 젖산균이
물이 오르기 전까지 갓 담근 김치에선 배추, 무, 고춧가루 등에 살던 일반 세균들이 한
때나마 왕성하게 번식한다. 소금에 절인 배추, 무는 포도당 등 영양분을 주는 좋은 먹이
터전인 것이다.

"김치 초기에 일반 세균은 최대 10배까지 급속히 늘어나다가 다시 급속히 사멸해 버
립니다. 제 입에 맞는 먹잇감이 줄어드는데다 자신이 만들어 내는 이산화탄소가 포화 상
태에 이르러 더는 살아갈 수 없는 환경이 되는 거죠." 한 교수는 이즈음 산소를 싫어하
는 '혐기성' 미생물인 젖산균이 활동을 개시한다고 설명했다. 젖산균은 시큼한 젖산을 만
들며 배추, 무를 서서히 김치로 무르익게 만든다. 젖산균만이 살 수 있는 환경이 되는
데, "다른 미생물이 출현하면 수십 종의 젖산균이 함께 '박테리오신'이라는 항생 물질을
뿜어내어 이를 물리친다."라고 한다.

그러나 '젖산 왕조'도 크게 두 번의 부흥과 몰락을 겪는다. 김치 중기엔 주로 둥근 모
양의 젖산균(구균)이, 김치 말기엔 막대 모양의 젖산균(간균)이 세력을 떨친다. 한국 식
품 개발연구원 박완수(46) 김치 연구단장은 "처음엔 젖산과 에탄올 등 여러 유기물을 생
산하는 젖산균이 지배하지만, 나중엔 젖산만을 내는 젖산균이 우세종이 된다."며 "김치
가 숙성할수록 시큼털털해지는 것은 이 때문"이라고 설명했다.

-○○일보-

사원 甲 : 김치가 신 맛을 내는 이유는 젖산균 때문이었군? 난 세균 때문인 줄 알았어.
사원 乙 : 나도 그래. 처음에 번식하던 일반 세균이 스스로 사멸하다니, 김치는 참 신기해.
사원 丙 : 맞아. 게다가 젖산균이 출현한 이후에는 젖산균이 뿜어내는 항생 물질 때문에
다른 미생물들이 살 수 없는 환경이 된다는데.
사원 丁 : 하지만 ＿＿＿＿＿＿＿＿＿＿＿＿＿＿＿＿＿＿＿＿＿＿＿＿＿＿＿

① 일반세균이 모두 죽고 나면 단 한가지의 젖산균만이 활동하게 돼.
② 모든 젖산균이 김치를 맛있게 만드는 것은 아니더군.
③ 김치는 오래되면 오래될수록 맛이 깊어지지.
④ 김치가 오래될수록 시큼해지는 이유는 젖산균에서 나오는 유기물들 때문이야.

 ① 김치 중기엔 주로 둥근 모양의 젖산균(구균)이, 김치 말기엔 막대 모양의 젖산균(간균)
이 세력을 떨친다.
③ 나중엔 젖산만을 내는 젖산균이 우세종이 되어 김치가 숙성될수록 시큼털털해진다.
④ 김치가 오래될수록 시큼해지는 이유는 젖산균에서 나오는 젖산 때문이다.

22 다음 대화를 읽고 빈칸에 들어갈 말로 옳은 것은?

> A : "방금 뉴스에서 뭐라고 나온 거야?"
> B : "＿＿＿＿＿＿＿＿＿＿＿＿＿＿＿ ㉠ ＿＿＿＿＿＿＿＿＿＿＿＿＿＿＿"
> A : "그게 정말이야?"
> B : "그래, 지금 그거 때문에 사람들이 난리도 아니야."
> A : "저런~ 하필 주말에 이런 일이 생기다니… 정말 안타깝구나."
> B : "맞아. 참 안타까운 일이지… 조금만 주의를 했으면 일어나지도 않았을 텐데…."

① 오늘 아침 고속도로에서 15중 추돌사고가 일어나 일가족 4명이 목숨을 잃었어?
② 오늘 아침 고속도로에서 15중 추돌사고가 일어나 일가족 4명이 목숨을 잃었구나.
③ 오늘 아침 고속도로에서 15중 추돌사고가 일어나 일가족 4명이 목숨을 잃었대.
④ 오늘 아침 고속도로에서 15중 추돌사고가 일어나 일가족 4명이 목숨을 잃었다니…

 ③ 뉴스에서 보도한 정보(고속도로 교통사고 소식)를 전달하고 있기 때문에 직접 경험한 사실이 아닌 다른 사람이 말한 내용을 간접적으로 전달할 때 사용하는 어말어미 '-대'를 사용하는 것이 옳다.

23 아웃도어 업체에 신입사원으로 입사한 박 사원이 다음의 기사를 요약하여 상사에게 보고해야 할 때 적절하지 못한 내용은?

아웃도어 브랜드 '기능성 티셔츠' 허위 · 과대광고 남발

　국내에서 판매되고 있는 유명 아웃도어 브랜드의 반팔 티셔츠 제품들이 상당수 허위 · 과대광고를 하고 있는 것으로 나타났다. 소비자시민모임은 30일 서울 신문로 ○○ 타워에서 기자회견을 열고 '15개 아웃도어 브랜드의 등산용 반팔 티셔츠 품질 및 기능성 시험 통과 시험 결과'를 발표했다. 소비자시민모임은 2015년 신상품을 대상으로 아웃도어 의류 매출 상위 7개 브랜드 및 중소기업 8개 브랜드 총 15개 브랜드의 제품을 선정해 시험 · 평가했다. 시험결과 '자외선 차단' 기능이 있다고 표시 · 광고하고 있는 A사, B사 제품은 자외선 차단 가공 기능이 있다고 보기 어려운 수준인 것으로 드러났다. C사, D사 2개 제품은 제품상에 별도 부착된 태그에서 표시 · 광고하고 있는 기능성 원단과 실제 사용된 원단에 차이가 있는 것으로 확인됐다. D사, E사, F사 등 3개 제품은 의류에 부착된 라벨의 혼용율과 실제 혼용율에 차이가 있는 것으로 조사됐다. 또 일부 제품의 경우 '자외선(UV) 차단 기능 50+'라고 표시 · 광고했지만 실제 테스트 결과는 이에 못미치는 것으로 나타났다. 반면, 기능성 품질 비교를 위한 흡수성, 건조성, 자외선차단 시험 결과에서는 G사, H사 제품이 흡수성이 좋은 것으로 확인되었다. 소비자시민모임 관계자는 "일부 제품에서는 표시 · 광고하고 있는 기능성 사항이 실제와는 다르게 나타났다."며 "무조건 제품의 광고를 보고 고가 제품의 품질을 막연히 신뢰하기 보다는 관련 제품의 라벨 및 표시 정보를 꼼꼼히 확인해야 한다."고 밝혔다. 이어 "소비자의 합리적인 선택을 유도할 수 있도록 기능성 제품에 대한 품질 기준 마련이 필요하다."며 "표시 광고 위반 제품에 대해서는 철저한 관리 감독을 요구한다."고 촉구했다.

---

① A사와 B사 제품은 자외선 차단 효과가 낮고, C사와 D사는 태그에 표시된 원단과 실제 원단이 달랐다.

② 소비자시민모임은 '15개 아웃도어 브랜드의 등산용 반팔티셔츠 품질 및 기능성 시험 결과'를 발표했다.

③ G사와 H사 제품은 흡수성이 좋은 것으로 확인되었다.

④ 거의 모든 제품에서 표시 · 광고하고 있는 기능성 사항이 실제와는 다르게 나타났다.

　(Tip) 일부 제품에서 표시 · 광고하고 있는 사항이 실제와 다른 것이며 G사와 H사의 경우 제품의 흡수성이 좋은 것으로 확인되었기 때문에 거의 모든 제품이라고 단정하면 안 된다.

Answer ⟶ 22.③ 23.④

24 다음 글의 내용과 부합하는 것은?

> 공업화 과정이나 기타 경제 활동의 대부분은 욕망과 이성의 두 가지에 의해 충분히 설명될 수 있다. 하지만 그것만으로는 자유민주주의를 향한 투쟁은 설명할 수 없으며, 이는 인정받고자 하는 영혼의 '패기' 부분에서 궁극적으로 비롯되는 것이다. 공업화의 진전에 따른 사회적 변화, 그 중에서도 보통교육의 보급은 가난하고 교육받지 못한 사람들에게 그때까지 느끼지 못했던 인정받기 위한 욕망을 불러일으킨 것 같다. 만일 인간이 욕망과 이성뿐인 존재에 불과하다면 프랑코 정권하의 스페인, 또는 군사독재 하의 한국이나 브라질 같은 시장경제 지향적인 권위주의 국가 아래에서도 만족하며 살아갈 수 있을 것이다. 그러나 인간은 자기 자신의 가치에 대해 '패기' 넘치는 긍지를 갖고 있기 때문에 자신을 어린아이가 아닌 어른으로서 대해주는 정부, 자유로운 개인으로서의 자주성을 인정해주는 민주적인 정부를 원하게 된 것이다. 오늘날 공산주의가 자유민주주의로 교체되어 가고 있는 것은 공산주의가 인정에 대한 중대한 결함을 내포한 통치형태라는 사실이 인식되었기 때문이다. 역사의 원동력인 인정받기 위한 욕망의 중요성을 이해함으로써 우리는 문화나 종교, 노동, 민족주의, 전쟁 등 우리에게 익숙한 여러 가지 현상을 재검토하게 된다. 예를 들면 종교를 믿는 사람은 특정한 신이나 신성한 관습에 대한 인정을 원하고 있다. 한편 민족주의자는 자신이 속해 있는 특정의 언어적, 문화적, 또는 민족적 집단에 대해 인정받기를 원한다. 그러나 이와 같은 인정의 형태는 모두가 자유국가에 대한 보편적 인정에 비해 합리성이 결여되어 있다. 왜냐하면 그것은 성(聖)과 속(俗), 또는 인간 사회의 여러 집단에 대한 임의적 구분을 토대로 하고 있기 때문이다. 종교나 민족주의 또는 어떤 민족의 윤리적 습성과 관습의 혼합체 등이, 전통적으로 민주주의적인 정치제도나 자유시장경제의 건설에 장애가 된다고 생각되는 이유도 여기에 있다.

① 교육은 '인정받기 위한 욕망'에 관하여는 아무런 영향을 미치지 않는다.

② 패기 넘치는 긍지를 가지고 있는 사람은 한국의 권위주의 하에서도 만족하면서 살아 갈 것이다.

③ 민족주의자는 자신이 속한 문화적 집단보다는 그 사회 속에 속한 개인이 인정 받기를 원한다.

④ 공산주의가 인정에 대한 중요한 결함을 내포하고 있기 때문에 자유민주주의로 교체되고 있다.

 ① 보통교육의 보급은 가난하고 교육받지 못한 사람들에게 그때까지 느끼지 못했던 인정받기 위한 욕망을 불러일으킨 것 같다.
② '패기' 넘치는 긍지를 갖고 있는 사람은 자신을 어린아이가 아닌 어른으로서 대해주는 정부, 자유로운 개인으로서의 자주성을 인정해주는 민주적인 정부를 원한다.
③ 민족주의자는 자신이 속해 있는 특정의 언어적, 문화적, 또는 민족적 집단에 대해 인정받기를 원한다.

25 다음 글을 읽고 미루어 짐작할 수 있는 것은?

> 역설적이게도 오늘날 자연 선택 개념은 많은 경우 진화보다는 진화가 일어나지 않는 경우와 연관되어 인용된다. 주둥치*가 발광체를 갖게 된 것이 자연 선택 때문이라면, 자연 선택은 진화적 변화에 의해 그 발광체가 사라지지 않도록 방지하는 역할도 하고 있을 것이다. 살아 있는 생명체의 진화적 잠재력에 대한 풍부한 연구 덕분에 우리는 그들이 오늘날 보통 관찰되거나 화석 기록에 나타난 것보다도 훨씬 빠르게 진화할 수 있다는 사실을 알고 있다. 자연 선택이 주로 하는 일은 생명체가 지닌, 현재 최적의 상태로 발달되어 있는 형질들에서 이탈하는 것들을 추려내는 것이다.
>
> 예를 들어, 새들 중 어떤 종에서 평균 날개 길이가 20cm라면 19cm나 21cm의 날개를 가진 개체들은 다소 불리할 것이다. 그 개체들은 성체가 될 때까지 생존할 확률도 적고 그 후에도 낮은 번식률과 생존율을 보일 것이다. 야생에서 일어나는 자연 선택을 다룬 한 전형적인 연구가 그 증거를 정확하게 제시해 준다. 1899년 영국의 생물학자 허먼 캐리 범퍼스가 폭풍우에 죽은 참새들의 날개 길이를 재 보았다. 그 결과 폭풍 때 죽은 참새들에서 평균보다 현저하게 크거나 작은 날개를 지닌 개체들의 비율이 전체 참새 개체군에서보다 훨씬 크다는 사실을 알 수 있었다.
>
> 날개 길이나 인슐린 생산, 피부색 등의 형질은 중간 정도의 발달을 보이는 것이 유리하다는 이론을 안정화 선택 혹은 '최적화'라고 한다. 자연계에서 일어나는 선택은 대부분 이런 식으로, 세대를 거치며 평균값에서 눈에 띄게 변화하는 것보다는 평균값을 유지하려는 방향으로 일어난다고 여겨진다.
>
> 심지어 약한 방향성 선택도 일어나면 대개 시정된다. 자연선택이 간간이 일어나는 불리한 돌연변이나, 환경 조건이 다른 곳에서 이주해 온 개체에 의해 유입되는 지역적으로 부적응적인 유전자들을 솎아 내지 않는다면, 그 집단은 적응성이 낮아지는 쪽으로 진화할 것이다. 그래서 다윈이 진화의 주요 원인이라고 제안한 자연 선택 과정이, 오늘날에는 주로 진화를 방지하는 역할을 하고 있다고 생각된다.
>
> * 주둥치 : 난류성 물고기로 몸은 타원형에 가까운 나뭇잎 모양이며 옆으로 납작함. 북서태평양의 온대 해역에 분포함.

① 과거 새들의 날개는 현재보다 작았다.
② 진화의 속도가 수백 년 전보다 매우 느려졌다.
③ 주둥치의 발광체는 점점 더 밝은 빛을 낼 것이다.
④ 자연 선택은 현재 상태를 유지하는 쪽으로 압력을 행사한다.

 현재 최적의 상태로 발달되어 있는 형질들에서 이탈하는 것을 추려낸다고 하였으므로 현상태를 유지하는 쪽으로 압력을 행사한다고 할 수 있다.

Answer ↱ 24.④ 25.④

26 다음 글에서 일그러진 청소년 문화를 바로잡기 위한 방안을 여러 가지로 제시하고 있다. 글에서 제시한 방안이 아닌 것은?

팝이나 록음악에 열광하는 청소년들의 성향은 세계적인 현상이다. 개방화 이후 공산권 사회에 제일 먼저 들어간 것이 서방세계의 대중문화요 그 중에서 팝음악이 선두주자가 됐던 것도 이를 말해준다. 우리나라도 예외는 아니다. 유럽과 미국의 유명악단이나 가수들의 음악이 우리 청소년들의 정서를 사로잡은 지는 이미 오래이다. 경황없이 지내는 대입수험생들마저 헤드폰으로 팝음악을 들으며 공부하는 모습을 어디서나 볼 수 있는 이즈음인 것이다.

17일 밤 뉴키즈 온 더 블록 악단의 내한 공연에서 보여준 우리 10대들의 광란은 팝과 우리 청소년문화에 대한 깊은 우려를 안겨주었다. 세계를 휩쓰는 팝음악을 우리 청소년들이라 해서 외면하고 살 수는 없을 것이다. 그러나 아무리 좋아하는 음악이요 가수라 해도 학교공부도 팽개치고 비행장으로 몰리고 공연장을 아수라장으로 만들며 수십 명의 부상자를 낸 청소년들의 문화수용의 자세는 큰 문제가 아닐 수 없다. 더욱 이런 청소년들의 분별없는 광란과 탈선을 방관한 부모들이나 우리 사회의 안일한 자세는 이번 기회에 지적되지 않으면 안 된다.

우리 청소년들이 대체로 절제심이 없고 공중질서에 둔감하며 제 좋을 대로만 행동하는 이기주의에 빠져 있다는 것은 수없이 되풀이되는 지적이다. 그것을 대중문화의 한 증후라고 예사로 보아 넘기기에는 그 정도가 지나치다. 그들이 자라서 이 사회의 주역이 됐을 때 우리 사회가 어떤 모습으로 변할 것인지에 대한 우려가 어른들의 공통된 걱정이기도 하다. 그러나 그들이 왜 이 지경으로 어른들의 기대에서 빗나가 있고 어떤 처방으로 그들을 선도해야 할 것인지에 대한 대책의 마련에는 부모들이나 사회, 정부가 모두 인색하다는 점을 지적하고 싶다.

오늘의 일그러진 청소년 문화는 바로 우리 사회의 거울이다. 가정과 학교와 사회의 교육환경이 청소년들의 절제심과 질서의식, 공중에 봉사하는 공덕심을 앗아간 것이다. 검약과 봉사의 부모 아래서 문제아 자녀가 자라지 않고, 존경받는 스승 밑에서 이기주의의 학생이 나오지 않으며 사회정의와 공중질서가 살아 있는 사회가 청소년 범죄를 양산하지 않는다.

인간이란, 특히 자라나는 청소년이란 주위환경에 영향 받고 지배되는 존재이지만 교육에 의해 다듬어지고 성숙한 인격으로 발전하는 존재이기도 하다. 자식 귀여운 줄만 알고 적잖은 입장료를 주며 공연관람을 허락한 방만한 부모들은 이번 사태를 계기로 깊이 있게 반성해야 한다. 학교에서도 아무리 대학입시나 학과공부가 급하더라도 학생들의 정서를 지도하는 교육에 유의해야 한다.

> 그러나 정부의 몫이 가장 크다. 지금 우리 사회를 잠식하는 각종 청소년 유해환경, 학교 주변에까지 깔려 있는 퇴폐유흥업소나 무절제한 영상 문화를 그대로 방치하고서는 실효 있는 청소년 교육이 어렵다. 청소년들이 재미있게 즐길 수 있는 놀이문화를 창출하고 그들이 마음껏 뛰어놀 수 있는 마당을 마련해주는 일에 체육청소년부나 문화부가 나서야 한다. 그리고 교육부는 이들이 입시에만 얽매이지 않고 정서적 자유와 질서를 창출할 수 있는 교과과정, 입시제도 등의 정책적 대응에 힘을 모아야 한다.
>
> — 동아일보 1992. 2. 18

① 부모들이 자식이 귀엽다고 해서 적잖은 관람료를 대주는 것과 같은 방만한 자세를 반성하고 검약과 봉사의 생활을 해야 한다.

② 학교에서 학생들의 정서교육에 힘써 이들 외국그룹이 아닌 탈춤이나 사물놀이와 같은 우리 전래놀이의 흥겨움에 어깨춤을 출 수 있도록 지도해야 한다.

③ 교육부는 청소년들이 입시에만 얽매이지 않고 정서적인 자유와 질서를 창출할 수 있는 교과과정, 입시제도 등의 정책적 대응을 모색해야 한다.

④ 체육청소년부나 문화부는 청소년들이 재미있게 즐길 수 있는 놀이 문화를 창출하고 그들이 마음껏 뛰어놀 수 있는 마당을 마련해주는 일에 나서야 한다.

(Tip) 글에서 제시한 것은 청소년들이 즐길 수 있는 놀이문화와 공간을 만들어주자는 것이지, 우리의 전래놀이로 제한하지는 않았다.

Answer ☞ 26.②

27 다음 밑줄 친 부분과 같은 잘못을 범하고 있는 것은?

> 객관적 세계는 여러 가지 측면을 가지고 있고, 무수한 상호 연관 속에서 끊임없이 변화·발전하고 있다. 그러므로 객관적 세계에 관한 인간의 인식, 즉 객관적 진리를 파악하는 일 역시 끝이 없는 과정이다. '이로써 나는 모든 것을 다 인식하였다'고 자부하는 것은 독단에 불과하며, 우리는 진리 앞에서 겸허하지 않으면 안 된다.
>
> 우리와 관련을 갖는 것들은 객관적 세계의 일정한 역사적 조건하에서의 일정한 측면이다. 그러므로 인간이 파악하는 객관적 진리란 모두 일정한 역사적 조건에서의, 일정한 범위에서의 인식에 불과하다. 그런 의미에서 인간의 인식이 갖는 진리성은 항상 상대적·조건부적이다. 우리들이 파악하는 객관적 진리는 이런 의미에서 모두 상대적 진리로 나타난다. 그러나 이것은 인간의 인식이 항상 애매한 것으로 존재할 수밖에 없다는 뜻은 아니다. 상대적 진리라 할지라도 역시 그것은 진리이기 때문에 나름대로 객관적 상상력을 갖추고 있으며, 거기에는 어느 정도의 무조건 올바른 인식, 즉 절대적 진리가 포함되어 있다.
>
> 그러므로 상대적 진리와 절대적 진리는 별개의 것으로서 서로 분리되어 있는 것이 아니라 상대적 진리를 통해서 절대적 진리가 나타나는 것이다. 인간의 인식은 결국은 불확실한 것이어서 절대적 진리를 인식할 수 없다는 주장은, <u>상대적 진리와 절대적 진리를 '절대적'으로 분리함으로써 인식의 상대성만을 일면적으로 강조하는 잘못된 생각이 깔려 있다.</u>
>
> 이를테면 뉴턴 역학은 19세기 말까지 자연의 모든 영역에 적용할 수 있는 완전한 이론, 궁극의 절대적 진리라고 생각되어 왔다. 그러나 오늘날에 이르러서는 원자 안에 있는 전자의 운동과 같은 아주 미세한 세계의 운동에는 뉴턴 역학이 들어맞지 않는다는 사실이 알려짐으로써 양자론이라는 것이 새롭게 나타났다. 이것은 뉴턴 역학의 절대성이 부인되었음을 의미한다. 그러나 그것이 뉴턴 역학의 진리성 모두가 부인되었다는 것을 의미하지는 않는다. 자연의 어떤 일정한 범위에서는 뉴턴 역학이 여전히 올바르고 유용하며, 그 범위 안에서는 절대적 진리성의 일부분을 간직하고 있다고 말해야 한다. 이런 부분은 뉴턴 역학과 상대성 이론의 관계에 대해서도 마찬가지이다. 모든 과학의 발전은 이렇게 추진되는 것이다.
>
> — 조성오, 〈객관적 진리와 절대적 진리의 관계〉

① 너 오늘 지각했구나. 요 녀석 너 지각 대장이지, 그렇지?
② 나를 사랑하지 않는다고? 넌 왜 그렇게 나를 미워하는 거니?
③ 내가 오늘 재수가 없는 것은 등굣길에 까마귀를 보았기 때문이야.
④ 이런 좁은 길에서 야구를 하다니, 너희들 유리창 깨려고 작정을 했구나.

 상대적 진리와 절대적 진리를 '절대적'으로 분리했다는 것은 상대적 진리와 절대적 진리의 공통 분모를 무시하고 이분법적으로 나누어 이해하는 잘못을 비판한 것이다. 이와 마찬가지로 ②에서도 중간항이 존재함에도 불구하고 인간의 감정을 '사랑 – 미움'으로 나누어 이해하는 흑백 논리의 오류를 범하고 있다.

28 다음 글에서 '공안 개정론자'의 주장으로 옳지 않은 것은?

> 대동법의 핵심 내용으로, 공물을 부과하는 기준이 호(戶)에서 토지로 바뀐 것과 수취 수단이 현물에서 미(米)·포(布)로 바뀐 것을 드는 경우가 많다. 하지만 양자는 이미 대동법 시행 전부터 각 지방에서 광범위하게 시행되고 있었기 때문에 이를 대동법의 본질적 요소라고 볼 수는 없다. 대동법의 진정한 의미는 공물 부과 기준과 수취 수단이 법으로 규정됨으로써, 공납 운영의 원칙인 양입위출(量入爲出)의 객관적 기준이 마련되었다는 점에 있다.
>
> 양입위출은 대동법 실시론자뿐만 아니라 공안(貢案) 개정론자도 공유하는 원칙이었으나, 공납제의 폐단을 두고 문제의 해법을 찾는 방식은 차이가 있었다. 공안 개정론자는 호마다 현물을 거두는 종래의 공물 부과 기준과 수취 수단을 유지하되 공물 수요자인 관료들의 절용을 강조함으로써 '위출'의 측면에 관심을 기울였다. 반면 대동법 실시론자들은 공물가를 한번 거둔 후 다시 거두지 않도록 제도화할 것을 주장하여 '양입'의 측면을 강조하였다.
>
> 요컨대 양입위출에 대한 이런 강조점의 차이는 문제에 대한 해법을 개인적 도덕 수준을 제고하는 것으로 마련하는가, 아니면 제도적 보완이 필요하다고 보고 그 방안을 강구하는가의 차이였다. 공물 수취에 따른 폐해들을 두고 공안 개정론자는 공물 수요자 측의 사적 폐단, 즉 무분별한 개인적 욕망에서 비롯된 것으로 보았다. 반면 대동법 실시론자는 중앙정부 차원에서 공물세를 관리할 수 있는 합리적 근거와 기준이 미비하였기 때문이라고 보았다. 현물을 호에 부과하는 방식으로는 공납제 운영을 객관화하기 어려웠음에도 불구하고, 공안 개정론자는 공물 수요자의 자발적 절용을 강조하는 것 외에 그것을 강제할 수 있는 별도의 방법을 제시하지 못하였다. 이에 반해 대동법 실시론자는 공물 수요자 측의 절용이 필요하다고 보면서도 이들의 '사적 욕망'에서 빚어진 폐습을 극복하기 위해서는 이를 규제할 '공적 제도'가 필요하다고 믿었다.
>
> ※ 양입위출 : 수입을 헤아려 지출을 행하는 재정 운영 방식

① 공물 수취에 따른 폐해는 무분별한 개인적 욕망에서 비롯된다.
② 공물 수요자의 자발적 절용을 강조한다.
③ 사적 욕망에서 빚어진 폐습을 극복하기 위해 공적 제도가 필요하다.
④ '양입'의 측면보다 '위출'의 측면에 더 관심이 있다.

(Tip) ③ 대동법 실시론자는 공물 수요자 측의 절용이 필요하다고 보면서도 이들의 '사적 욕망'에서 빚어진 폐습을 극복하기 위해서는 이를 규제할 '공적 제도'가 필요하다고 믿었다.

Answer ↪ 27.② 28.③

|29~30| 다음 글을 읽고 물음에 답하시오.

> (가) 디지털 연산은 회로의 동작으로 표현되는 논리적 연산에 의해 진행되며 아날로그 연산은 소자의 물리적 특성에 의해 진행된다. 하지만 디지털 연산의 정밀도는 정보의 연산과정에서 최종적으로 정보를 출력할 때 필요한 것보다 항상 같거나 높게 유지해야 하므로 동일한 양의 연산을 처리해야 하는 경우라면 디지털 방식이 아날로그 방식에 비해 훨씬 더 많은 소자를 필요로 한다. 아날로그 연산에서는 회로를 구성하는 소자 자체가 연산자이므로 온도 변화에 따르는 소자 특성의 변화, 소자 간의 특성 균질성, 전원 잡음 등의 외적 요인들에 의해 연산 결과가 크게 달라질 수 있다. 그러나 디지털 연산에서는 회로의 동작이 0과 1을 구별할 정도의 정밀도만 유지하면 되므로 회로를 구성하는 소자 자체의 특성 변화에 거의 영향을 받지 않는다. 또한 상대적으로 쉽게 변경 가능하고 프로그램하기 편리한 점도 있다.
>
> (나) 사람의 눈이나 귀 같은 감각기관은 아날로그 연산에 바탕을 둔 정보 처리 조직을 가지고 있지만 이로부터 발생되는 정보는 디지털 정보이다. 감각기관에 분포하는 수용기는 특별한 목적을 가지는 아날로그–디지털 변환기로 볼 수 있는데, 이것은 전달되는 입력의 특정 패턴을 감지하여, 디지털 신호와 유사한 부호를 발생시킨다. 이 신호는 다음 단계의 신경세포에 입력되고, 이 과정이 거미줄처럼 연결된 무수히 많은 신경세포의 연결 구조 속에서 반복되면서 뇌의 다양한 인지 활동을 형성한다. 사람의 감각기관에서 일어나는 아날로그 연산은 감각되는 많은 양의 정보 중에서 필요한 정보만을 걸러 주는 역할을 한다. 그렇기 때문에 실제 신경세포를 통해 뇌에 전달되는 것은 지각에 꼭 필요한 내용만이 축약된 디지털 정보이다. 사람의 감각은 감각기관의 노화 등으로 인한 생체 조직 구조의 변화에 따라 둔화될 수 있다. 그럼에도 불구하고 노화된 사람의 감각기관은 여전히 아날로그 연산이 가지는 높은 에너지 효율을 얻을 수 있다.

29 (가)의 논지 전개 방식으로 가장 적절한 것은?

① 예상되는 반론을 반박하면서 주장을 강화하고 있다.

② 여러 분야에서 구체적인 사례를 들어 고찰하고 있다.

③ 대조의 방법을 통하여 상반된 대상에 대해 설명하고 있다.

④ 논거를 보강하면서 결론을 내리고 있다.

(Tip) (가)에서는 디지털 연산과 아날로그 연산에 관해 차이점을 중심으로 설명하고 있다.

30 위의 글의 내용과 부합하지 않는 것은?

① 아날로그 연산에서는 회로를 구성하는 소자 자체가 연산자이다.

② 디지털 연산은 상대적으로 쉽게 변경 가능하고 프로그램하기 편리하다.

③ 디지털 연산에서는 회로의 동작이 0과 1을 구별할 정도의 정밀도만 유지하면 된다.

④ 감각기관은 디지털 연산에 바탕을 둔 정보 처리 조직을 가지고 있지만 아날로그 정보를 발생시킨다.

 ④ 사람의 눈이나 귀 같은 감각기관은 아날로그 연산에 바탕을 둔 정보 처리 조직을 가지고 있지만 이로부터 발생되는 정보는 디지털 정보이다.

Answer → 29.③ 30.④

02 수리능력

1 직장생활과 수리능력

(1) 기초직업능력으로서의 수리능력

① 개념 ··· 직장생활에서 요구되는 사칙연산과 기초적인 통계를 이해하고 도표의 의미를 파악하거나 도표를 이용해서 결과를 효과적으로 제시하는 능력을 말한다.

② 수리능력은 크게 기초연산능력, 기초통계능력, 도표분석능력, 도표작성능력으로 구성된다.
  ㉠ 기초연산능력 : 직장생활에서 필요한 기초적인 사칙연산과 계산방법을 이해하고 활용할 수 있는 능력
  ㉡ 기초통계능력 : 평균, 합계, 빈도 등 직장생활에서 자주 사용되는 기초적인 통계기법을 활용하여 자료의 특성과 경향성을 파악하는 능력
  ㉢ 도표분석능력 : 그래프, 그림 등 도표의 의미를 파악하고 필요한 정보를 해석하는 능력
  ㉣ 도표작성능력 : 도표를 이용하여 결과를 효과적으로 제시하는 능력

(2) 업무수행에서 수리능력이 활용되는 경우

① 업무상 계산을 수행하고 결과를 정리하는 경우

② 업무비용을 측정하는 경우

③ 고객과 소비자의 정보를 조사하고 결과를 종합하는 경우

④ 조직의 예산안을 작성하는 경우

⑤ 업무수행 경비를 제시해야 하는 경우

⑥ 다른 상품과 가격비교를 하는 경우

⑦ 연간 상품 판매실적을 제시하는 경우

⑧ 업무비용을 다른 조직과 비교해야 하는 경우

⑨ 상품판매를 위한 지역조사를 실시해야 하는 경우

⑩ 업무수행과정에서 도표로 주어진 자료를 해석하는 경우

⑪ 도표로 제시된 업무비용을 측정하는 경우

예제 1

다음 자료를 보고 주어진 상황에 대한 물음에 답하시오.

〈근로소득에 대한 간이 세액표〉

월 급여액(천 원) [비과세 및 학자금 제외]		공제대상 가족 수				
이상	미만	1	2	3	4	5
2,500	2,520	38,960	29,280	16,940	13,570	10,190
2,520	2,540	40,670	29,960	17,360	13,990	10,610
2,540	2,560	42,380	30,640	17,790	14,410	11,040
2,560	2,580	44,090	31,330	18,210	14,840	11,460
2,580	2,600	45,800	32,680	18,640	15,260	11,890
2,600	2,620	47,520	34,390	19,240	15,680	12,310
2,620	2,640	49,230	36,100	19,900	16,110	12,730
2,640	2,660	50,940	37,810	20,560	16,530	13,160
2,660	2,680	52,650	39,530	21,220	16,960	13,580
2,680	2,700	54,360	41,240	21,880	17,380	14,010
2,700	2,720	56,070	42,950	22,540	17,800	14,430
2,720	2,740	57,780	44,660	23,200	18,230	14,850
2,740	2,760	59,500	46,370	23,860	18,650	15,280

※ 갑근세는 제시되어 있는 간이 세액표에 따름
※ 주민세=갑근세의 10%
※ 국민연금=급여액의 4.50%
※ 고용보험=국민연금의 10%
※ 건강보험=급여액의 2.90%
※ 교육지원금=분기별 100,000원(매 분기별 첫 달에 지급)

박○○ 사원의 5월 급여내역이 다음과 같고 전월과 동일하게 근무하였으나 특별수당은 없고 차량지원금으로 100,000원을 받게 된다면, 6월에 받게 되는 급여는 얼마인가? (단, 원 단위 절삭)

(주) 서원플랜테크 5월 급여내역			
성명	박○○	지급일	5월 12일
기본급여	2,240,000	갑근세	39,530
직무수당	400,000	주민세	3,950
명절 상여금		고용보험	11,970
특별수당	20,000	국민연금	119,700
차량지원금		건강보험	77,140
교육지원		기타	
급여계	2,660,000	공제합계	252,290
		지급총액	2,407,710

① 2,443,910　　　　　② 2,453,910
③ 2,463,910　　　　　④ 2,473,910

[출제의도]
업무상 계산을 수행하거나 결과를 정리하고 업무비용을 측정하는 능력을 평가하기 위한 문제로서, 주어진 자료에서 문제를 해결하는 데에 필요한 부분을 빠르고 정확하게 찾아내는 것이 중요하다.

[해설]

기본급여	2,240,000	갑근세	46,370
직무수당	400,000	주민세	4,630
명절 상여금		고용보험	12,330
특별수당		국민연금	123,300
차량지원금	100,000	건강보험	79,460
교육지원		기타	
급여계	2,740,000	공제합계	266,090
		지급총액	2,473,910

답 ④

(3) 수리능력의 중요성

① 수학적 사고를 통한 문제해결

② 직업세계의 변화에의 적응

③ 실용적 가치의 구현

(4) 단위환산표

구분	단위환산
길이	1cm = 10mm, 1m = 100cm, 1km = 1,000m
넓이	1cm² = 100mm², 1m² = 10,000cm², 1km² = 1,000,000m²
부피	1cm³ = 1,000mm³, 1m³ = 1,000,000cm³, 1km³ = 1,000,000,000m³
들이	1mℓ = 1cm³, 1dℓ = 100cm³, 1L = 1,000cm³ = 10dℓ
무게	1kg = 1,000g, 1t = 1,000kg = 1,000,000g
시간	1분 = 60초, 1시간 = 60분 = 3,600초
할푼리	1푼 = 0.1할, 1리 = 0.01할, 1모 = 0.001할

예제 2

둘레의 길이가 4.4km인 정사각형 모양의 공원이 있다. 이 공원의 넓이는 몇 a인가?

① 12,100a

② 1,210a

③ 121a

④ 12.1a

[출제의도]
길이, 넓이, 부피, 들이, 무게, 시간, 속도 등 단위에 대한 기본적인 환산 능력을 평가하는 문제로서, 소수점 계산이 필요하며, 자릿수를 읽고 구분할 줄 알아야 한다.

[해설]
공원의 한 변의 길이는
$4.4 \div 4 = 1.1 (\mathrm{km})$이고
$1\mathrm{km}^2 = 10,000a$이므로
공원의 넓이는
$1.1\mathrm{km} \times 1.1\mathrm{km} = 1.21 km^2$
$= 12,100a$

답 ①

2 수리능력을 구성하는 하위능력

(1) 기초연산능력

① 사칙연산 ··· 수에 관한 덧셈, 뺄셈, 곱셈, 나눗셈의 네 종류의 계산법으로 업무를 원활하게 수행하기 위해서는 기본적인 사칙연산뿐만 아니라 다단계의 복잡한 사칙연산까지도 수행할 수 있어야 한다.

② 검산 ··· 연산의 결과를 확인하는 과정으로 대표적인 검산방법으로 역연산과 구거법이 있다.
   ㉠ 역연산 : 덧셈은 뺄셈으로, 뺄셈은 덧셈으로, 곱셈은 나눗셈으로, 나눗셈은 곱셈으로 확인하는 방법이다.
   ㉡ 구거법 : 원래의 수와 각 자리 수의 합이 9로 나눈 나머지가 같다는 원리를 이용한 것으로 9를 버리고 남은 수로 계산하는 것이다.

예제 3

다음 식을 바르게 계산한 것은?

$$1 + \frac{2}{3} + \frac{1}{2} - \frac{3}{4}$$

① $\frac{13}{12}$ ② $\frac{15}{12}$

③ $\frac{17}{12}$ ④ $\frac{19}{12}$

[출제의도]
직장생활에서 필요한 기초적인 사칙연산과 계산방법을 이해하고 활용할 수 있는 능력을 평가하는 문제로서, 분수의 계산과 통분에 대한 기본적인 이해가 필요하다.
[해설]
$$\frac{12}{12} + \frac{8}{12} + \frac{6}{12} - \frac{9}{12} = \frac{17}{12}$$

답 ③

---

(2) 기초통계능력

① 업무수행과 통계
   ㉠ 통계의 의미 : 통계란 집단현상에 대한 구체적인 양적 기술을 반영하는 숫자이다.
   ㉡ 업무수행에 통계를 활용함으로써 얻을 수 있는 이점
   • 많은 수량적 자료를 처리가능하고 쉽게 이해할 수 있는 형태로 축소
   • 표본을 통해 연구대상 집단의 특성을 유추
   • 의사결정의 보조수단
   • 관찰 가능한 자료를 통해 논리적으로 결론을 추출 · 검증

© 기본적인 통계치

- 빈도와 빈도분포 : 빈도란 어떤 사건이 일어나거나 증상이 나타나는 정도를 의미하며, 빈도분포란 빈도를 표나 그래프로 종합적으로 표시하는 것이다.
- 평균 : 모든 사례의 수치를 합한 후 총 사례 수로 나눈 값이다.
- 백분율 : 전체의 수량을 100으로 하여 생각하는 수량이 그중 몇이 되는가를 퍼센트로 나타낸 것이다.

② 통계기법

㉠ 범위와 평균

- 범위 : 분포의 흩어진 정도를 가장 간단히 알아보는 방법으로 최곳값에서 최젓값을 뺀 값을 의미한다.
- 평균 : 집단의 특성을 요약하기 위해 가장 자주 활용하는 값으로 모든 사례의 수치를 합한 후 총 사례 수로 나눈 값이다.
- 관찰값이 1, 3, 5, 7, 9일 경우 범위는 $9 - 1 = 8$이 되고, 평균은 $\dfrac{1+3+5+7+9}{5} = 5$가 된다.

㉡ 분산과 표준편차

- 분산 : 관찰값의 흩어진 정도로, 각 관찰값과 평균값의 차의 제곱의 평균이다.
- 표준편차 : 평균으로부터 얼마나 떨어져 있는가를 나타내는 개념으로 분산값의 제곱근 값이다.
- 관찰값이 1, 2, 3이고 평균이 2인 집단의 분산은 $\dfrac{(1-2)^2 + (2-2)^2 + (3-2)^2}{3} = \dfrac{2}{3}$ 이고 표준편차는 분산값의 제곱근 값인 $\sqrt{\dfrac{2}{3}}$ 이다.

③ 통계자료의 해석

㉠ 다섯숫자요약

- 최솟값 : 원자료 중 값의 크기가 가장 작은 값
- 최댓값 : 원자료 중 값의 크기가 가장 큰 값
- 중앙값 : 최솟값부터 최댓값까지 크기에 의하여 배열했을 때 중앙에 위치하는 사례의 값
- 하위 25%값 · 상위 25%값 : 원자료를 크기 순으로 배열하여 4등분한 값

㉡ 평균값과 중앙값 : 평균값과 중앙값은 그 개념이 다르기 때문에 명확하게 제시해야 한다.

■ 예제 4

인터넷 쇼핑몰에서 회원가입을 하고 디지털캠코더를 구매하려고 한다. 다음은 구입하고자 하는 모델에 대하여 인터넷 쇼핑몰 세 곳의 가격과 조건을 제시한 표이다. 표에 있는 모든 혜택을 적용하였을 때 디지털캠코더의 배송비를 포함한 실제 구매가격을 바르게 비교한 것은?

구분	A 쇼핑몰	B 쇼핑몰	C 쇼핑몰
정상가격	129,000원	131,000원	130,000원
회원혜택	7,000원 할인	3,500원 할인	7% 할인
할인쿠폰	5% 쿠폰	3% 쿠폰	5,000원
중복할인여부	불가	가능	불가
배송비	2,000원	무료	2,500원

① A<B<C
② B<C<A
③ C<A<B
④ C<B<A

[출제의도]
직장생활에서 자주 사용되는 기초적인 통계기법을 활용하여 자료의 특성과 경향성을 파악하는 능력이 요구되는 문제이다.
[해설]
㉠ A 쇼핑몰
• 회원혜택을 선택한 경우:
  $129,000 - 7,000 + 2,000 = 124,000$(원)
• 5% 할인쿠폰을 선택한 경우:
  $129,000 \times 0.95 + 2,000 = 124,550$
㉡ B 쇼핑몰:
  $131,000 \times 0.97 - 3,500 = 123,570$
㉢ C 쇼핑몰
• 회원혜택을 선택한 경우:
  $130,000 \times 0.93 + 2,500 = 123,400$
• 5,000원 할인쿠폰을 선택한 경우: $130,000 - 5,000 + 2,500 = 127,500$
∴ C<B<A

답 ④

(3) 도표분석능력

① 도표의 종류

㉠ **목적별**: 관리(계획 및 통제), 해설(분석), 보고

㉡ **용도별**: 경과 그래프, 내역 그래프, 비교 그래프, 분포 그래프, 상관 그래프, 계산 그래프

㉢ **형상별**: 선 그래프, 막대 그래프, 원 그래프, 점 그래프, 층별 그래프, 레이더 차트

② 도표의 활용

  ㉠ 선 그래프

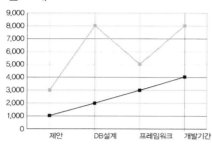

  • 주로 시간의 경과에 따라 수량에 의한 변화 상황(시계열 변화)을 절선의 기울기로 나타내는 그래프이다.
  • 경과, 비교, 분포를 비롯하여 상관관계 등을 나타낼 때 쓰인다.

  ㉡ 막대 그래프

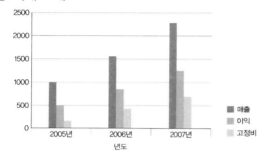

  • 비교하고자 하는 수량을 막대 길이로 표시하고 그 길이를 통해 수량 간의 대소관계를 나타내는 그래프이다.
  • 내역, 비교, 경과, 도수 등을 표시하는 용도로 쓰인다.

  ㉢ 원 그래프

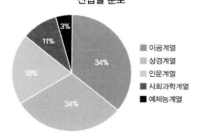

  • 내역이나 내용의 구성비를 원을 분할하여 나타낸 그래프이다.
  • 전체에 대해 부분이 차지하는 비율을 표시하는 용도로 쓰인다.

ⓔ 점 그래프

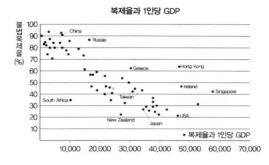

- 종축과 횡축에 2요소를 두고 보고자 하는 것이 어떤 위치에 있는가를 나타내는 그래프이다.
- 지역분포를 비롯하여 도시, 기방, 기업, 상품 등의 평가나 위치·성격을 표시하는데 쓰인다.

ⓜ 층별 그래프

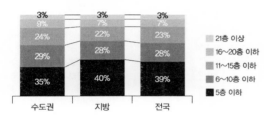

- 선 그래프의 변형으로 연속내역 봉 그래프라고 할 수 있다. 선과 선 사이의 크기로 데이터 변화를 나타낸다.
- 합계와 부분의 크기를 백분율로 나타내고 시간적 변화를 보고자 할 때나 합계와 각 부분의 크기를 실수로 나타내고 시간적 변화를 보고자 할 때 쓰인다.

ⓗ 레이더 차트(거미줄 그래프)

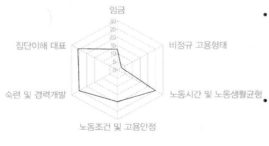

- 원 그래프의 일종으로 비교하는 수량을 직경, 또는 반경으로 나누어 원의 중심에서의 거리에 따라 각 수량의 관계를 나타내는 그래프이다.
- 비교하거나 경과를 나타내는 용도로 쓰인다.

③ 도표 해석상의 유의사항

    ㉠ 요구되는 지식의 수준을 넓힌다.

    ㉡ 도표에 제시된 자료의 의미를 정확히 숙지한다.

    ㉢ 도표로부터 알 수 있는 것과 없는 것을 구별한다.

    ㉣ 총량의 증가와 비율의 증가를 구분한다.

    ㉤ 백분위수와 사분위수를 정확히 이해하고 있어야 한다.

예제 5

다음 표는 2009 ~ 2010년 지역별 직장인들의 자기개발에 관해 조사한 내용을 정리한 것이다. 이에 대한 분석으로 옳은 것은?

(단위 : %)

연도 구분 지역	2009				2010			
	자기 개발 하고 있음	자기개발 비용 부담 주체			자기 개발 하고 있음	자기개발 비용 부담 주체		
		직장 100%	본인 100%	직장50%+ 본인50%		직장 100%	본인 100%	직장50%+ 본인50%
충청도	36.8	8.5	88.5	3.1	45.9	9.0	65.5	24.5
제주도	57.4	8.3	89.1	2.9	68.5	7.9	68.3	23.8
경기도	58.2	12	86.3	2.6	71.0	7.5	74.0	18.5
서울시	60.6	13.4	84.2	2.4	72.7	11.0	73.7	15.3
경상도	40.5	10.7	86.1	3.2	51.0	13.6	74.9	11.6

① 2009년과 2010년 모두 자기개발 비용을 본인이 100% 부담하는 사람의 수는 응답자의 절반 이상이다.

② 자기개발을 하고 있다고 응답한 사람의 수는 2009년과 2010년 모두 서울시가 가장 많다.

③ 자기개발 비용을 직장과 본인이 각각 절반씩 부담하는 사람의 비율은 2009년과 2010년 모두 서울시가 가장 높다.

④ 2009년과 2010년 모두 자기개발을 하고 있다고 응답한 비율이 가장 높은 지역에서 자기개발비용을 직장이 100% 부담한다고 응답한 사람의 비율이 가장 높다.

[출제의도]
그래프, 그림, 도표 등 주어진 자료를 이해하고 의미를 파악하여 필요한 정보를 해석하는 능력을 평가하는 문제이다.
[해설]
② 지역별 인원수가 제시되어 있지 않으므로, 각 지역별 응답자 수는 알 수 없다.
③ 2009년에는 경상도에서, 2010년에는 충청도에서 가장 높은 비율을 보인다.
④ 2009년과 2010년 모두 '자기개발을 하고 있다'고 응답한 비율이 가장 높은 지역은 서울시이며, 2010년의 경우 자기개발 비용을 직장이 100% 부담한다고 응답한 사람의 비율이 가장 높은 지역은 경상도이다.

답 ①

(4) 도표작성능력

① 도표작성 절차
  ㉠ 어떠한 도표로 작성할 것인지를 결정
  ㉡ 가로축과 세로축에 나타낼 것을 결정
  ㉢ 한 눈금의 크기를 결정
  ㉣ 자료의 내용을 가로축과 세로축이 만나는 곳에 표현
  ㉤ 표현한 점들을 선분으로 연결
  ㉥ 도표의 제목을 표기

② 도표작성 시 유의사항
  ㉠ 선 그래프 작성 시 유의점
  • 세로축에 수량, 가로축에 명칭구분을 제시한다.
  • 선의 높이에 따라 수치를 파악하는 경우가 많으므로 세로축의 눈금을 가로축보다 크게 하는 것이 효과적이다.
  • 선이 두 종류 이상일 경우 반드시 그 명칭을 기입한다.
  ㉡ 막대 그래프 작성 시 유의점
  • 막대 수가 많을 경우에는 눈금선을 기입하는 것이 알아보기 쉽다.
  • 막대의 폭은 모두 같게 하여야 한다.
  ㉢ 원 그래프 작성 시 유의점
  • 정각 12시의 선을 기점으로 오른쪽으로 그리는 것이 보통이다.
  • 분할선은 구성비율이 큰 순서로 그린다.
  ㉣ 층별 그래프 작성 시 유의점
  • 눈금은 선 그래프나 막대 그래프보다 적게 하고 눈금선은 넣지 않는다.
  • 층별로 색이나 모양이 완전히 다른 것이어야 한다.
  • 같은 항목은 옆에 있는 층과 선으로 연결하여 보기 쉽도록 한다.

출제예상문제

Chapter 02. 수리능력

|1~7 | 일정한 규칙을 찾아 빈칸에 들어갈 알맞은 숫자를 고르시오.

1

| 1 2 4 5 16 8 64 ( ) |

① 11   ② 28

③ 32   ④ 64

 홀수 번째는 ×4, 짝수 번째는 +3의 규칙을 갖는다.

2

| 2 3 8 27 ( ) 565 3396 |

① 112   ② 129

③ 135   ④ 158

(Tip) $\times 1+1$, $\times 2+2$, $\times 3+3$, $\times 4+4$, $\times 5+5$, $\times 6+6$…으로 변화한다.
따라서 빈칸에 들어갈 수는 $27 \times 4 + 4 = 112$이다.

3

| 10 13 22 49 130 ( ) 1102 |

① 364   ② 367

③ 370   ④ 373

(Tip)
10   13   22   49   130   (373)   1102

$+3^1$ $+3^2$ $+3^3$ $+3^4$ $+3^5$ $+3^6$
(3)   (9)   (27)   (81)   (243)   (729)

4

$$\frac{1}{10} \quad \frac{4}{20} \quad \frac{7}{30} \quad \frac{(\ )}{40} \quad \frac{13}{50} \quad \frac{16}{60}$$

① 8
② 9
③ 10
④ 11

 분자의 경우는 3씩 증가하고 분모의 경우는 10씩 증가하고 있다.

5

<u>31 4 3</u>   <u>50 ( ) 5</u>   <u>72 18 6</u>   <u>100 28 8</u>

① 2
② 3
③ 4
④ 5

 $\dfrac{31-4}{3}=9, \quad \dfrac{50-(5)}{5}=9, \quad \dfrac{72-18}{6}=9, \quad \dfrac{100-28}{8}=9$

6

2		15
6	☺	5
10		( )

① 4
② 3
③ 2
④ 1

 제시된 식은 마주 보는 수끼리 곱하면 모두 30의 값이 나온다. 그러므로 빈칸에는 3이 들어가야 한다.

Answer⌐→ 1.① 2.① 3.④ 4.③ 5.④ 6.②

7

6	9	12
18	( )	26
20	25	30

① 21

② 22

③ 23

④ 24

 첫 번째 줄의 각 숫자의 차는 3이고, 두 번째 줄의 각 숫자의 차는 4이고, 세 번째 줄의 각 숫자의 차는 5이다.

8 세 자연수의 곱이 120이다. 셋 중 하나가 4라면 나머지 두 수의 합이 될 수 없는 것은?

① 11

② 13

③ 15

④ 17

 두 수를 a, b라 하면
$4 \times a \times b = 120$
$a \times b = 30$
$\therefore (a,\ b) = (1,\ 30),\ (2,\ 15),\ (3,\ 10),\ (5,\ 6)$
a와 b의 합을 구하면 다음과 같다.
$1 + 30 = 31$
$2 + 15 = 17$
$3 + 10 = 13$
$5 + 6 = 11$

9 농도가 각각 12%, 4%인 소금물을 섞어서 400g의 소금물을 만들었다. 여기에 소금 30g을 더 넣었더니 농도가 16%인 소금물이 되었다. 이때, 12% 소금물의 양을 구하시오.

① 270g

② 275g

③ 280g

④ 285g

소금의 양 = 소금물의 양 × 농도, x = 12% 소금물의 양, $(400-x)$ = 4% 소금물의 양
농도가 각각 12%, 4%인 소금물을 섞었을 때 400g의 소금물이 되었는데 소금 30g을 더 넣었으므로 농도가 16%인 소금물의 양은 430g이라는 것을 알 수 있다. 따라서 다음과 같은 식이 성립된다.

$$\frac{0.12x + 0.04(400-x) + 30}{430} \times 100 = 16$$
$$\therefore 12x + 4(400-x) + 30 \times 100 = 16 \times 430$$
$$12x + 1600 - 4x + 3000 = 6880$$
$$8x = 2280$$
$$x = 285$$

10 남자 7명, 여자 5명으로 구성된 프로젝트 팀의 원활한 운영을 위해 운영진 두 명을 선출하려고 한다. 남자가 한 명도 선출되지 않을 확률은?

① $\frac{1}{11}$ ② $\frac{4}{33}$

③ $\frac{5}{33}$ ④ $\frac{2}{11}$

 남자가 한 명도 선출되지 않을 확률은 여자만 선출될 확률과 같은 의미이다.

$$\frac{{}_5C_2}{{}_{12}C_2} = \frac{5 \times 4}{12 \times 11} = \frac{5}{33}$$

11 비가 온 다음 날 비가 올 확률은 $\frac{1}{3}$ 이고, 비가 오지 않은 다음 날 비가 올 확률은 $\frac{1}{4}$ 이다. 수요일에 비가 왔을 때, 금요일에 비가 올 확률은?

① $\frac{1}{9}$ ② $\frac{1}{6}$

③ $\frac{2}{9}$ ④ $\frac{5}{18}$

목요일에 비가 왔을 경우의 확률과 목요일에 비가 오지 않았을 경우의 확률을 더하면 된다.

목요일에 비가 오고, 금요일에 비가 올 확률 : $\frac{1}{3} \times \frac{1}{3} = \frac{1}{9}$

목요일에 비가 오지 않고, 금요일에 비가 올 확률 : $\frac{2}{3} \times \frac{1}{4} = \frac{1}{6}$

따라서 금요일에 비가 올 확률은 $\frac{1}{9} + \frac{1}{6} = \frac{2+3}{18} = \frac{5}{18}$ 이다.

Answer ┌→ 7.② 8.③ 9.④ 10.③ 11.④

12 기준이의 엄마와 아빠는 4살 차이이고, 엄마와 아빠 나이의 합은 기준이 나이의 다섯 배이다. 10년 후의 아빠의 나이가 기준이의 2배가 될 때, 엄마의 현재 나이는? (단, 아빠의 나이가 엄마의 나이보다 많다)

① 38세   ② 40세

③ 42세   ④ 44세

 엄마의 나이를 x, 아빠의 나이를 $x+4$, 기준이의 나이를 y라고 할 때,

$x+x+4=5y \cdots \bigcirc$

$x+4+10=2(y+10) \cdots \bigcirc$

$\bigcirc$, $\bigcirc$ 두 식을 정리하여 연립하면,

$x=38, y=16$이므로,

엄마는 38세, 아빠는 42세, 기준이는 16세이다.

13 20,000원을 모두 사용해서 800원짜리 색연필과 2,000원짜리 볼펜을 종류에 상관없이 최대한 많이 산다고 할 때 색연필과 볼펜을 합하여 총 몇 개를 살 수 있는가? (단, 색연필과 볼펜 모두 한 개 이상 사야한다)

① 25개   ② 22개

③ 20개   ④ 16개

 색연필 구매 개수를 x, 볼펜 구매 개수를 y라 할 때,

$800x+2,000y=20,000$인 정수 x, y는 (5, 8), (10, 6), (15, 4), (20, 2)이므로 종류에 상관없이 최대한 많이 살 수 있는 경우는 (20, 2)로 총 22개를 살 수 있다.

14 A, B 두 사람이 어떤 일을 할 때 A 혼자 진행하면 12일, B 혼자 진행하면 8일이 걸린다. 이 일을 두 사람이 같이 하던 중 B가 아파서 며칠 동안 참여하지 못했고 일은 6일 만에 끝났다. B가 쉰 날은 며칠인가?

① 1일   ② 2일

③ 3일   ④ 4일

 하루에 A가 하는 일의 양은 $\frac{1}{12}$, 하루에 B가 하는 일의 양은 $\frac{1}{8}$

A는 6일 동안 계속해서 일을 하였으므로 A가 한 일의 양은 $\frac{1}{12} \times 6 = \frac{1}{2}$

(일의 양) − (A가 한 일의 양) = (B가 한 일의 양)

$1 - \frac{1}{2} = \frac{1}{2}$

B가 일을 하는데 걸린 시간은 $\frac{1}{2} \div \frac{1}{8} = 4$(일)이므로 B가 쉰 날은 2일이 된다.

15 서원산에는 등산로 A와 A보다 2km 더 긴 등산로 B가 있다. 민경이가 하루는 등산로 A로 올라갈 때는 시속 2km, 내려올 때는 시속 6km의 속도로 등산을 했고, 다른 날은 등산로 B로 올라갈 때는 시속 3km, 내려올 때는 시속 5km의 속도로 등산을 했다. 이틀 모두 동일한 시간에 등산을 마쳤을 때, 등산로 A, B의 거리의 합은?

① 16km 　　　　　　　　　② 18km

③ 20km 　　　　　　　　　④ 22km

 등산로 A의 거리를 $a$km, 등산로 B의 거리를 $(a+2)$km라 하면

$\dfrac{a}{2}+\dfrac{a}{6}=\dfrac{a+2}{3}+\dfrac{a+2}{5}$ 이므로

$a=8$km

∴ 등산로 A와 B의 거리의 합은 18km

16 원가가 9,000원인 제품에 15%의 이익이 있도록 정가를 정했는데 직원의 실수로 정가보다 1,000원 더 적은 가격의 스티커를 붙여 제품 50개가 판매되고 나서야 스티커가 잘못 붙였음을 알았다. 정가대로 판매했을 때보다 얼마의 손해를 입었는가?

① 50,000원 　　　　　　　② 57,500원

③ 60,000원 　　　　　　　④ 67,500원

 정가를 구하지 않아도 정가보다 1,000원 적은 가격으로 50개를 판매했으므로 50,000원의 손해를 입었음을 알 수 있다.

17 어떤 학원의 지난해 학생 수는 230명이었다. 올해에는 지난해에 비해 남학생은 15% 증가하고, 여학생은 6% 감소하여 전체 학생 수는 3명이 증가하였다. 올해 여학생 수는?

① 122명 　　　　　　　　　② 126명

③ 133명 　　　　　　　　　④ 141명

 지난해 남학생의 수를 x, 여학생의 수를 y라 하면, $x+y=230$

$1.15x+0.94y=233$

$1.15(230-y)+0.94y=233$

$264.5-1.15y+0.94y=233$

$0.21y=31.5$

∴ $y=150$

올해 여학생의 수는 $150-9=141$(명)이다.

Answer → 12.① 13.② 14.② 15.② 16.① 17.④

18 다음 표는 A지역 공무원 150명을 대상으로 설문조사를 실시한 뒤, 제출된 설문지의 문항별 응답 결과를 정리한 것이다. 표와 〈조건〉을 적용한 〈보기〉의 설명 중 옳은 것만을 모두 고르면?

〈표〉 설문지 문항별 응답 결과

(단위 : 명)

문항	응답 결과		문항	응답 결과	
	응답속성	응답수		응답속성	응답수
성	남자	63	소속기관	고용센터	71
	여자	63		시청	3
연령	29세 이하	13		고용노동청	41
	30~39세	54	직급	5급 이상	4
	40~49세	43		6~7급	28
	50세 이상	15		8~9급	44
학력	고졸이하	6	직무유형	취업지원	34
	대졸	100		고용지원	28
	대학원 재학 이상	18		기업지원	27
근무기간	2년 미만	19		실업급여 상담	14
	2년 이상 5년 미만	24		외국인 채용	8
	5년 이상 10년 미만	21		기획 총괄	5
	10년 이상	23		기타	8

〈조건〉
• 설문조사는 동일 시점에 조사 대상자별로 독립적으로 이루어졌다.
• 설문조사 대상자 1인당 1부의 동일한 설문지를 배포하였다.
• 설문조사 문항별로 응답 거부는 허용된 반면 복수 응답은 허용되지 않았다.
• 배포된 150부의 설문지 중 제출된 130부로 문항별 응답결과를 정리하였다.

〈보기〉
㉠ 배포된 설문지 중 제출된 설문지 비율은 85% 이상이다.
㉡ 전체 설문조사 대상자의 학력 분포에서 '고졸 이하'의 비율이 가장 낮다.
㉢ 제출된 설문지의 문항별 응답률은 '직무유형'이 '소속기관'보다 높다.
㉣ '직급' 문항 응답자 중 '8~9급' 비율은 '근무기간' 문항 응답자 중 5년 이상이라고 응답한 비율보다 높다.

① ㉠, ㉡
② ㉠, ㉣
③ ㉠, ㉢, ㉣
④ ㉡, ㉢, ㉣

㉡ 학력에 대해 응답한 사람은 6+100+18＝124(명)이다. 무응답자는 26명이므로 고졸 이하의 최대 인원은 32명이다. 따라서 고졸 이하의 비율이 가장 낮다고 할 수 없다.

㉠ 130÷150×100＝86.7

㉢ 직무유형 응답률 : (34+28+27+14+8+5+8)÷130＝0.95

소속기관 응답률 : (71+3+41)÷130＝0.88

㉣ '직급' 문항 응답자 중 '8~9급' 비율 : 44÷(4+28+44)＝0.58

'근무기간' 문항 응답자 중 5년 이상 비율 : (21+23)÷(19+24+21+23)＝0.51

19 다음 표의 빈칸 ㉠, ㉡에 들어갈 수치는 순서대로 각각 얼마인가? (금액은 소수점 이하 절삭 후 원 단위 표시, 증감률은 반올림하여 소수점 첫째 자리까지 표시함)

〈표〉 연도별 자산 및 부채 현황

(단위 : 만 원, %)

	자산 총액	금융 자산	저축액	전월세 보증금	실물 자산	부동산	부채 총액	금융 부채	임대 보증금	순자산액
2011	29,765	6,903	5,023	1,880	22,862	21,907	5,205	3,597	1,608	24,560
2012	32,324	8,141	5,910	2,231	24,184	22,505	5,450	3,684	1,766	26,875
2013	32,688	8,827	6,464	2,363	23,861	22,055	5,858	3,974	1,884	26,831
2014	33,539	9,013	6,676	2,338	24,526	22,678	6,051	4,118	1,933	27,488
2015	34,685	9,290	6,926	2,363	25,396	23,649	6,256	4,361	1,896	28,429
2016	36,637	9,638	7,186	2,453	26,999	25,237	6,719	4,721	1,998	29,918
2017	( )	(㉠)	( )	2,501	28,380	26,635	7,022	4,998	2,024	31,138
증감률	4.2	( )	1.3	(㉡)	5.1	5.5	4.5	5.9	1.3	4.1

① 9,650 / 1.9

② 9,685 / 2.0

③ 9,735 / 1.5

④ 9,780 / 2.0

 저축액의 2017년 증감률이 1.3%이므로 이를 통해 2017년의 저축액을 x라 할 때 다음과 같이 2017년의 저축액을 구할 수 있다.

$(x-7,186)÷7,186×100=1.3$

이를 풀면 x는 7,279만 원이 되며 따라서 ㉠은 7,279+2,501=9,780이 된다.

㉡은 (2,501−2,453)÷2,453×100=약 2.0%가 된다.

Answer 18.③ 19.④

20 다음은 A~E기업의 재무 자료이다. 다음 자료에서 재고자산 회전율이 가장 높은 기업과 매출채권 회전율이 가장 높은 기업을 바르게 짝지은 것은?

(단위 : 억원)

기업	매출액	재고자산	매출채권	매입채무
A	1,000	50	30	20
B	2,000	40	80	50
C	1,500	80	30	50
D	2,500	60	90	25
E	3,000	80	30	20

※ 재고자산 회전율(회) $= \dfrac{매출액}{재고자산}$

※ 매출채권 회전율(회) $= \dfrac{매출액}{매출채권}$

① A, B

② C, D

③ B, E

④ E, A

	재고자산 회전율(회)	매출채권 회전율(회)
A	$\dfrac{1,000}{50} = 20$	$\dfrac{1,000}{30} = 33.34$
B	$\dfrac{2,000}{40} = 50$	$\dfrac{2,000}{80} = 25$
C	$\dfrac{1,500}{80} = 18.75$	$\dfrac{1,500}{30} = 50$
D	$\dfrac{2,500}{60} = 41.67$	$\dfrac{2,500}{90} = 27.78$
E	$\dfrac{3,000}{80} = 37.5$	$\dfrac{3,000}{30} = 100$

21 L그룹은 직원들의 인문학 역량 향상을 위하여 독서 캠페인을 진행하고 있다. 다음 〈표〉는 인사팀 사원 6명의 지난달 독서 현황을 보여주는 자료이다. 이 자료를 바탕으로 할 때, 〈보기〉의 설명 가운데 옳지 않은 것을 모두 고르면?

〈표〉 인사팀 사원별 독서 현황

구분 \ 사원	준호	영우	나현	준걸	주연	태호
성별	남	남	여	남	여	남
독서량(권)	0	2	6	4	8	10

〈보기〉
㉠ 인사팀 사원들의 평균 독서량은 5권이다.
㉡ 남자 사원인 동시에 독서량이 5권 이상인 사원수는 남자 사원수의 50% 이상이다.
㉢ 독서량이 2권 이상인 사원 가운데 남자 사원의 비율은 인사팀에서 여자 사원 비율의 2배이다.
㉣ 여자 사원이거나 독서량이 7권 이상인 사원수는 전체 인사팀 사원수의 50% 이상이다.

① ㉠, ㉡   ② ㉠, ㉢
③ ㉡, ㉢   ④ ㉡, ㉣

 ㉡ 남자 사원인 동시에 독서량이 5권 이상인 사람은 남자 사원 4명 가운데 '태호' 한 명이다. 1/4=25(%)이므로 옳지 않은 설명이다.
㉢ 독서량이 2권 이상인 사원 가운데 남자 사원의 비율 : 3/5
인사팀에서 여자 사원 비율 : 2/6
전자가 후자의 2배 미만이므로 옳지 않은 설명이다.
㉠ $\dfrac{독서량}{전체\ 사원수} = \dfrac{30}{6} = 5$(권)이므로 옳은 설명이다.
㉣ 해당되는 사람은 '나현, 주연, 태호'이므로 3/6=50(%)이다. 따라서 옳은 설명이다.

Answer ⤷ 20.③ 21.③

22~23 다음은 공무원 단체 가입 현황에 관한 통계자료이다. 물음에 답하시오.

(단위 : 명, %)

구분		2005	2006	2007	2008	2009	2010
전체	가입대상	264,410	275,827	282,100	288,895	300,235	289,057
	가입자	172,190	187,647	135,885	219,587	228,934	185,998
	가입률	65.1	68.0	48.2	76.0	76.3	64.3
중앙부처	가입대상	49,417	46,689	41,284	43,560	56,737	56,651
	가입자	18,511	21,842	33,911	35,488	37,479	31,792
	가입률	37.5	46.8	82.1	81.5	66.0	56.1
지방자치단체 (광역)	가입대상	28,284	30,109	47,476	34,593	34,053	35,778
	가입자	22,696	24,296	23,253	26,701	27,554	26,106
	가입률	80.2	80.7	48.9	77.2	79.2	73.0
지방자치단체 (기초)	가입대상	150,460	158,887	157,203	150,051	147,980	147,221
	가입자	124,382	131,271	49,773	123,319	118,744	102,670
	가입률	82.7	82.6	31.6	82.2	80.2	69.7
교육청	가입대상	36,249	40,142	36,137	51,298	49,859	49,407
	가입자	6,601	10,238	28,948	34,079	35,382	25,430
	가입률	18.2	25.5	80.1	66.4	72.2	51.5

22 다음 설명 중 틀린 해석은?

① 가입자는 증감을 반복하고 있다.

② 중앙부처의 가입률이 교육청의 가입률보다 매년 더 높다.

③ 2010년 현재 비가입자 수보다 가입자 수가 더 많다고 할 수 있다.

④ 2007년도가 가입대상자 대비 가입자의 비율이 가장 작았던 해다.

 ② 2009년에는 중앙부처의 가입률이 교육청의 가입률보다 더 낮다.

23 2008년 교육청 비가입자 수는?

① 17,236명

② 17,450명

③ 18,050명

④ 18,670명

 비가입률 $100 - 66.4 = 33.6\,(\%)$

$51,298 \times \dfrac{33.6}{100} = 17,236\,(명)$

|24~25| 다음은 지방자치단체별 재정지수에 관한 표이다. 물음에 답하시오.

(단위 : 십억 원)

자치 단체명	기준재정 수입액	기준재정 수요액
A	4,520	3,875
B	1,342	1,323
C	892	898
D	500	520
E	2,815	1,620
F	234	445
G	342	584
H	185	330
I	400	580
J	82	164

※ 재정력지수＝기준재정 수입액÷기준재정 수요액

24 다음 설명 중 옳지 않은 것은?

① 자치단체 F의 재정력지수는 자치단체 I보다 작다.
② 자치단체 G의 재정력지수는 자치단체 H보다 크다.
③ 자치단체 A, B, C, D의 재정력지수는 모두 1보다 크다.
④ 자치단체 E의 재정력지수는 1보다 크다.

 ③ A : $4,520 \div 3,875 = 1.17$
　　B : $1,342 \div 1,323 = 1.01$
　　C : $892 \div 898 = 0.99$
　　D : $500 \div 520 = 0.96$
① F : $234 \div 445 = 0.53$
　 I : $400 \div 580 = 0.69$
② G : $342 \div 584 = 0.59$
　 H : $185 \div 330 = 0.56$
④ E : $2,815 \div 1,620 = 1.74$

25 A~D 중 재정력지수가 가장 높은 지방자치단체는?

① A   ② B
③ C   ④ D

 A : $4,520 \div 3,875 = 1.17$
B : $1,342 \div 1,323 = 1.01$
C : $892 \div 898 = 0.99$
D : $500 \div 520 = 0.96$

03 문제해결능력

1 문제와 문제해결

(1) 문제의 정의와 분류

① 정의 … 문제란 업무를 수행함에 있어서 답을 요구하는 질문이나 의논하여 해결해야 되는 사항이다.

② 문제의 분류

구분	창의적 문제	분석적 문제
문제제시 방법	현재 문제가 없더라도 보다 나은 방법을 찾기 위한 문제 탐구→문제 자체가 명확하지 않음	현재의 문제점이나 미래의 문제로 예견될 것에 대한 문제 탐구→문제 자체가 명확함
해결방법	창의력에 의한 많은 아이디어의 작성을 통해 해결	분석, 논리, 귀납과 같은 논리적 방법을 통해 해결
해답 수	해답의 수가 많으며, 많은 답 가운데 보다 나은 것을 선택	답의 수가 적으며 한정되어 있음
주요특징	주관적, 직관적, 감각적, 정성적, 개별적, 특수성	객관적, 논리적, 정량적, 이성적, 일반적, 공통성

(2) 업무수행과정에서 발생하는 문제 유형

① 발생형 문제(보이는 문제) … 현재 직면하여 해결하기 위해 고민하는 문제이다. 원인이 내재되어 있기 때문에 원인지향적인 문제라고도 한다.
  ㉠ 일탈문제 : 어떤 기준을 일탈함으로써 생기는 문제
  ㉡ 미달문제 : 어떤 기준에 미달하여 생기는 문제

② 탐색형 문제(찾는 문제) … 현재의 상황을 개선하거나 효율을 높이기 위한 문제이다. 방치할 경우 큰 손실이 따르거나 해결할 수 없는 문제로 나타나게 된다.
  ㉠ 잠재문제 : 문제가 잠재되어 있어 인식하지 못하다가 확대되어 해결이 어려운 문제
  ㉡ 예측문제 : 현재로는 문제가 없으나 현 상태의 진행 상황을 예측하여 찾아야 앞으로 일어날 수 있는 문제가 보이는 문제
  ㉢ 발견문제 : 현재로서는 담당 업무에 문제가 없으나 선진기업의 업무 방법 등 보다 좋은 제도나 기법을 발견하여 개선시킬 수 있는 문제

③ 설정형 문제(미래 문제) … 장래의 경영전략을 생각하는 것으로 앞으로 어떻게 할 것인가 하는 문제이다. 문제해결에 창조적인 노력이 요구되어 창조적 문제라고도 한다.

예제 1

D회사 신입사원으로 입사한 귀하는 신입사원 교육에서 업무수행과정에서 발생하는 문제 유형 중 설정형 문제를 하나씩 찾아오라는 지시를 받았다. 이에 대해 귀하는 교육받은 내용을 다시 복습하려고 한다. 설정형 문제에 해당하는 것은?

① 현재 직면하여 해결하기 위해 고민하는 문제
② 현재의 상황을 개선하거나 효율을 높이기 위한 문제
③ 앞으로 어떻게 할 것인가 하는 문제
④ 원인이 내재되어 있는 원인지향적인 문제

[출제의도]
업무수행 중 문제가 발생하였을 때 문제 유형을 구분하는 능력을 측정하는 문항이다.
[해설]
업무수행과정에서 발생하는 문제 유형으로는 발생형 문제, 탐색형 문제, 설정형 문제가 있으며 ①④는 발생형 문제이며 ②는 탐색형 문제, ③이 설정형 문제이다.

답 ③

---

(3) 문제해결

① 정의 … 목표와 현상을 분석하고 이 결과를 토대로 과제를 도출하여 최적의 해결책을 찾아 실행·평가해 가는 활동이다.

② 문제해결에 필요한 기본적 사고
   ㉠ 전략적 사고 : 문제와 해결방안이 상위 시스템과 어떻게 연결되어 있는지를 생각한다.
   ㉡ 분석적 사고 : 전체를 각각의 요소로 나누어 그 의미를 도출하고 우선순위를 부여하여 구체적인 문제해결방법을 실행한다.
   ㉢ 발상의 전환 : 인식의 틀을 전환하여 새로운 관점으로 바라보는 사고를 지향한다.
   ㉣ 내·외부자원의 활용 : 기술, 재료, 사람 등 필요한 자원을 효과적으로 활용한다.

③ 문제해결의 장애요소
   ㉠ 문제를 철저하게 분석하지 않는 경우
   ㉡ 고정관념에 얽매이는 경우
   ㉢ 쉽게 떠오르는 단순한 정보에 의지하는 경우
   ㉣ 너무 많은 자료를 수집하려고 노력하는 경우

④ 문제해결방법
  ⊙ 소프트 어프로치 : 문제해결을 위해서 직접적인 표현보다는 무언가를 시사하거나 암시를 통하여 의사를 전달하여 문제해결을 도모하고자 한다.
  ⊙ 하드 어프로치 : 상이한 문화적 토양을 가지고 있는 구성원을 가정하고, 서로의 생각을 직설적으로 주장하고 논쟁이나 협상을 통해 서로의 의견을 조정해 가는 방법이다.
  ⊙ 퍼실리테이션(facilitation) : 촉진을 의미하며 어떤 그룹이나 집단이 의사결정을 잘 하도록 도와주는 일을 의미한다.

2 문제해결능력을 구성하는 하위능력

(1) 사고력

① 창의적 사고 … 개인이 가지고 있는 경험과 지식을 통해 새로운 가치 있는 아이디어를 산출하는 사고능력이다.
  ⊙ 창의적 사고의 특징
    • 정보와 정보의 조합
    • 사회나 개인에게 새로운 가치 창출
    • 창조적인 가능성

예제 2

M사 홍보팀에서 근무하고 있는 귀하는 입사 5년차로 창의적인 기획안을 제출하기로 유명하다. S부장은 이번 신입사원 교육 때 귀하에게 창의적인 사고란 무엇인지 교육을 맡아달라고 부탁하였다. 창의적인 사고에 대한 귀하의 설명으로 옳지 않은 것은?

① 창의적인 사고는 새롭고 유용한 아이디어를 생산해 내는 정신적인 과정이다.
② 창의적인 사고는 특별한 사람들만이 할 수 있는 대단한 능력이다.
③ 창의적인 사고는 기존의 정보들을 특정한 요구조건에 맞거나 유용하도록 새롭게 조합시킨 것이다.
④ 창의적인 사고는 통상적인 것이 아니라 기발하거나, 신기하며 독창적인 것이다.

[출제의도]
창의적 사고에 대한 개념을 정확히 파악하고 있는지를 묻는 문항이다.
[해설]
흔히 사람들은 창의적인 사고에 대해 특별한 사람들만이 할 수 있는 대단한 능력이라고 생각하지만 그리 대단한 능력이 아니며 이미 알고 있는 경험과 지식을 해체하여 다시 새로운 정보로 결합하여 가치 있는 아이디어를 산출하는 사고라고 할 수 있다.

답 ②

ⓛ 발산적 사고 : 창의적 사고를 위해 필요한 것으로 자유연상법, 강제연상법, 비교발상법 등을 통해 개발할 수 있다.

구분	내용
자유연상법	생각나는 대로 자유롭게 발상 ex) 브레인스토밍
강제연상법	각종 힌트에 강제적으로 연결 지어 발상 ex) 체크리스트
비교발상법	주제의 본질과 닮은 것을 힌트로 발상 ex) NM법, Synectics

Point 》 브레인스토밍
  ⊙ 진행방법
   • 주제를 구체적이고 명확하게 정한다.
   • 구성원의 얼굴을 볼 수 있는 좌석 배치와 큰 용지를 준비한다.
   • 구성원들의 다양한 의견을 도출할 수 있는 사람을 리더로 선출한다.
   • 구성원은 다양한 분야의 사람들로 5~8명 정도로 구성한다.
   • 발언은 누구나 자유롭게 할 수 있도록 하며, 모든 발언 내용을 기록한다.
   • 아이디어에 대한 평가는 비판해서는 안 된다.
  ⓛ 4대 원칙
   • 비판엄금(Support) : 평가 단계 이전에 결코 비판이나 판단을 해서는 안 되며 평가는 나중까지 유보한다.
   • 자유분방(Silly) : 무엇이든 자유롭게 말하고 이런 바보 같은 소리를 해서는 안 된다는 등의 생각은 하지 않아야 한다.
   • 질보다 양(Speed) : 질에는 관계없이 가능한 많은 아이디어들을 생성해내도록 격려한다.
   • 결합과 개선(Synergy) : 다른 사람의 아이디어에 자극되어 보다 좋은 생각이 떠오르고, 서로 조합하면 재미있는 아이디어가 될 것 같은 생각이 들면 즉시 조합시킨다.

② 논리적 사고 … 사고의 전개에 있어 전후의 관계가 일치하고 있는가를 살피고 아이디어를 평가하는 사고능력이다.
  ⊙ 논리적 사고를 위한 5가지 요소 : 생각하는 습관, 상대 논리의 구조화, 구체적인 생각, 타인에 대한 이해, 설득
  ⓛ 논리적 사고 개발 방법
   • 피라미드 구조 : 하위의 사실이나 현상부터 사고하여 상위의 주장을 만들어가는 방법
   • so what기법 : '그래서 무엇이지?'하고 자문자답하여 주어진 정보로부터 가치 있는 정보를 이끌어 내는 사고 기법

③ 비판적 사고 … 어떤 주제나 주장에 대해서 적극적으로 분석하고 종합하며 평가하는 능동적인 사고이다.
  ⊙ 비판적 사고 개발 태도 : 비판적 사고를 개발하기 위해서는 지적 호기심, 객관성, 개방성, 융통성, 지적 회의성, 지적 정직성, 체계성, 지속성, 결단성, 다른 관점에 대한 존중과 같은 태도가 요구된다.

ⓛ 비판적 사고를 위한 태도
- 문제의식 : 비판적인 사고를 위해서 가장 먼저 필요한 것은 바로 문제의식이다. 자신이 지니고 있는 문제와 목적을 확실하고 정확하게 파악하는 것이 비판적인 사고의 시작이다.
- 고정관념 타파 : 지각의 폭을 넓히는 일은 정보에 대한 개방성을 가지고 편견을 갖지 않는 것으로 고정관념을 타파하는 일이 중요하다.

(2) 문제처리능력과 문제해결절차

① 문제처리능력 … 목표와 현상을 분석하고 이를 토대로 문제를 도출하여 최적의 해결책을 찾아 실행·평가하는 능력이다.

② 문제해결절차 … 문제 인식 → 문제 도출 → 원인 분석 → 해결안 개발 → 실행 및 평가
  ㉠ 문제 인식 : 문제해결과정 중 'waht'을 결정하는 단계로 환경 분석 → 주요 과제 도출 → 과제 선정의 절차를 통해 수행된다.
  - 3C 분석 : 환경 분석 방법의 하나로 사업환경을 구성하고 있는 요소인 자사(Company), 경쟁사(Competitor), 고객(Customer)을 분석하는 것이다.

▌예제 3

L사에서 주력 상품으로 밀고 있는 TV의 판매 이익이 감소하고 있는 상황에서 귀하는 B부장으로부터 3C분석을 통해 해결방안을 강구해 오라는 지시를 받았다. 다음 중 3C에 해당하지 않는 것은?

① Customer
② Company
③ Competitor
④ Content

- SWOT 분석 : 기업내부의 강점과 약점, 외부환경의 기회와 위협요인을 분석·평가하여 문제해결 방안을 개발하는 방법이다.

		내부환경요인	
		강점(Strengths)	약점(Weaknesses)
외부환경요인	기회 (Opportunities)	SO 내부강점과 외부기회 요인을 극대화	WO 외부기회를 이용하여 내부약점을 강점으로 전환
	위협 (Threat)	ST 외부위협을 최소화하기 위해 내부 강점을 극대화	WT 내부약점과 외부위협을 최소화

ⓛ 문제 도출 : 선정된 문제를 분석하여 해결해야 할 것이 무엇인지를 명확히 하는 단계로, 문제 구조 파악 → 핵심 문제 선정 단계를 거쳐 수행된다.
  - Logic Tree : 문제의 원인을 파고들거나 해결책을 구체화할 때 제한된 시간 안에서 넓이와 깊이를 추구하는데 도움이 되는 기술로 주요 과제를 나무모양으로 분해·정리하는 기술이다.
ⓒ 원인 분석 : 문제 도출 후 파악된 핵심 문제에 대한 분석을 통해 근본 원인을 찾는 단계로 Issue 분석 → Data 분석 → 원인 파악의 절차로 진행된다.
ⓔ 해결안 개발 : 원인이 밝혀지면 이를 효과적으로 해결할 수 있는 다양한 해결안을 개발하고 최선의 해결안을 선택하는 것이 필요하다.
ⓜ 실행 및 평가 : 해결안 개발을 통해 만들어진 실행계획을 실제 상황에 적용하는 활동으로 실행계획 수립 → 실행 → Follow-up의 절차로 진행된다.

예제 4

C사는 최근 국내 매출이 지속적으로 하락하고 있어 사내 분위기가 심상치 않다. 이에 대해 Y부장은 이 문제를 극복하고자 문제처리 팀을 구성하여 해결방안을 모색하도록 지시하였다. 문제처리 팀의 문제해결 절차를 올바른 순서로 나열한 것은?

① 문제 인식 → 원인 분석 → 해결안 개발 → 문제 도출 → 실행 및 평가
② 문제 도출 → 문제 인식 → 해결안 개발 → 원인 분석 → 실행 및 평가
③ 문제 인식 → 원인 분석 → 문제 도출 → 해결안 개발 → 실행 및 평가
④ 문제 인식 → 문제 도출 → 원인 분석 → 해결안 개발 → 실행 및 평가

[출제의도]
실제 업무 상황에서 문제가 일어났을 때 해결 절차를 알고 있는지를 측정하는 문항이다.
[해설]
일반적인 문제해결절차는 '문제 인식 → 문제 도출 → 원인 분석 → 해결안 개발 → 실행 및 평가로 이루어진다.

답 ④

출제예상문제

1 다음 조건에서 추론할 수 있는 것은?

> 홍보부, 영업부, 인사부, 총무부의 4개 부서에서 갑, 을, 병, 정, 무 5사람 중 한 명씩 신입사원을 채용하려고 한다. 면접심사 후, 갑, 을, 병, 정, 무는 다음과 같이 예측하였는데 4명의 진술은 옳았고, 한 사람의 진술은 틀렸다.
> • 갑 : 을이 홍보부에 채용되었거나, 정이 인사부에 채용되었다.
> • 을 : 무가 영업부에 채용되었거나, 정이 인사부 채용되지 않았다.
> • 병 : 을은 홍보부에 채용되지 않았고, 무는 영업부에 채용되지 않았다.
> • 정 : 갑은 총무부에 채용되었고, 무는 영업부에 채용되었다.
> • 무 : 병을 제외한 나머지 사람들이 채용되었고, 정이 인사부에 채용되었다.

① 을은 채용되지 않았다.
② 갑이 총무부에 채용되었다.
③ 병은 영업부에 채용되었다.
④ 무는 홍보부에 채용되었다.

 병의 진술과 정의 진술은 모순되기 때문에 둘 중에 하나는 거짓이다. 갑, 을, 무의 진술을 바탕으로 표를 그리다 보면 병이 거짓을 말하고 있다는 것을 알 수 있다.

	홍보부	영업부	인사부	총무부
갑	×	×	×	O
을	O	×	×	×
병	×	×	×	×
정	×	×	O	×
무	×	O	×	×

2 취업준비생인 재석은 이번 공채기간에 몇 개 회사에 지원서를 넣어보려고 한다. 취업준비생들의 지원현황은 다음과 같다. 재석이 현대차를 넣는다는 결론을 이끌어 낼 수 있는 정보는?

> • 삼성과 SK를 둘 다 지원한 취업준비생은 모두 현대차도 지원했다.
> • LG와 두산을 둘 다 지원한 취업준비생은 모두 현대차도 지원했다.
> • 조사 대상인 취업준비생들은 누구든 기아차나 한화 가운데 적어도 하나는 지원했다.
> • 기아차를 지원한 취업준비생은 모두 삼성도 지원했다.
> • 한화를 지원한 취업준비생은 모두 LG도 지원했다.

① 재석은 LG와 SK를 지원했다.
② 재석은 기아차와 LG를 지원했다.
③ 재석은 SK와 두산을 지원했다.
④ 재석은 한화와 삼성을 지원했다.

 삼성 & SK → 현대차
LG & 두산 → 현대차
③ 취업준비생은 누구든 기아차나 한화 중 하나는 지원하므로 기아차 → 삼성, 한화 → LG가
된다. 재석이가 SK와 두산을 지원했다면 기아차나 한화 중 하나를 지원하더라도 항상
현대차를 지원하게 된다.

|3~5 | 다음은 어느 회사의 냉장고 사용설명서 중 일부인 〈고장신고 전에 확인해야 할 사항〉에 관한 자료이다. 다음을 보고 물음에 답하시오.

증상	확인사항	조치사항
냉각이 잘 되지 않을 때	냉장조절이 '약'쪽에 있는지 확인하세요.	냉장조절을 '강' 쪽으로 조절해 주세요.
	뜨거운 식품을 식히지 않고 넣진 않았는지 확인하세요.	뜨거운 음식은 곧바로 넣지 마시고 식혀서 넣어 주세요.
	식품을 너무 많이 넣진 않았는지 확인하세요.	식품은 적당한 간격을 두고 넣어 주세요.
	문은 완전히 닫혀 있는지 확인하세요.	제품 앞쪽이 약간 높게 수평조정다리를 조정하고 보관음식이 문에 끼지 않게 한 후 문을 꼭 닫아주세요.
	직사광선을 받거나 가스레인지 등의 열기구에 가까이 있진 않은지 확인하세요.	주위에 적당한 간격을 두세요.
	냉장고 주위에 적당한 간격이 유지되어 있는지 확인하세요.	주위에 적당한 간격을 두세요.
	설치장소의 온도가 5℃ 이하로 되진 않았는지 확인하세요.	설치방법을 참조하여 주위온도가 5℃ 이상인 곳에 설치해 주세요.
소음이 심하고 이상한 소리가 날 때	냉장고 설치장소의 바닥이 약하거나, 냉장고가 불안정하게 설치되어 있진 않은지 확인하세요.	바닥이 튼튼하고 고른 곳에 설치하세요.
	냉장고 뒷면이 벽에 닿진 않았는지 확인하세요.	주위에 적당한 간격을 두세요.
	냉장고 뒷면이나 위에 물건이 있진 않은지 확인하세요.	물건을 치워 주세요.
냉장고 안쪽이나 야채실 덮개 밑면에 이슬이 맺힐 때	뜨거운 음식을 식히지 않고 넣진 않았는지 확인하세요.	뜨거운 음식은 반드시 식혀서 보관하세요.
	문을 오랫동안 열어두진 않았는지 확인하세요.	문을 닫아 두면 이슬이 자동으로 없어지지만 마른 걸레로 닦아 주시면 더 좋습니다.
	문을 자주 여닫진 않았는지 확인하세요.	문을 너무 많이 여닫지 마세요.
	물기가 많은 식품을 뚜껑을 닫지 않고 넣진 않았는지 확인하세요.	음식을 보관할 때는 뚜껑이 있는 용기에 담거나 밀봉하여 보관하세요.
성에(얼음)가 생길 때	문을 잘 닫았는지 확인하세요.	보관식품에 간섭될 수 있으므로 문을 정확히 닫아주세요.
	뜨거운 음식을 식히지 않고 넣진 않았는지 확인하세요.	뜨거운 음식은 반드시 식혀서 보관하세요.
	냉동실의 공기 입구나 출구가 막혀 있진 않은지 확인하세요.	냉장고내 공기의 순환이 잘 되도록 공기 입구나 출구가 막히지 않게 보관해주세요.
	냉동실에 식품을 **빽빽**하게 넣진 않았는지 확인하세요.	식품은 적당한 간격으로 보관하세요.

3 이 냉장고 회사에서 근무하는 사원 A씨는 고객으로부터 냉장고에 성에가 생겼다는 전화를 받았다. A가 먼저 확인해야 할 사항으로 옳지 않은 것은?

① 문을 잘 닫았습니까?

② 뜨거운 음식을 바로 넣진 않았습니까?

③ 냉동실의 공기 입구나 출구가 막혀 있진 않습니까?

④ 냉장고 뒷면이 벽에 닿진 않았습니까?

> (Tip) ④의 내용은 소음이 심하고 이상한 소리가 날 때 확인해야 할 사항이다.

4 AS센터에서 근무하고 있는 甲씨는 고객의 냉장고 수리를 위해 방문하게 되었는데 냉장고를 열어보니 음식이 너무 빽빽하게 들어 있었다. 이 고객의 냉장고 증상으로 바르게 짝지어진 것은?

① 냉각이 잘 되지 않음 - 소음이 심함

② 얼음이 생김 - 소음이 심함

③ 얼음이 생김 - 이슬이 맺힘

④ 냉각이 잘 되지 않음 - 성에가 생김

> (Tip) 음식이 빽빽하게 들어있는지의 여부를 확인해야 할 증상으로는 냉각이 잘 되지 않거나, 성에(얼음)가 생기는 경우이다.

5 사원 A씨는 고객으로부터 집에서 사용하는 냉장고가 냉각이 잘 되지 않는다는 불만사항을 접수했다. A의 조치사항에 대한 답변으로 옳지 않은 것은?

① 식품은 적당한 간격을 두고 넣어 주시기 바랍니다.

② 냉장고 내 공기 입구나 출구가 막히지 않도록 해주시기 바랍니다.

③ 뜨거운 음식은 식혀서 넣어주시기 바랍니다.

④ 주위에 적당한 간격을 두시기 바랍니다.

> (Tip) ② 이 경우는 냉장고에 성에(얼음)가 생겼을 때의 조치사항이다.

Answer┌→ 3.④ 4.④ 5.②

6 다음 글과 상황을 근거로 판단할 때, A국 각 지역에 설치될 것으로 예상되는 풍력발전기 모델명을 바르게 짝지은 것은?

> 풍력발전기는 회전축의 방향에 따라 수평축 풍력발전기와 수직축 풍력발전기로 구분된다. 수평축 풍력발전기는 구조가 간단하고 설치가 용이하며 에너지 변환효율이 우수하다. 하지만 바람의 방향에 영향을 많이 받기 때문에 바람의 방향이 일정한 지역에만 설치가 가능하다. 수직축 풍력발전기는 바람의 방향에 영향을 받지 않아 바람의 방향이 일정하지 않은 지역에도 설치가 가능하며, 이로 인해 사막이나 평원에도 설치가 가능하다. 하지만 부품이 비싸고 수평축 풍력발전기에 비해 에너지 변환효율이 떨어진다는 단점이 있다. B사는 현재 4가지 모델의 풍력발전기를 생산하고 있다. 각 풍력발전기는 정격 풍속이 최대 발전량에 도달하며, 가동이 시작되면 최소 발전량 이상의 전기를 생산한다. 각 발전기의 특성은 아래와 같다.
>
> | 모델명 | U-50 | U-57 | U-88 | U-93 |
> |---|---|---|---|---|
> | 시간당 최대 발전량(kW) | 100 | 100 | 750 | 2,000 |
> | 시간당 최소 발전량(kW) | 20 | 20 | 150 | 400 |
> | 발전기 높이(m) | 50 | 68 | 80 | 84.7 |
> | 회전축 방향 | 수직 | 수평 | 수직 | 수평 |

> 〈상황〉
>
> A국은 B사의 풍력발전기를 X, Y, Z지역에 각 1기씩 설치할 계획이다. X지역은 산악지대로 바람의 방향이 일정하며, 최소 150kW 이상의 시간당 발전량이 필요하다. Y지역은 평원지대로 바람의 방향이 일정하지 않으며, 철새보호를 위해 발전기 높이는 70m 이하가 되어야 한다. Z지역은 사막지대로 바람의 방향이 일정하지 않으며, 주민 편의를 위해 정격 풍속에서 600kW 이상의 시간당 발전량이 필요하다. 복수의 모델이 각 지역의 조건을 충족할 경우, 에너지 변환효율을 높이기 위해 수평축 모델을 설치하기로 한다.

X지역	Y지역	Z지역		X지역	Y지역	Z지역
① U-88	U-50	U-88		② U-88	U-57	U-93
③ U-93	U-50	U-88		④ U-93	U-50	U-93

ㄱ X지역 : 바람의 방향이 일정하므로 수직·수평축 모두 사용할 수 있고, 최소 150kW 이상의 시간당 발전량이 필요하므로 U-88과 U-93 중 하나를 설치해야 한다. 에너지 변환효율을 높이기 위해 수평축 모델인 U-93을 설치한다.

ㄴ Y지역 : 수직축 모델만 사용 가능하며, 높이가 70m 이하인 U-50만 설치 가능하다.

ㄷ Z지역 : 수직축 모델만 사용 가능하며, 정격 풍속이 600kW 이상의 시간당 발전량을 갖는 U-88만 설치 가능하다.

▌7~11 ▌ 당신은 영업사원이다. 오늘 안에 외근을 하며 들러야 할 지점의 목록은 다음과 같다. 교통수단으로는 지하철을 이용하는데, 한 정거장을 이동할 때는 3분이 소요되며, 환승하는 경우 환승시간은 10분이 소요된다. 각 물음에 답하시오.

(1) 업체목록
① A증권
   주소 : 서울 성동구 행당로 87
② B인쇄소
   주소 : 서울 강남구 학동로 508
③ C서점
   주소 : 서울 중랑구 면목로 330-1
④ D본사
   주소 : 서울 영등포구 여의대로 56
⑤ E마트
   주소 : 서울 동작구 남부순환로 2089
⑥ F은행
   주소 : 서울 성동구 동호로 21

(2) 지하철 노선도

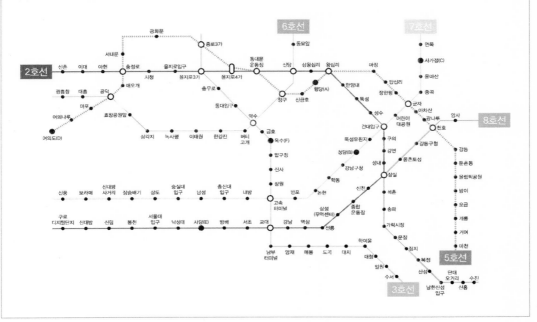

7 당신은 신당역에서 10시에 출발하여 먼저 F은행에 들러서 서류를 받아 C서점에 전달해야 한다. 소요시간을 고려할 때, 가장 효율적으로 이동할 수 있는 순서를 고르면?

① 신당 – 을지로3가 – 옥수 – 고속터미널 – 사가정
② 신당 – 을지로3가 – 옥수 – 교대 – 건대입구 – 사가정
③ 신당 – 약수 – 옥수 – 고속터미널 – 사가정
④ 신당 – 약수 – 옥수 – 교대 – 건대입구 – 사가정

 신당에서 6호선을 타고 약수에서 환승한 뒤 3호선으로 갈아타 옥수(F)에 들린 뒤, 다시 3 호선을 타고 고속터미널에서 환승한 뒤 7호선으로 갈아타 사가정(C)으로 가는 것이 가장 효율적이다.

8 C서점에 주문한 책이 아직 나오지 않아 금일 방문하지 않게 되었다. 또한, 한 팀이 합세하여, 그 팀이 D본사와 A증권을 방문하기로 했다. 당신은 F은행에서 출발해서 남은 지점만 방문하면 된다. 소요시간을 최소로 하여 이동할 때 이동하는 정거장 수와 환승하는 횟수를 짝지은 것으로 적절한 것을 고르시면?

	이동하는 정거장 수	환승하는 횟수
①	20	2
②	18	2
③	20	3
④	17	3

 F→B→E 또는 F→E→B의 순서로 이동할 수 있다.
㉠ F에서 B로 이동할 때 9정거장과 1번의 환승이 필요하고, B에서 E로 이동할 때 9정거장 과 2번의 환승이 필요하다.
㉡ F에서 E로 이동할 때 8정거장과 1번의 환승이 필요하고, E에서 B로 이동할 때 9정거장 과 2번의 환승이 필요하다.

9 당신은 지금 D본사에 있다. E마트에 2시까지 도착하려면 최소한 몇 시에는 출발해야 하는가?

① 12시 30분   ② 12시 40분

③ 12시 50분   ④ 1시

> (Tip) 여의도(D) – 종로3가 – 교대 – 사당(E)이 가장 최소의 시간이 걸린다. 모두 22개의 정거장과 2번의 환승을 거쳐야 하므로 86분이 소요된다.

10 A증권에서 B인쇄소로 가는데 걸리는 최소 시간은 얼마인가?

① 37분   ② 45분

③ 50분   ④ 53분

> (Tip) 행당(A) – 군자 – 청담(B)의 경로가 가장 최단 거리이다. 총 9개의 정거장과 1번의 환승을 거쳐야 하므로 37분이 소요된다.

11 A증권에서 F은행을 거쳐 D본사로 돌아가려고 한다. 최소의 시간이 걸려 도착하려면 총 몇 개의 정거장을 거쳐야 하는가?

① 17   ② 19

③ 21   ④ 23

> (Tip) 행당(A) – 청구 – 옥수(F) – 종로3가 – 여의도(D)로 19정거장을 거치게 된다.

Answer ↱ 7.③ 8.④ 9.① 10.① 11.②

▮12~13 ▮ 다음은 금융 관련 긴급상황 발생시 행동요령에 대한 내용이다. 이를 읽고 물음에 답하시오.

금융 관련 긴급상황 발생 행동요령

1. 신용카드 및 체크카드를 분실한 경우
   카드를 분실했을 경우 카드회사 고객센터에 분실신고를 하여야 한다.
   분실신고 접수일로부터 60일 전과 신고 이후에 발생한 부정 사용액에 대해서는 납부의무가 없다. 카드에 서명을 하지 않은 경우, 비밀번호를 남에게 알려준 경우, 카드를 남에게 빌려준 경우 등 카드 주인의 특별한 잘못이 있는 경우에는 보상을 하지 않는다.
   비밀번호가 필요한 거래(현금인출, 카드론, 전자상거래)의 경우 분실신고 전 발생한 제2자의 부정사용액에 대해서는 카드사가 책임을 지지 않는다. 그러나 저항할 수 없는 폭력이나 생명의 위협으로 비밀번호를 누설한 경우 등 카드회원의 과실이 없는 경우는 제외한다.

2. 다른 사람의 계좌에 잘못 송금한 경우
   본인의 거래은행에 잘못 송금한 사실을 먼저 알린다. 전화로 잘못 송금한 사실을 말하고 거래은행 영업점을 방문해 착오입금반환의뢰서를 작성하면 된다.
   수취인과 연락이 되지 않거나 돈을 되돌려 주길 거부하는 경우에는 부당이득반환소송 등 법적 조치를 취하면 된다.

3. 대출사기를 당한 경우
   대출사기를 당했거나 대출수수료를 요구할 땐 경찰서, 금융감독원에 전화로 신고를 하여야 한다. 아니면 금감원 홈페이지 참여마당 → 금융범죄/비리/기타신고 → 불법 사금융 개인정보 불법유통 및 불법 대출 중개수수료 피해신고 코너를 통해 신고하면 된다.

4. 신분증을 잃어버린 경우
   가까운 은행 영업점을 방문하여 개인정보 노출자 사고 예방 시스템에 등록을 한다. 신청인의 개인정보를 금융회사에 전파하여 신청인의 명의로 금융거래를 하면 금융회사가 본인확인을 거쳐 2차 피해를 예방한다.

---

12 만약 당신이 신용카드를 분실했을 경우 가장 먼저 취해야 할 행동으로 적절한 것은?

① 경찰서에 전화로 분실신고를 한다.

② 해당 카드회사에 전화로 분실신고를 한다.

③ 금융감독원에 분실신고를 한다.

④ 카드사에 전화를 걸어 카드를 해지한다.

> **Tip** 신용카드 및 체크카드를 분실한 경우 카드회사 고객센터에 분실신고를 하여야 한다.

13 매사 모든 일에 철두철미하기로 유명한 당신이 보이스피싱에 걸려 대출사기를 당했다고 느껴질 경우 당신이 취할 수 있는 가장 적절한 행동은?

① 가까운 은행을 방문하여 개인정보 노출자 사고 예방 시스템에 등록을 한다.

② 해당 거래 은행에 송금 사실을 전화로 알린다.

③ 경찰서나 금융감독원에 전화로 신고를 한다.

④ 법원에 부당이득반환소송을 청구한다.

 대출사기를 당했거나 대출수수료를 요구할 땐 경찰서, 금융감독원에 전화로 신고를 하여야 한다.

┃14~17┃ 다음 사실이 모두 참일 때 결론에 대해 옳은 것을 고르시오.

14

> **사실**
> 나는 오후에 영화관에 가거나 집에 갈 것이다.
> 나는 오후에 집에 가지 않았다.
>
> **결론**
> A : 나는 오전에 영화관에 갔다.
> B : 나는 오후에 영화관에 갔다.

① A만 옳다.　　　　　　　　② B만 옳다.

③ A와 B 모두 옳다.　　　　　④ A와 B 모두 그르다.

 오후에 영화관에 가거나 집에 갈 것이고, 집에 가지 않았으므로 오후에 영화관에 갔다(B는 옳다). 하지만 오전에는 어딜 갔는지 알 수 없다.

Answer ↪ 12.② 13.③ 14.②

15

> **사실**
> 강아지가 날개가 있다면 동물은 날 수 있다.
> 동물은 날 수 없다.
>
> **결론**
> A : 강아지는 날개가 없다.
> B : 고양이는 날개가 없다.

① A만 옳다. ② B만 옳다.
③ A와 B 모두 옳다. ④ A와 B 모두 그르다.

 동물은 날 수 없다고 하였으므로 강아지는 날개가 없다는 A는 옳은 내용이다. 그러나 고양이가 날개가 있는지 없는지는 알 수 없다.

16

> **사실**
> 바보는 웃음이 많다.
> 어떤 과학자는 바보이다.
> 웃음이 많은 사람은 행복하다.
>
> **결론**
> A : 모든 과학자는 바보이다.
> B : 어떤 과학자는 행복하다.

① A만 옳다.

② B만 옳다.

③ A와 B 모두 옳다.

④ A와 B 모두 그르다.

 어떤 과학자가 바보라고 했으므로, 모든 과학자가 바보인 것은 아니다. '어떤 과학자→바보→웃음이 많음→행복함'이 성립하므로 B만 옳다.

17

사실
소희는 책 읽는 것을 좋아한다.
책 읽는 것을 좋아하는 사람은 똑똑하다.
현명한 사람은 똑똑하다.

결론
A : 소희는 똑똑하다.
B : 소희는 현명하다.

① A만 옳다.   ② B만 옳다.
③ A와 B 모두 옳다.   ④ A와 B 모두 그르다.

 책 읽는 것을 좋아하므로 소희가 똑똑하다는 A는 옳은 설명이지만 B는 옳은지 그른지 알 수
없다.

18 공금횡령사건과 관련해 갑, 을, 병, 정이 참고인으로 소환되었다. 이들 중 갑, 을, 병은 소환에 응
하였으나 정은 응하지 않았다. 다음 정보가 모두 참일 때, 귀가 조치된 사람을 모두 고르면?

• 참고인 네 명 가운데 한 명이 단독으로 공금을 횡령했다.
• 소환된 갑, 을, 병 가운데 한 명만 진실을 말했다.
• 갑은 '을이 공금을 횡령했다', 을은 '내가 공금을 횡령했다', 병은 '정이 공금을 횡령했다'
  라고 진술했다.
• 위의 세 정보로부터 공금을 횡령하지 않았음이 명백히 파악된 사람은 모두 귀가 조치
  되었다.

① 병   ② 갑, 을
③ 갑, 병   ④ 갑, 을, 병

 ㉠ 갑의 말이 진실일 경우 : 갑의 말에 의해 을이 범인이 되지만, 이것은 을의 진술과 모순된다.
ㄴ 을의 말이 진실일 경우 : 을의 말에 의해 을이 범인이 되지만, 이것은 갑의 진술과 모순된다.
ㄷ 병의 말이 진실일 경우 : 병의 말에 의해 정이 범인이 되고, 갑과 을의 진술과도 모순되지
않는다. 따라서 공금을 횡령한 사람은 정이고 갑, 을, 병은 귀가 조치된다.

Answer ⤷ 15.① 16.② 17.① 18.④

19 다음 진술이 참이 되기 위해 꼭 필요한 전제를 〈보기〉에서 고르면?

> 노래를 잘 부르는 사람은 상상력이 풍부하다.

〈보기〉
㉠ 그림을 잘 그리는 사람은 IQ가 높고, 상상력이 풍부하다.
㉡ IQ가 높은 사람은 그림을 잘 그린다.
㉢ 키가 작은 사람은 IQ가 높다.
㉣ 키가 작은 사람은 상상력이 풍부하지 않다.
㉤ 노래를 잘 부르지 못하는 사람은 그림을 잘 그리지 못한다.
㉥ 그림을 잘 그리지 못하는 사람은 노래를 잘 부르지 못한다.

① ㉠㉡ ② ㉠㉥
③ ㉢㉣ ④ ㉣㉥

 노래를 잘 부르는 사람은 그림을 잘 그린다(㉥의 대우).
그림을 잘 그리는 사람은 상상력이 풍부하다(㉠).
∴ 노래를 잘 부르는 사람은 상상력이 풍부하다.

20 A는 잊어버린 네 자리 숫자의 비밀번호를 기억해 내려고 한다. 비밀번호에 대해서 가지고 있는 단서가 다음과 같을 때 사실이 아닌 것은?

㉠ 비밀번호를 구성하고 있는 어떤 숫자도 소수가 아니다.
㉡ 6과 8 중에 단 하나만 비밀번호에 들어가는 숫자다.
㉢ 비밀번호는 짝수로 시작한다.
㉣ 골라 낸 네 개의 숫자를 큰 수부터 차례로 나열해서 비밀번호를 만들었다.
㉤ 같은 숫자는 두 번 이상 들어가지 않는다.

① 비밀번호는 짝수이다.
② 비밀번호의 앞에서 두 번째 숫자는 4이다.
③ 위의 조건을 모두 만족시키는 번호는 모두 세 개가 있다.
④ 비밀번호는 1을 포함하지만 9는 포함하지 않는다.

⑩ 10개의 숫자 중 4개를 뽑아내는 순열이다.

    ㉠ 비밀번호를 구성하고 있는 숫자는 0, 1, 4, 6, 8, 9 (소수 2, 3, 5, 7 제거) 이다.

    ㉢ 비밀번호는 4, 6, 8 로 시작한다.

    ㉣ 9는 8보다 큰 숫자이므로 큰 수부터 차례로 나열한다는 ㉣과 짝수로 시작한다는 ㉢에 의해 사용이 배제된다(숫자 9 배제). → 비밀번호 구성이 가능한 숫자는 0, 1, 4, 6, 8 다섯개이다.

    ㉡ 6과 8중 하나만 사용하므로 가능한 비밀번호는 8 – 4 – 1 – 0 또는 6 – 4 – 1 – 0이 된다.

21 A, B, C, D가 한 번에 한 명씩 출장을 교대로 가려고 한다. 조건이 다음과 같을 때, 옳은 것은?

> • B는 반드시 세 번째로 가야 한다.
> • C는 첫 번째 아니면 마지막으로 가야 한다.
> • A는 D보다 늦게 가야 한다.

① A가 마지막으로 출장을 간다.

② B가 마지막으로 출장을 간다.

③ D가 가장 먼저 출장을 갈 경우 C는 마지막으로 출장을 간다.

④ C가 가장 먼저 출장을 갈 경우 D는 마지막으로 출장을 간다.

     C – D – B – A 혹은 D – A – B – C인 두 가지의 경우가 가능하다.

22 Z회사에 근무하는 7명의 직원이 교육을 받으려고 한다. 교육실에서 직원들이 앉을 좌석의 조건이 다음과 같을 때 직원 중 빈 자리 바로 옆 자리에 배정받을 수 있는 사람은?

〈교육실 좌석〉

첫 줄	A	B	C
중간 줄	D	E	F
마지막 줄	G	H	I

〈조건〉
- 직원은 강훈, 연정, 동현, 승만, 문성, 봉선, 승일 7명이다.
- 서로 같은 줄에 있는 좌석들끼리만 바로 옆 자리일 수 있다.
- 봉선의 자리는 마지막 줄에 있다.
- 동현이의 자리는 승만이의 바로 옆 자리이며, 또한 빈 자리 바로 옆이다.
- 승만이의 자리는 강훈이의 바로 뒷 자리이다.
- 문성이와 승일이는 같은 줄의 좌석을 배정 받았다.
- 문성이나 승일이는 누구도 강훈이의 바로 옆 자리에 배정받지 않았다.

① 승만
② 문성
③ 연정
④ 봉선

 주어진 조건을 정리해 보면 마지막 줄에는 봉선, 문성, 승일이가 앉게 되며 중간 줄에는 동현이와 승만이가 앉게 된다. 그러나 동현이가 승만이 바로 옆 자리이며, 또한 빈자리가 바로 옆이라고 했으므로 승만이는 빈자리 옆에 앉지 못한다. 첫 줄에는 강훈이와 연정이가 앉게 되고 빈자리가 하나 있다. 따라서 연정이는 빈 자리 옆에 배정 받을 수 있다.

23 다음은 어느 레스토랑의 3C분석 결과이다. 이 결과를 토대로 하여 향후 해결해야 할 전략과제를 선택하고자 할 때 적절하지 않은 것은?

3C	상황 분석
고객 / 시장(Customer)	• 식생활의 서구화 • 유명브랜드와 기술제휴 지향 • 신세대 및 뉴패밀리 층의 출현 • 포장기술의 발달
경쟁 회사(Competitor)	• 자유로운 분위기와 저렴한 가격 • 전문 패밀리 레스토랑으로 차별화 • 많은 점포수 • 외국인 고용으로 인한 외국인 손님 배려
자사(company)	• 높은 가격대 • 안정적 자금 공급 • 업계 최고의 시장점유율 • 고객증가에 따른 즉각적 응대의 한계

① 원가 절감을 통한 가격 조정
② 유명브랜드와의 장기적인 기술제휴
③ 즉각적인 응대를 위한 인력 증대
④ 안정적인 자금 확보를 위한 자본구조 개선

 '안정적 자금 공급'이 자사의 강점이기 때문에 '안정적인 자금 확보를 위한 자본구조 개선'은 향후 해결해야 할 과제에 속하지 않는다.

24 다음은 화재손해 발생 시 지급 보험금 산정방법과 피보험물건의 보험금액 및 보험가액에 대한 자료이다. 다음 조건에 따를 때, 지급 보험금이 가장 많은 피보험물건은?

〈표1〉 지급 보험금 산정방법

피보험물건의 유형	조건	지급 보험금
일반물건, 창고물건, 주택	보험금액≥보험가액의 80%	손해액 전액
	보험금액<보험가액의 80%	$손해액 \times \dfrac{보험금액}{보험가액의\,80\%}$
공장물건, 동산	보험금액≥보험가액	손해액 전액
	보험금액<보험가액	$손해액 \times \dfrac{보험금액}{보험가액}$

※ 보험금액은 보험사고가 발생한 때에 보험회사가 피보험자에게 지급해야 하는 금액의 최고한도를 말한다.
※ 보험가액은 보험사고가 발생한 때에 피보험자에게 발생 가능한 손해액의 최고한도를 말한다.

〈표2〉 피보험물건의 보험금액 및 보험가액

피보험물건	피보험물건 유형	보험금액	보험가액	손해액
甲	동산	7천만 원	1억 원	6천만 원
乙	일반물건	8천만 원	1억 원	8천만 원
丙	창고물건	6천만 원	7천만 원	9천만 원
丁	공장물건	9천만 원	1억 원	6천만 원

① 甲
② 乙
③ 丙
④ 丁

① 甲 : 6천만 원 $\times \dfrac{7천만\ 원}{1억\ 원} = 4,200만$ 원

② 乙 : 손해액 전액이므로 8,000만 원

③ 丙 : 손해액 전액이므로 9,000만 원

④ 丁 : 6천만 원 $\times \dfrac{9천만\ 원}{1억\ 원} = 5,400만$ 원

25 '가' 은행 '나' 지점에서는 3월 11일 회계감사 관련 서류 제출을 위해 본점으로 출장을 가야 한다. 다음에 제시된 〈조건〉과 〈상황〉을 바탕으로 판단할 때, 출장을 함께 갈 수 있는 직원들의 조합으로 가능한 것은?

〈조건〉

1) 08시 정각 출발이 확정되어 있으며, 출발 후 '나' 지점에 복귀하기까지 총 8시간이 소요된다. 단, 비가 오는 경우 1시간이 추가로 소요된다.
2) 출장인원 중 한 명이 직접 운전하여야 하며, '운전면허 1종 보통' 소지자만 운전할 수 있다.
3) 출장시간에 사내 업무가 겹치는 경우에는 출장을 갈 수 없다.
4) 출장인원 중 부상자가 포함되어 있는 경우, 서류 박스 운반 지연으로 인해 30분이 추가로 소요된다.
5) 차장은 책임자로서 출장인원에 적어도 한 명 포함되어야 한다.
6) 주어진 조건 외에는 고려하지 않는다.

〈상황〉

1) 3월 11일은 하루 종일 비가 온다.
2) 3월 11일 당직 근무는 17시 10분에 시작한다.

직원	직급	운전면허	건강상태	출장 당일 사내 업무
A	차장	1종 보통	부상	없음
B	차장	2종 보통	건강	17시 15분 계약업체 담당
C	과장	없음	건강	17시 35분 고객 상담
D	과장	1종 보통	건강	당직 근무
E	대리	2종 보통	건강	없음

① A, B, C
② A, C, D
③ B, C, E
④ B, D, E

 3월 11일에 하루 종일 비가 온다고 했으므로 복귀하기까지 총 소요 시간은 9시간이므로 복귀 시간은 부상자 없을 경우 17시가 된다. 부상이 있는 A가 출장을 갈 경우, 17시 15분에 사내 업무가 있는 B, 17시 10분부터 당직 근무를 서야 하는 D는 A와 함께 출장을 갈 수 없다. ③의 경우 1종 보통 운전면허 소지자가 없다.

26 다음은 배탈의 발생과 그 원인에 대한 설명이다. 배탈의 원인이 생수, 냉면, 생선회 중 하나라고 할 때, 다음의 진술 중 반드시 참인 것은?

> ㉠ 갑은 생수와 냉면 그리고 생선회를 먹었는데 배탈이 났다.
> ㉡ 을은 생수와 생선회를 먹지 않고 냉면만 먹었는데 배탈이 나지 않았다.
> ㉢ 병은 생수와 생선회는 먹었고 냉면은 먹지 않았는데 배탈이 났다.
> ㉣ 정은 생수와 냉면을 먹었고 생선회는 먹지 않았는데 배탈이 나지 않았다.

① ㉡㉣의 경우만 고려할 경우 냉면이 배탈의 원인이다.

② ㉠㉡㉣의 경우만 고려할 경우 냉면이 배탈의 원인이다.

③ ㉠㉢㉣의 경우만 고려할 경우 생수가 배탈의 원인이다.

④ ㉡㉢㉣의 경우만 고려할 경우 생선회가 배탈의 원인이다.

 ① 을과 정만 고려한 경우 배탈이 나지 않은 을은 냉면을 먹었다.
② 갑, 을, 정만 고려한 경우 갑은 배탈의 원인이 생수, 냉면, 생선회 중 하나임을 알려주는데 이는 유용한 정보가 될 수 없으며, 냉면은 배탈의 원인이 되지 않음을 알 수 있다.
③ 갑, 병, 정만 고려한 경우 배탈이 나지 않은 정은 생수를 먹었다.
④ 을, 병, 정만 고려한 경우 배탈이 나지 않은 을과 정은 생선회를 먹지 않았으며, 배탈이 난 병은 생선회를 먹었다. 여기서 생선회가 배탈의 원인임을 짐작할 수 있다.

27 A, B, C, D, E는 비슷한 시기에 태어났다. 다음 중 옳지 않은 것은?

> • A는 B보다 먼저 태어났다.
> • C는 E보다 먼저 태어났다.
> • D보다 늦게 태어난 사람은 1명이다.
> • C는 B보다 늦게 태어났다.

① A는 두 번째로 태어났다.

② B는 두 번째로 태어났다.

③ C는 첫 번째로 태어났다.

④ D는 첫 번째로 태어났다.

 명제를 종합해보면 A, B, C, D, E 순서로 태어났다.

> 도서출판 서원각에 근무하는 K씨는 고객으로부터 9급 건축직 공무원 추천도서를 요청받았다.
> K씨는 도서를 추천하기 위해 다음과 같은 9급 건축직 발행도서의 종류와 특성을 참고하였다.

K씨 : 감사합니다. 도서출판 서원각입니다.
고객 : 9급 공무원 건축직 관련 도서 추천을 좀 받고 싶습니다.
K씨 : 네, 어떤 종류의 도서를 원하십니까?
고객 : 저는 기본적으로 이론은 대학에서 전공을 했습니다. 그래서 많은 예상문제를 풀 수 있는
　　　것이 좋습니다.
K씨 : 아. 문제가 많은 것이라면 딱 잘라서 말씀드리기가 어렵습니다.
고객 : 알아요. 그래도 적당히 가격도 그리 높지 않고 예상문제가 많이 들어 있는 것이면 됩니다.
K씨 : 네. 알겠습니다. 많은 예상문제풀이가 가능한 것 외에는 다른 필요한 사항은 없으십니까?
고객 : 가급적이면 20,000원 이하가 좋을 듯 합니다.

도서명	예상문제 문항 수	기출문제 수	이론 유무	가격
실력평가모의고사	400	120	무	18,000
전공문제집	500	160	유	25,000
문제완성	600	40	무	20,000
합격선언	300	200	유	24,000

28 다음 중 K씨가 고객의 요구에 맞는 도서를 추천해 주기 위해 가장 우선적으로 고려해야 하는 특
성은 무엇인가?

① 기출문제 수　　　　　　　　　② 이론 유무
③ 가격　　　　　　　　　　　　　④ 예상문제 문항 수

 고객은 많은 문제를 풀어보기를 원하므로 우선적으로 예상문제의 수가 많은 것을 찾아야
　　　　한다.

Answer ┌→ 26.④ 27.② 28.④

29 고객의 요구를 종합적으로 반영하였을 때 많은 문제와 가격을 맞춘 가장 적당한 도서는?

① 실력평가모의고사

② 전공문제집

③ 문제완성

④ 합격선언

 고객의 요구인 20,000원 가격선과 예상문제의 수가 많은 도서는 문제완성이 된다.

30 휴대전화 부품업체에 입사를 준비하는 K씨는 서류전형, 필기시험을 모두 통과한 후 임원 면접을 앞두고 있다. 다음은 임원 면접시 참고자료로 나눠준 글이다. 면접관이 질문할 예상 질문으로 적절하지 못한 것은?

> 무선으로 전력을 주고받으면, 전원을 직접 연결하는 유선보다 효율은 떨어지지만 전자 제품을 자유롭게 이동하며 사용할 수 있는 장점이 있다. 이처럼 무선으로 전력을 주고받을 수 있도록 전자기를 활용하여 전기를 공급하거나 이용하는 기술이 무선 전력 전송 방식인데 대표적으로 '자기 유도 방식'과 '자기 공명 방식' 두 가지를 들 수 있다.
>
> 자기 유도 방식은 변압기의 원리와 유사하다. 변압기는 네모 모양의 철심 좌우에 코일을 감아, 1차 코일에 '+, −' 극성이 바뀌는 교류 전류를 보내면 마치 자석을 운동시켜서 자기장을 형성하는 것처럼 1차 코일에서도 자기장을 형성한다. 이 자기장에 의해 2차 코일에 전류가 만들어지는데 이 전류를 유도전류라 한다. 변압기는 자기장의 에너지를 잘 전달할 수 있는 철심이 있으나, 자기 유도 방식은 철심이 없이 무선 전력 전송을 하는 것이다.
>
> 이러한 자기 유도 방식은 전력 전송 효율이 90% 이상으로 매우 높다는 장점이 있다. 하지만 1차 코일에 해당하는 송신부와 2차 코일에 해당하는 수신부가 수 센티미터 이상 떨어지거나 송신부와 수신부의 중심이 일치하지 않게 되면 전력 전송 효율이 급격히 저하된다는 문제점이 있다. 휴대전화 같은 경우, 충전 패드에 휴대전화를 올려놓는 방식으로 거리 문제를 해결하고 충전 패드 전체에 코일을 배치하여 송수신부 간 전송 효율을 높임으로써 무선 충전이 가능하도록 하였다. 다만 휴대전화는 직류 전류를 사용하기 때문에 1차 코일로부터 2차 코일에 유도된 교류 전류를 직류 전류로 변환해 주는 정류기가 충전 단계 전에 필요하다.

두 번째 전송 방식은 자기 공명 방식이다. 다양한 소리굽쇠 중에 하나를 두드리면 동일한 고유 진동수를 가지는 소리 굽쇠가 같이 진동하는 물리적 현상이 공명이다. 자기장에 공명이 일어나도록 1차 코일과 공진기를 설계하여 공진 주파수를 만든다. 이후 2차 코일과 공진기를 설계하여 공진 주파수가 전달되도록 하는 것이 자기 공명 방식의 원리이다.

이러한 특성으로 인해 자기 공명 방식은 자기 유도 방식과 달리 수 미터 가량 근거리 전력 전송이 가능하다는 장점이 있다. 이 방식이 상용화된다면, 송신부와 공명되는 여러 전자 제품을 전원을 연결하지 않아도 사용할 수 있거나 충전할 수 있다. 그러나 실험 단계의 코일 크기로는 일반 가전제품에 적용할 수 없으므로 코일을 소형화해야 할 필요가 있다. 따라서 이를 해결하기 위한 연구가 필요하다.

① 자기 공명 방식의 장점은 무엇인가?
② 자기 유도 방식의 문제점은 무엇인가?
③ 변압기에서 철심은 어떤 역할을 하는가?
④ 자기 공명 방식의 효율을 높이는 방법은 무엇인가?

Tip 자기 공명 방식의 효율을 높이는 방법은 위 글에 나타나 있지 않다.

04 자원관리능력

1 자원과 자원관리

(1) 자원

① **자원의 종류** … 시간, 돈, 물적자원, 인적자원

② **자원의 낭비요인** … 비계획적 행동, 편리성 추구, 자원에 대한 인식 부재, 노하우 부족

(2) 자원관리 기본 과정

① 필요한 자원의 종류와 양 확인

② 이용 가능한 자원 수집하기

③ 자원 활용 계획 세우기

④ 계획대로 수행하기

| 예제 1

당신은 A출판사 교육훈련 담당자이다. 조직의 효율성을 높이기 위해 전사적인 시간관리에 대한 교육을 실시하기로 하였지만 바쁜 일정 상 직원들을 집합교육에 동원할 수 있는 시간은 제한적이다. 다음 중 귀하가 최우선의 교육 대상으로 삼아야 하는 것은 어느 부분인가?

구분	긴급한 일	긴급하지 않은 일
중요한 일	제1사분면	제2사분면
중요하지 않은 일	제3사분면	제4사분면

[출제의도]
주어진 일들을 중요도와 긴급도에 따른 시간관리 매트릭스에서 우선순위를 구분할 수 있는가를 측정하는 문항이다.
[해설]
교육훈련에서 최우선 교육대상으로 삼아야 하는 것은 긴급하지 않지만 중요한 일이다. 이를 긴급하지 않다고 해서 뒤로 미루다보면 급박하게 처리해야하는 업무가 증가하여 효율적인 시간관리가 어려워진다.

① 중요하고 긴급한 일로 위기사항이나 급박한 문제, 기간이 정해진 프로젝트 등
　이 해당되는 제1사분면
② 긴급하지는 않지만 중요한 일로 인간관계구축이나 새로운 기회의 발굴, 중장
　기 계획 등이 포함되는 제2사분면
③ 긴급하지만 중요하지 않은 일로 잠깐의 급한 질문, 일부 보고서, 눈 앞의 급
　박한 사항이 해당되는 제3사분면
④ 중요하지 않고 긴급하지 않은 일로 하찮은 일이나 시간낭비거리, 즐거운 활동
　등이 포함되는 제4사분면

구분	긴급한 일	긴급하지 않은 일
중요한 일	위기사항, 급박한 문제, 기간이 정해진 프로젝트	인간관계구축, 새로운 기회의 발굴, 중장기계획
중요하지 않은 일	잠깐의 급한 질문, 일부 보고서, 눈앞의 급박한 사항	하찮은 일, 우편물, 전화, 시간낭비거리, 즐거운 활동

답 ②

2　자원관리능력을 구성하는 하위능력

(1) 시간관리능력

① 시간의 특성
　㉠ 시간은 매일 주어지는 기적이다.
　㉡ 시간은 똑같은 속도로 흐른다.
　㉢ 시간의 흐름은 멈추게 할 수 없다.
　㉣ 시간은 꾸거나 저축할 수 없다.
　㉤ 시간은 사용하기에 따라 가치가 달라진다.

② 시간관리의 효과
　㉠ 생산성 향상
　㉡ 가격 인상
　㉢ 위험 감소
　㉣ 시장 점유율 증가

③ 시간계획

　㉠ 개념 : 시간 자원을 최대한 활용하기 위하여 가장 많이 반복되는 일에 가장 많은 시간을 분배하고, 최단시간에 최선의 목표를 달성하는 것을 의미한다.

　㉡ 60 : 40의 Rule

계획된 행동 (60%)	계획 외의 행동 (20%)	자발적 행동 (20%)
총 시간		

예제 2

유아용품 홍보팀의 사원 은이씨는 일산 킨텍스에서 열리는 유아용품박람회에 참여하고자 한다. 당일 회의 후 출발해야 하며 회의 종료 시간은 오후 3시이다.

장소	일시
일산 킨텍스 제2전시장	2016. 1. 20(금) PM 15:00~19:00 * 입장가능시간은 종료 2시간 전까지

오시는 길
지하철 : 4호선 대화역(도보 30분 거리)
버스 : 8109번, 8407번(도보 5분 거리)

• 회사에서 버스정류장 및 지하철역까지 소요시간

출발지	도착지	소요시간	
회사	×× 정류장	도보	15분
		택시	5분
	지하철역	도보	30분
		택시	10분

• 일산 킨텍스 가는 길

교통편	출발지	도착지	소요시간
지하철	강남역	대화역	1시간 25분
버스	×× 정류장	일산 킨텍스 정류장	1시간 45분

위의 제시 상황을 보고 은이씨가 선택할 교통편으로 가장 적절한 것은?

① 도보 – 지하철　　　　　② 도보 – 버스
③ 택시 – 지하철　　　　　④ 택시 – 버스

[출제의도]
주어진 여러 시간정보를 수집하여 실제 업무 상황에서 시간자원을 어떻게 활용할 것인지 계획하고 할당하는 능력을 측정하는 문항이다.
[해설]
④ 택시로 버스정류장까지 이동해서 버스를 타고 가게 되면 택시(5분), 버스(1시간 45분), 도보(5분)으로 1시간 55분이 걸린다.
① 도보-지하철 : 도보(30분), 지하철(1시간 25분), 도보(30분)이므로 총 2시간 25분이 걸린다.
② 도보-버스 : 도보(15분), 버스(1시간 45분), 도보(5분)이므로 총 2시간 5분이 걸린다.
③ 택시-지하철 : 택시(10분), 지하철(1시간 25분), 도보(30분)이므로 총 2시간 5분이 걸린다.

답 ④

(2) 예산관리능력

① 예산과 예산관리
  ㉠ 예산 : 필요한 비용을 미리 헤아려 계산하는 것이나 그 비용
  ㉡ 예산관리 : 활동이나 사업에 소요되는 비용을 산정하고, 예산을 편성하는 것뿐만 아니라 예산을 통제하는 것 모두를 포함한다.

② 예산의 구성요소

비용	직접비용	재료비, 원료와 장비, 시설비, 여행(출장) 및 잡비, 인건비 등
	간접비용	보험료, 건물관리비, 광고비, 통신비, 사무비품비, 각종 공과금 등

③ 예산수립 과정 : 필요한 과업 및 활동 구명 → 우선순위 결정 → 예산 배정

예제 3

당신은 가을 체육대회에서 총무를 맡으라는 지시를 받았다. 다음과 같은 계획에 따라 예산을 진행하였으나 확보된 예산이 생각보다 적게 되어 불가피하게 비용항목을 줄여야 한다. 다음 중 귀하가 비용 항목을 없애기에 가장 적절한 것은 무엇인가?

〈○○산업공단 춘계 1차 워크숍〉

1. 해당부서 : 인사관리팀, 영업팀, 재무팀
2. 일   정 : 2016년 4월 21일~23일(2박 3일)
3. 장   소 : 강원도 속초 ○○연수원
4. 행사내용 : 바다열차탑승, 체육대회, 친교의 밤 행사, 기타

---

① 숙박비   ② 식비
③ 교통비   ④ 기념품비

[출제의도]
업무에 소요되는 예산 중 꼭 필요한 것과 예산을 감축해야할 때 삭제 또는 감축이 가능한 것을 구분해내는 능력을 묻는 문항이다.
[해설]
한정된 예산을 가지고 과업을 수행할 때에는 중요도를 기준으로 예산을 사용한다. 위와 같이 불가피하게 비용 항목을 줄여야 한다면 기본적인 항목인 숙박비, 식비, 교통비는 유지되어야 하기에 항목을 없애기 가장 적절한 정답은 ④번이 된다.

답 ④

(3) 물적관리능력

① 물적자원의 종류
　　㉠ 자연자원 : 자연상태 그대로의 자원 ex) 석탄, 석유 등
　　㉡ 인공자원 : 인위적으로 가공한 자원 ex) 시설, 장비 등

② 물적자원관리 … 물적자원을 효과적으로 관리할 경우 경쟁력 향상이 향상되어 과제 및 사업의 성공으로 이어지며, 관리가 부족할 경우 경제적 손실로 인해 과제 및 사업의 실패 가능성이 커진다.

③ 물적자원 활용의 방해요인
　　㉠ 보관 장소의 파악 문제
　　㉡ 훼손
　　㉢ 분실

④ 물적자원관리 과정

과정	내용
사용 물품과 보관 물품의 구분	• 반복 작업 방지 • 물품활용의 편리성
동일 및 유사 물품으로의 분류	• 동일성의 원칙 • 유사성의 원칙
물품 특성에 맞는 보관 장소 선정	• 물품의 형상 • 물품의 소재

예제 4

S호텔의 외식사업부 소속인 K씨는 예약일정 관리를 담당하고 있다. 아래의 예약일정과 정보를 보고 K씨의 판단으로 옳지 않은 것은?

〈S호텔 일식 뷔페 1월 ROOM 예약 일정〉

* 예약 : ROOM 이름(시작시간)

SUN	MON	TUE	WED	THU	FRI	SAT
					1	2
					백합(16)	장미(11) 백합(15)
3	4	5	6	7	8	9
라일락(15)		백향목(10) 백합(15)	장미(10) 백향목(17)	백합(11) 라일락(18)	백향목(15)	장미(10) 라일락(15)

ROOM 구분	수용가능인원	최소투입인력	연회장 이용시간
백합	20	3	2시간
장미	30	5	3시간
라일락	25	4	2시간
백향목	40	8	3시간

- 오후 9시에 모든 업무를 종료함
- 한 타임 끝난 후 1시간씩 세팅 및 정리
- 동 시간 대 서빙 투입인력은 총 10명을 넘을 수 없음

안녕하세요, 1월 첫째 주 또는 둘째 주에 신년회 행사를 위해 ROOM을 예약하려고 하는데요, 저희 동호회의 총 인원은 27명이고 오후 8시쯤 마무리하려고 합니다. 신정과 주말, 월요일은 피하고 싶습니다. 예약이 가능할까요?

① 인원을 고려했을 때 장미ROOM과 백향목ROOM이 적합하겠군.
② 만약 2명이 안 온다면 예약 가능한 ROOM이 늘어나겠구나.
③ 조건을 고려했을 때 예약 가능한 ROOM은 5일 장미ROOM뿐이겠구나.
④ 오후 5시부터 8시까지 가능한 ROOM을 찾아야해.

[출제의도]
주어진 정보와 일정표를 토대로 이용 가능한 물적자원을 확보하여 이를 정확하게 안내할 수 있는 능력을 측정하는 문항이다. 고객이 제공한 정보를 정확하게 파악하고 그 조건 안에서 가능한 자원을 제공할 수 있어야 한다.
[해설]
③ 조건을 고려했을 때 5일 장미 ROOM과 7일 장미ROOM이 예약 가능하다.
① 참석 인원이 27명이므로 30명 수용 가능한 장미ROOM과 40명 수용 가능한 백향목ROOM 두 곳이 적합하다.
② 만약 2명이 안 온다면 총 참석 인원이 25명이므로 라일락ROOM, 장미ROOM, 백향목ROOM이 예약 가능하다.
④ 오후 8시에 마무리하려고 계획하고 있으므로 적절하다.

답 ③

(4) 인적자원관리능력

① **인맥** … 가족, 친구, 직장동료 등 자신과 직접적인 관계에 있는 사람들인 핵심인맥과 핵심인맥들로부터 알게 된 파생인맥이 존재한다.

② **인적자원의 특성** … 능동성, 개발가능성, 전략적 자원

③ **인력배치의 원칙**

　㉠ **적재적소주의** : 팀의 효율성을 높이기 위해 팀원의 능력이나 성격 등과 가장 적합한 위치에 배치하여 팀원 개개인의 능력을 최대로 발휘해 줄 것을 기대하는 것

　㉡ **능력주의** : 개인에게 능력을 발휘할 수 있는 기회와 장소를 부여하고 그 성과를 바르게 평가하며 평가된 능력과 실적에 대해 그에 상응하는 보상을 주는 원칙

　㉢ **균형주의** : 모든 팀원에 대한 적재적소를 고려

④ **인력배치의 유형**

　㉠ **양적 배치** : 부문의 작업량과 조업도, 여유 또는 부족 인원을 감안하여 소요인원을 결정하여 배치하는 것

　㉡ **질적 배치** : 적재적소의 배치

　㉢ **적성 배치** : 팀원의 적성 및 흥미에 따라 배치하는 것

▎예제 5

최근 조직개편 및 연봉협상 과정에서 직원들의 불만이 높아지고 있다. 온갖 루머가 난무한 가운데 인사팀원인 당신에게 사내 게시판의 직원 불만사항에 대한 진위여부를 파악하고 대안을 세우라는 팀장의 지시를 받았다. 다음 중 당신이 조치를 취해야 하는 직원은 누구인가?

① 사원 A는 팀장으로부터 업무 성과가 탁월하다는 평가를 받았는데도 조직개편으로 인한 부서 통합으로 인해 승진을 못한 것이 불만이다.

② 사원 B는 회사가 예년에 비해 높은 영업 이익을 얻었는데도 불구하고 연봉 인상에 인색한 것이 불만이다.

③ 사원 C는 회사가 급여 정책을 변경해서 고정급 비율을 낮추고 기본급과 인센티브를 지급하는 제도로 바꾼 것이 불만이다.

④ 사원 D는 입사 동기인 동료가 자신보다 업무 실적이 좋지 않고 불성실한 근무태도를 가지고 있는데, 팀장과의 친분으로 인해 자신보다 높은 평가를 받은 것이 불만이다.

[출제의도]
주어진 직원들의 정보를 통해 시급하게 진위여부를 가리고 조치하여 인력배치를 해야 하는 사항을 확인하는 문제이다.

[해설]
사원 A, B, C는 각각 조직 정책에 대한 불만이기에 논의를 통해 조직적으로 대처하는 것이 옳지만, 사원 D는 팀장의 독단적인 전횡에 대한 불만이기 때문에 조사하여 시급히 조치할 필요가 있다. 따라서 가장 적절한 답은 ④번이 된다.

답 ④

---

04 출제예상문제

1 A 공단 인사팀에 근무하는 B 과장은 인턴사원 甲, 乙, 丙, 丁을 대상으로 업무평가를 하고 있다. 평가 기준과 평가 결과가 다음과 같을 때 옳지 않은 것은?

> ❏ 평가 기준
> • 평가대상은 甲, 乙, 丙, 丁 4명이다.
> • 평가요소는 업무능력, 근무자세, 발전가능성, 대인관계 총 4개이다. 평가요소별로 100점을 4개 평가대상에 배분하며, 평가대상이 받는 평가요소별 최소점수는 3점이다.
> • 4개 평가요소의 점수를 평가대상별로 합산하여 총점이 높은 순서로 평가순위를 매긴다. 평가결과 2위까지만 정규직으로 채용한다.
> • 특정 평가요소에 가중치를 n배 줄 경우, 해당 평가요소점수는 n배가 된다.
>
> ❏ 평가 결과
>
> (단위 : 점)
>
> | 평가요소
평가대상 | 업무능력 | 근무자세 | 발전가능성 | 대인관계 |
> |---|---|---|---|---|
> | 甲 | 30 | 40 | A | 25 |
> | 乙 | 20 | B | 30 | 25 |
> | 丙 | 10 | C | 40 | 20 |
> | 丁 | 40 | 30 | D | 30 |
> | 합계 | 100 | 100 | 100 | 100 |

① 丙은 정규직으로 채용되지 않는다.

② B가 27이고 D가 25 이상이면 乙이 2위가 된다.

③ 업무능력에 가중치를 2배 준다면 丁은 정규직으로 채용되지 않는다.

④ 업무능력에 가중치를 3배 준다면 丁은 1위가 된다.

 甲~丁이 받을 수 있는 점수는 甲 95 + A점, 乙 75 + B점, 丙 70 + C점, 丁 : 100 + D이다. 이때 A + D = 30점이고, B + C = 30점이다.

Answer ☞ 1.③

③ 업무능력에 가중치 2배를 준다면 甲~丁이 받을 수 있는 점수는 甲 125 + A점, 乙 95 + B점, 丙 80 + C점, 丁 : 140 + D이다. 丁이 발전가능성에서 최소점인 3점을 받는다고 하여도 丁의 총점은 143점으로, 乙과 丙이 받을 수 있는 최고 총점인 122점, 107점보다 높다. 따라서 업무능력에 가중치를 2배 준다면 丁은 정규직으로 채용된다.

① 丙이 받을 수 있는 점수는 70 + C점으로 근무자세에서 받을 수 있는 최고점인 27점을 받는다고 하여도 총점 97점으로, 甲, 丁이 받을 수 있는 최소 총점인 98점, 103점보다 낮다. 따라서 丙은 정규직으로 채용되지 않는다.

② B가 27이면 C는 3이므로 乙의 점수는 102점이고, 丙의 점수는 73점이다. 이때 D가 25 이상이면 丁은 최소 125점이고 甲은 최대 100점이므로 乙은 丁에 이어 2위가 된다.

④ 업무능력에 가중치를 3배 준다면 甲~丁이 받을 수 있는 점수는 甲 155 + A점, 乙 115 + B점, 丙 90 + C점, 丁 : 180 + D이다. 丁이 발전가능성에서 최소점인 3점을 받는다고 하여도 丁의 총점은 183점으로, 甲, 乙, 丙이 받을 수 있는 최고 총점인 182점, 142점, 117점보다 높다. 따라서 업무능력에 가중치를 3배 준다면 丁은 1위가 된다.

2 甲 공단 재무부에서 근무하는 乙은 2018년도 예산을 편성하기 위해 2017년에 시행되었던 정책 A ~F에 대한 평가를 실시하였다. 평가 결과가 다음과 같을 때 乙이 분석한 내용으로 잘못된 것은?

☐ 정책 평가 결과

(단위 : 점)

정책	계획의 충실성	계획 대비 실적	성과지표 달성도
A	96	95	76
B	93	83	81
C	94	96	82
D	98	82	75
E	95	92	79
F	95	90	85

• 정책 평가 영역과 각 영역별 기준 점수는 다음과 같다.
– 계획의 충실성 : 기준 점수 90점
– 계획 대비 실적 : 기준 점수 85점
– 성과지표 달성도 : 기준 점수 80점
• 평가 점수가 해당 영역의 기준 점수 이상인 경우 '통과'로 판단하고 기준 점수 미만인 경우 '미통과'로 판단한다.
• 모든 영역이 통과로 판단된 정책에는 전년과 동일한 금액을 편성하며, 2개 영역이 통과로 판단된 정책에는 전년 대비 10% 감액, 1개 영역만 통과로 판단된 정책에는 15% 감액하여 편성한다. 다만 '계획 대비 실적' 영역이 미통과인 경우 위 기준과 상관없이 15% 감액하여 편성한다.
• 2017년도 재무부의 A~F 정책 예산은 각각 20억 원으로 총 120억 원이었다.

① 전년과 동일한 금액의 예산을 편성해야 하는 정책은 총 2개이다.

② 재무부의 2018년도 A~F 정책 예산은 전년 대비 9억 원이 줄어들 것이다.

③ '성과지표 달성도' 영역에서 '통과'로 판단된 경우에도 예산을 감액해야 하는 정책이 있다.

④ 예산을 전년 대비 15% 감액하여 편성하는 정책들은 모두 '계획 대비 실적' 영역이 '미통과'로 판단되었을 것이다.

(Tip) 기준 점수에 따라 통과 및 미통과, 2018년도 예산편성을 정리하면 다음과 같다.

정책	계획의 충실성 (기준 점수 90점)	계획 대비 실적 (기준 점수 85점)	성과지표 달성도 (기준 점수 80점)	예산편성
A	통과	통과	미통과	10% 감액
B	통과	미통과	통과	15% 감액
C	통과	통과	통과	동일
D	통과	미통과	미통과	15% 감액
E	통과	통과	미통과	10% 감액
F	통과	통과	통과	동일

② 각 정책별 2018년도 예산은 A 18억, B 17억, C 20억, D 17억, E 18억, F 20억으로 총 110억 원이다. 따라서 재무부의 2018년도 A~F 정책 예산은 전년 대비 10억 원이 줄어든다.

① 전년과 동일한 금액의 예산을 편성해야 하는 정책은 C, F 총 2개이다.

③ 정책 B는 '성과지표 달성도' 영역에서 '통과'로 판단되었지만, '계획 대비 실적'에서 미통과로 판단되어 예산을 감액해야 한다.

④ 예산을 전년 대비 15% 감액하여 편성하는 정책들은 B와 D로 모두 '계획 대비 실적' 영역이 '미통과'로 판단되었다.

Answer ↱ 2.②

3 다음 자료에 대한 분석으로 옳지 않은 것은?

> ○○그룹에는 총 50명의 직원이 근무하고 있으며 자판기 총 설치비용과 사내 전 직원이 누리는 총 만족감을 돈으로 환산한 값은 아래 표와 같다. (단, 자판기로부터 각 직원이 누리는 만족감의 크기는 동일하며 설치비용은 모든 직원이 똑같이 부담한다)
>
> | 자판기 수(개) | 총 설치비용(만 원) | 총 만족감(만 원) |
> |---|---|---|
> | 3 | 180 | 220 |
> | 4 | 240 | 270 |
> | 5 | 300 | 350 |
> | 6 | 360 | 400 |
> | 7 | 420 | 430 |

① 자판기를 3개 설치할 경우 각 직원들이 부담해야 하는 설치비용은 3만 6천 원이다.
② 자판기를 최적으로 설치하였을 때 전 직원이 누리는 총 만족감은 400만 원이다.
③ 자판기를 4개 설치할 경우 더 늘리는 것이 합리적이다.
④ 자판기를 한 개 설치할 때마다 추가되는 비용은 일정하다.

 ② ○○그룹에서 자판기의 최적 설치량은 5개이며 이때 전 직원이 누리는 총 만족감은 350만 원이다.

4 다음 사례에 대한 분석으로 옳은 것은?

> 프리랜서로 일하고 있는 은지는 컴퓨터로 작업을 하고 있다. 수입은 시간당 6천 원이고 작업하는 시간에 따라 '피로도'라는 비용이 든다. 은지가 하루에 작업하는 시간과 그에 따른 수입(편익) 및 피로도(비용)의 정도를 각각 금액으로 환산하며 다음과 같다.
>
> (단위 : 원)
>
> | 시간 | 3 | 4 | 5 | 6 | 7 |
> |---|---|---|---|---|---|
> | 총 편익 | 18,000 | 24,000 | 30,000 | 36,000 | 42,000 |
> | 총 비용 | 9,000 | 11,000 | 14,000 | 18,000 | 23,000 |
>
> * 순편익=총 편익-총 비용

① 은지는 하루에 6시간 일하는 것이 가장 합리적이다.
② 은지가 1시간 더 일할 때마다 추가로 발생하는 비용은 일정하다.
③ 은지는 프리랜서로 하루에 최대로 얻을 수 있는 순편익이 19,000원이다.
④ 은지가 1시간 더 일할 때마다 추가로 발생하는 편익은 증가한다.

① 순편익은 7시간 일할 때 최대(19,000원)가 되므로 은지는 하루에 7시간 일하는 것이 가장 합리적이다.
② 1시간 더 일할 때마다 추가로 발생하는 비용은 일정하지 않다.
④ 1시간 더 일할 때마다 추가로 발생하는 편익은 일정하다.

5 다음은 직장인 도씨가 작성한 보고서의 일부이다. 보기를 참고하여 각 투자유형과 사례가 알맞게 연결된 것은?

⟨해외 투자의 유형별 목적과 사례⟩

투자유형	투자목적	사례
자원개발형	광물, 에너지 등의 천연자원과 농산물의 안정적인 공급원 확보	
시장확보형	규모가 큰 시장 진출 및 빠르게 성장하는 시장 선점	
비용절감형	국내 생산으로는 가격 경쟁력이 낮은 제품의 해외 생산을 통한 비용 절감	
습득형	기업 인수, 경영 참가 등을 통한 생산 기술 및 마케팅 전문성 습득	

⟨보기⟩
㈎ ▽▽기업은 값싼 노동력을 확보하기 위해 동남아시아에 생산 공장을 설립하였다.
㈏ ○○기업은 우주개발 연구를 위해 미국에 연구소를 설립하였다.
㈐ △△기업은 중국의 희토류 광산 개발에 투자하였다.
㈑ ◁▷기업은 우리나라가 유럽연합과 FTA를 체결하자 유럽 각국에 스마트폰 공장을 설립하였다.

	자원개발형	시장확보형	비용절감형	습득형
①	㈎	㈏	㈐	㈑
②	㈐	㈑	㈎	㈏
③	㈏	㈐	㈑	㈎
④	㈑	㈎	㈏	㈐

(Tip) ㈐ 자원개발형, ㈑ 시장확보형, ㈎ 비용절감형, ㈏ 습득형

Answer → 3.② 4.③ 5.②

6 A씨와 B씨는 내일 있을 시장동향 설명회에 발표할 준비를 함께 하게 되었다. 우선 오전 동안 자료를 수집하고 오후 1시에 함께 회의하여 PPT작업과 도표로 작성해야 할 자료 등을 정리하고 각자 다음과 같은 업무를 나눠서 하려고 한다. 회의를 제외한 모든 업무는 혼자서 할 수 있는 일이고, 발표원고 작성은 PPT가 모두 작성되어야 시작할 수 있다. 각 영역당 소요시간이 다음과 같을 때 옳지 않은 것은? (단, 두 사람은 가장 빨리 작업을 끝낼 수 있는 방법을 선택한다)

업무	소요시간
회의	1시간
PPT 작성	2시간
PPT 검토	2시간
발표원고 작성	3시간
도표 작성	3시간

① 7시까지 발표 준비를 마칠 수 있다.
② 두 사람은 같은 시간에 준비를 마칠 수 있다.
③ A가 도표작성 능력이 떨어지고 두 사람의 PPT 활용 능력이 비슷하다면 발표원고는 A가 작성하게 된다.
④ 도표를 작성한 사람이 발표원고를 작성한다.

 ④ PPT작성이 도표작성보다 더 먼저 끝나므로 PPT를 작성한 사람이 발표원고를 작성하는 것이 일을 더 빨리 끝낼 수 있다.

▌7~8 ▌ D회사에서는 1년에 1명을 선발하여 해외연수를 보내주는 제도가 있다. 김부장, 최과장, 오과장, 홍대리 4명이 지원한 가운데 〈선발 기준〉과 〈지원자 현황〉은 다음과 같다. 다음을 보고 물음에 답하시오.

〈선발 기준〉

구분	점수	비고
외국어 성적	50점	
근무 경력	20점	15년 이상이 만점 대비 100%, 10년 이상 15년 미만이 70%, 10년 미만이 50%이다. 단, 근무경력이 최소 5년 이상인 자만 선발 자격이 있다.
근무 성적	10점	
포상	20점	3회 이상이 만점 대비 100%, 1~2회가 50%, 0회가 0%이다.
계	100점	

〈지원자 현황〉

구분	김부장	최과장	오과장	홍대리
근무경력	30년	20년	10년	3년
포상	2회	4회	0회	5회

※ 외국어 성적은 김부장과 최과장이 만점 대비 50%이고, 오과장이 80%, 홍대리가 100%이다.
※ 근무 성적은 최과장이 만점이고, 김부장, 오과장, 홍대리는 만점 대비 90%이다.

7 위의 선발기준과 지원자 현황에 따를 때 가장 높은 점수를 받은 사람이 선발된다면 선발되는 사람은?

① 김부장　　　　　　　　　② 최과장
③ 오과장　　　　　　　　　④ 홍대리

	김부장	최과장	오과장	홍대리
외국어 성적	25점	25점	40점	근무경력이 5년 미만이므로 선발 자격이 없다.
근무 경력	20점	20점	14점	
근무 성적	9점	10점	9점	
포상	10점	20점	0점	
계	64점	75점	63점	

Answer ➤ 6.④ 7.②

8 회사 규정의 변경으로 인해 선발기준이 다음과 같이 변경되었다면, 새로운 선발기준 하에서 선발되는 사람은? (단, 가장 높은 점수를 받은 사람이 선발된다)

구분	점수	비고
외국어 성적	40점	
근무 경력	40점	30년 이상이 만점 대비 100%, 20년 이상 30년 미만이 70%, 20년 미만이 50%이다. 단, 근무경력이 최소 5년 이상인 자만 선발 자격이 있다.
근무 성적	10점	
포상	10점	3회 이상이 만점 대비 100%, 1~2회가 50%, 0회가 0%이다.
계	100점	

① 김부장
② 최과장
③ 오과장
④ 홍대리

	김부장	최과장	오과장	홍대리
외국어 성적	20점	20점	32점	
근무 경력	40점	28점	20점	근무경력이 5년 미만이므로 선발 자격이 없다.
근무 성적	9점	10점	9점	
포상	5점	10점	0점	
계	74점	68점	61점	

9 다음 상황에서 총 순이익 200억 중에 Y사가 150억을 분배 받았다면 Y사의 연구개발비는 얼마인가?

> X사와 Y사는 신제품을 공동개발하여 판매한 총 순이익을 다음과 같은 기준에 의해 분배하기로 약정하였다.
> • 1번째 기준 : X사와 Y사는 총 순이익에서 각 회사 제조원가의 10%에 해당하는 금액을 우선 각자 분배 받는다.
> • 2번째 기준 : 총 순수익에서 위의 1번째 기준에 의해 분배 받은 금액을 제외한 나머지 금액에 대한 분배는 각 회사가 연구개발을 지출한 비용에 비례하여 분배액을 정한다.
>
> 〈신제품 개발과 판례에 따른 연구개발비용과 총 순이익〉
>
> (단위 : 억 원)
>
> | 구분 | X사 | Y사 |
> |---|---|---|
> | 제조원가 | 200 | 600 |
> | 연구개발비 | 100 | ( ) |
> | 총 순이익 | 200 | |

① 200억 원 ② 250억 원
③ 300억 원 ④ 350억 원

 1번째 기준에 의해 X사는 200억의 10%인 20억을 분배 받고, Y사는 600억의 10%인 60억을 분배 받는다. Y가 분배 받은 금액이 총 150억이라고 했으므로 X사가 분배 받은 금액은 50억이다. X사가 두 번째 기준에 의해 분배 받은 금액은 30억이고, Y사가 두 번째 기준에 의해 분배 받은 금액은 90억이다. 두 번째 기준은 연구개발비용에 비례하여 분배 받은 것이므로 X사의 연구개발비의 3배로 계산하면 300억이다.

Answer ➟ 8.① 9.③

10 다음 글과 〈조건〉을 근거로 판단할 때, 중국으로 출장 가는 사람으로 짝지어진 것은?

C회사에서는 업무상 외국 출장이 잦은 편이다. 인사부 A씨는 매달 출장 갈 직원들을 정하는 업무를 맡고 있다. 이번 달에는 총 4국가로 출장을 가야 하며 인원은 다음과 같다.

미국	영국	중국	일본
1명	4명	3명	4명

출장을 갈 직원은 이과장, 김과장, 신과장, 류과장, 임과장, 장과장, 최과장이 있으며, 개인별 출장 가능한 국가는 다음과 같다.

직원 국가	이과장	김과장	신과장	류과장	임과장	장과장	최과장
미국	○	×	○	×	×	×	×
영국	○	×	○	○	○	×	×
중국	×	○	○	○	○	×	○
일본	×	×	○	×	○	○	○

※ ○ : 출장 가능, × : 출장 불가능
※ 어떤 출장도 일정이 겹치진 않는다.

〈조건〉
• 한 사람이 두 국가까지만 출장 갈 수 있다.
• 모든 사람은 한 국가 이상 출장을 가야 한다.

① 김과장, 최과장, 류과장　　　　② 김과장, 신과장, 류과장
③ 신과장, 류과장, 임과장　　　　④ 김과장, 임과장, 최과장

 모든 사람이 한 국가 이상 출장을 가야 한다고 했으므로 김과장은 꼭 중국을 가야 하며, 장과장은 꼭 일본을 가야 한다. 또한 영국으로 4명이 출장을 가야 되고, 출장 가능 직원도 4명이므로 이과장, 신과장, 류과장, 임과장이 영국을 가야한다. 4국가 출장에 필요한 직원은 12명인데 김과장과 장과장이 1국가 밖에 못가므로 나머지 5명이 2국가를 출장간다는 것에 주의한다.

	출장가는 직원
미국(1명)	이과장
영국(4명)	류과장, 이과장, 신과장, 임과장
중국(3명)	김과장, 최과장, 류과장
일본(4명)	장과장, 최과장, 신과장, 임과장

11 인사부에서 근무하는 H씨는 다음 〈상황〉과 〈조건〉에 근거하여 부서 배정을 하려고 한다. 〈상황〉과 〈조건〉을 모두 만족하는 부서 배정은 어느 것인가?

〈상황〉

총무부, 영업부, 홍보부에는 각각 3명, 2명, 4명의 인원을 배정하여야 한다. 이번에 선발한 인원으로는 5급이 A, B, C가 있으며, 6급이 D, E, F가 있고 7급이 G, H, I가 있다.

〈조건〉

조건1 : 총무부에는 5급이 2명 배정되어야 한다.
조건2 : B와 C는 서로 다른 부서에 배정되어야 한다.
조건3 : 홍보부에는 7급이 2명 배정되어야 한다.
조건4 : A와 I는 같은 부서에 배정되어야 한다.

	총무부	영업부	홍보부
①	A, C, I	D, E	B, F, G, H
②	A, B, E	D, G	C, F, H, I
③	A, B, I	C, D, G	E, F, H
④	B, C, H	D, E	A, F, G, I

 ② A와 I가 같은 부서에 배정되어야 한다는 조건4를 만족하지 못한다.
③ 홍보부에 4명이 배정되어야 한다는 〈상황〉에 부합하지 못한다.
④ B와 C가 서로 다른 부서에 배정되어야 한다는 조건2를 만족하지 못한다.

12 다음은 어느 회사의 성과상여금 지급기준이다. 다음 기준에 따를 때 성과상여금을 가장 많이 받는 사원과 가장 적게 받는 사원의 금액 차이는 얼마인가?

<성과상여금 지급기준>

지급원칙
• 성과상여금은 적용대상사원에 대하여 성과(근무성적, 업무난이도, 조직 기여도의 평점 합) 순위에 따라 지급한다.

성과상여금 지급기준액

5급 이상	6급~7급	8급~9급	계약직
500만 원	400만 원	200만 원	200만 원

지급등급 및 지급률
• 5급 이상

지급등급	S등급	A등급	B등급	C등급
성과 순위	1위	2위	3위	4위 이하
지급률	180%	150%	120%	80%

• 6급 이하 및 계약직

지급등급	S등급	A등급	B등급
성과 순위	1위~2위	3~4위	5위 이하
지급률	150%	130%	100%

지급액 산정방법
개인별 성과상여금 지급액은 지급기준액에 해당등급의 지급율을 곱하여 산정한다.

<소속사원 성과 평점>

사원	평점			직급
	근무성적	업무난이도	조직기여도	
수현	8	5	7	계약직
이현	10	6	9	계약직
서현	8	8	6	4급
진현	5	5	8	5급
준현	9	9	10	6급
지현	9	10	8	7급

① 260만 원　　　　　　　　　② 340만 원

③ 400만 원　　　　　　　　　④ 450만 원

 사원별로 성과상여금을 계산해보면 다음과 같다.

사원	평점 합	순위	산정금액
수현	20	5	200만원×100%=200만 원
이현	25	3	200만원×130%=260만 원
서현	22	4	500만원×80%=400만 원
진현	18	6	500만원×80%=400만 원
준현	28	1	400만원×150%=600만 원
지현	27	2	400만원×150%=600만 원

가장 많이 받은 금액은 600만 원이고 가장 적게 받은 금액은 200만 원이므로 이 둘의 차는 400만 원이다.

Answer ➔ 12.③

13 G회사에서 근무하는 S씨는 직원들의 출장비를 관리하고 있다. 이 회사의 규정이 다음과 같을 때 S씨가 甲 부장에게 지급해야 하는 총일비와 총 숙박비는 각각 얼마인가? (국가 간 이동은 모두 항공편으로 한다고 가정한다)

여행일수의 계산

　여행일수는 여행에 실제로 소요되는 일수에 의한다. 국외여행의 경우에는 국내 출발일은 목적지를, 국내 도착일은 출발지를 여행하는 것으로 본다.

여비의 구분계산

• 여비 각 항목은 구분하여 계산한다.
• 같은 날에 여비액을 달리하여야 할 경우에는 많은 액을 기준으로 지급한다.

일비 · 숙박비의 지급

• 국외여행자의 경우는 〈국외여비정액표〉에 따라 지급한다.
• 일비는 여행일수에 따라 지급한다.
• 숙박비는 숙박하는 밤의 수에 따라 지급한다. 다만 항공편 이동 중에는 따로 숙박비를 지급하지 아니한다.

〈국외여비정액표〉

(단위 : 달러)

구분	여행국가	일비	숙박비
부장	A국	80	233
	B국	70	164

〈甲의 여행일정〉

1일째	(06:00) 출국
2일째	(07:00) A국 도착
	(18:00) 만찬
3일째	(09:00) 회의
	(15:00) A국 출국
	(17:00) B국 도착
4일째	(09:00) 회의
	(18:00) 만찬
5일째	(22:00) B국 출국
6일째	(20:00) 귀국

	총일비(달러)	총숙박비(달러)
①	450	561
②	450	610
③	460	610
④	460	561

㉠ 1일째와 2일째는 일비가 각각 80달러이고, 3일째는 여비액이 다를 경우 많은 액을 기준으로 삼는다 했으므로 80달러, 4~6일째는 각각 70달러이다. 따라서 총일비는 450달러이다.

㉡ 1일째에서 2일째로 넘어가는 밤에는 항공편에서 숙박했고, 2일째에서 3일째 넘어가는 밤에는 숙박비가 233달러이다. 3일째에서 4일째로 넘어가는 밤과 4일째에서 5일째로 넘어가는 밤에는 각각 숙박비가 164달러이다. 5일째에서 6일째로 넘어가는 밤에는 항공편에서 숙박했다. 따라서 총숙박비는 561달러이다.

Answer ↱ 13.①

‖14~15‖ 공장 주변지역의 농경수 오염에 책임이 있는 기업이 총 70억 원의 예산을 가지고 피해 현황 심사와 보상을 진행한다고 한다. 다음 글을 읽고 물음에 답하시오.

> 총 500건의 피해가 발생했고, 기업측에서는 실제 피해 현황을 심사하여 보상하기로 하였다. 심사에 소요되는 비용은 보상 예산에서 사용한다. 심사를 통해 좀 더 정확한 피해 규모를 파악할 수 있지만, 그에 따라 소요되는 비용 또한 증가하게 된다.
>
> | | 1일째 | 2일째 | 3일째 | 4일째 |
> |---|---|---|---|---|
> | 일별 심사 비용(억원) | 0.5 | 0.7 | 0.9 | 1.1 |
> | 일별 보상대상 제외건수 | 50 | 45 | 40 | 35 |
>
> • 보상금 총액＝예산－심사 비용
> • 표는 누적수치가 아닌, 하루에 소요되는 비용을 말함
> • 일별 심사 비용은 매일 0.2억씩 증가하고 제외건수는 매일 5건씩 감소함
> • 제외건수가 0이 되는 날, 심사를 중지하고 보상금을 지급함

14 기업측이 심사를 중지하는 날까지 소요되는 일별 심사 비용은 총 얼마인가?

① 15억 원
② 15.5억 원
③ 16억 원
④ 16.5억 원

 제외건수가 매일 5건씩 감소한다고 했으므로 11일째 되는 날 제외건수가 0이 되고 일별 심사 비용은 총 16.5억 원이 된다.

15 심사를 중지하고 총 500건에 대해서 보상을 한다고 할 때, 보상대상자가 받는 건당 평균 보상금은 대략 얼마인가?

① 약 1천만 원
② 약 2천만 원
③ 약 3천만 원
④ 약 4천만 원

 (70억－16.5억)/500건＝1,070만 원

16 甲회사 인사부에 근무하고 있는 H부장은 각 과의 요구를 모두 충족시켜 신규직원을 배치하여야 한다. 각 과의 요구가 다음과 같을 때 홍보과에 배정되는 사람은 누구인가?

〈신규직원 배치에 대한 각 과의 요구〉
• 관리과 : 5급이 1명 배정되어야 한다.
• 홍보과 : 5급이 1명 배정되거나 6급이 2명 배정되어야 한다.
• 재무과 : B가 배정되거나 A와 E가 배정되어야 한다.
• 총무과 : C와 D가 배정되어야 한다.

〈신규직원〉
• 5급 2명(A, B)
• 6급 4명(C, D, E, F)

① A ② B
③ C와 D ④ E와 F

 주어진 조건을 보면 관리과와 재무과에는 반드시 각각 5급이 1명씩 배정되고, 총무과에는 6급 2명이 배정된다. 인원수를 따져보면 홍보과에는 5급을 배정할 수 없기 때문에 6급이 2명 배정된다. 6급 4명 중에 C와 D는 총무과에 배정되므로 홍보과에 배정되는 사람은 E와 F이다. 각 과별로 배정되는 사람을 정리하면 다음과 같다.

관리과	A
홍보과	E, F
재무과	B
총무과	C, D

17 S기관은 업무처리시 오류 발생을 줄이기 위해 2016년부터 오류 점수를 계산하여 인사고과에 반영한다고 한다. 이를 위해 매월 직원별로 오류 건수를 조사하여 오류 점수를 다음과 같이 계산한다고 할 때, 가장 높은 오류 점수를 받은 사람은 누구인가?

〈오류 점수 계산 방식〉
- 일반 오류는 1건당 10점, 중대 오류는 1건당 20점씩 오류 점수를 부과하여 이를 합산한다.
- 전월 우수사원으로 선정된 경우, 합산한 오류 점수에서 80점을 차감하여 월별 최종 오류 점수를 계산한다.

〈S기관 벌점 산정 기초자료〉

직원	오류 건수(건)		전월 우수사원 선정 여부
	일반 오류	중대 오류	
A	5	20	미선정
B	10	20	미선정
C	15	15	선정
D	20	10	미선정

① A
② B
③ C
④ D

 ① A : 450점
② B : 500점
③ C : 370점
④ D : 400점

18 Z회사는 6대(A~F)의 자동차 생산을 주문받았다. 오늘을 포함하여 30일 이내에 자동차를 생산할 계획이며 Z회사의 하루 최대투입가능 근로자 수는 100명이다. 다음 〈공정표〉에 근거할 때 Z회사가 벌어들일 수 있는 최대 수익은 얼마인가? (단, 작업은 오늘부터 개시되며 각 근로자는 자신이 투입된 자동차의 생산이 끝나야만 다른 자동차의 생산에 투입될 수 있고 1일 필요 근로자 수 이상의 근로자가 투입되더라도 자동차당 생산 소요기간은 변하지 않는다)

〈공정표〉

자동차	소요기간	1일 필요 근로자 수	수익
A	5일	20명	15억 원
B	10일	30명	20억 원
C	10일	50명	40억 원
D	15일	40명	35억 원
E	15일	60명	45억 원
F	20일	70명	85억 원

① 150억 원   ② 155억 원
③ 160억 원   ④ 165억 원

 최대 수익을 올리는 있는 진행공정은 다음과 같다.

F(20일, 70명)			C(10일, 50명)
B(10일, 30명)	A(5일, 20명)		

F(85억) + B(20억) + A(15억) + C(40억) = 160억

19 J회사 관리부에서 근무하는 L씨는 소모품 구매를 담당하고 있다. 2016년 5월 중에 다음 조건 하에서 A4용지와 토너를 살 때, 총 비용이 가장 적게 드는 경우는? (단, 2016년 5월 1일에는 A4용지와 토너는 남아 있다고 가정하며, 다 썼다는 말이 없으면 그 소모품들은 남아있다고 가정한다)

- A4용지 100장 한 묶음의 정가는 1만 원, 토너는 2만 원이다. (A4용지는 100장 단위로 구매함)
- J회사와 거래하는 ◇◇오피스는 매달 15일에 전 품목 20% 할인 행사를 한다.
- ◇◇오피스에서는 5월 5일에 A사 카드를 사용하면 정가의 10%를 할인해 준다.
- 총 비용이란 소모품 구매가격과 체감비용(소모품을 다 써서 느끼는 불편)을 합한 것이다.
- 체감비용은 A4용지와 토너 모두 하루에 500원이다.
- 체감비용을 계산할 때, 소모품을 다 쓴 당일은 포함하고 구매한 날은 포함하지 않는다.
- 소모품을 다 쓴 당일에 구매하면 체감비용은 없으며, 소모품이 남은 상태에서 새 제품을 구입할 때도 체감비용은 없다.

---

① 3일에 A4용지만 다 써서, 5일에 A사 카드로 A4용지와 토너를 살 경우

② 13일에 토너만 다 써서 당일 토너를 사고, 15일에 A4용지를 살 경우

③ 10일에 A4용지와 토너를 다 써서 15일에 A4용지와 토너를 같이 살 경우

④ 3일에 A4용지만 다 써서 당일 A4용지를 사고, 13일에 토너를 다 써서 15일에 토너만 살 경우

 ① 1,000원(체감비용)＋27,000원＝28,000원
 ② 20,000원(토너)＋8,000원(A4용지)＝28,000원
 ③ 5,000원(체감비용)＋24,000원＝29,000원
 ④ 10,000원(A4용지)＋1,000원(체감비용)＋16,000원(토너)＝27,000원

20 다음에서 설명하는 예산제도는 무엇인가?

> 이것은 정부 예산이 여성과 남성에게 미치는 영향을 평가하고 이를 반영함으로써 예산에 뒷받침되는 정책과 프로그램이 성별 형평성을 담보하고, 편견과 고정관념을 배제하며, 남녀 차이를 고려하여 의도하지 않은 예산의 불평등한 배분효과를 파악하고, 이에 대한 개선안을 제시함으로써 궁극적으로 예산의 배분규칙을 재정립할 수 있도록 하는 제도이다. 또한 정책의 공정성을 높일 수 있으며, 남녀의 차이를 고려하므로 정책이 더 효율적이고 양성 평등한 결과를 기대할 수 있다. 그리하여 남성과 여성이 동등한 수준의 삶의 질을 향유할 수 있다는 장점이 있다.

① 품목별예산제도   ② 성인지예산제도
③ 영기준예산제도   ④ 성과주의예산제도

① **품목별 예산제도**: 지출대상을 품목별로 분류해 그 지출대상과 한계를 명확히 규정하는 통제지향적 예산제도
③ **영기준예산제도**: 모든 예산항목에 대해 전년도 예산을 기준으로 잠정적인 예산을 책정하지 않고 모든 사업계획과 활동에 대해 법정경비 부분을 제외하고 영 기준(zero-base)을 적용하여 과거의 실적이나 효과, 정책의 우선순위를 엄격히 심사해 편성한 예산제도
④ **성과주의예산제도**: 예산을 기능별, 사업계획별, 활동별로 분류하여 예산의 지출과 성과의 관계를 명백히 하기 위한 예산제도

Answer → 19.④   20.②

21 다음은 신입직원인 동성과 성종이 기록한 일기의 한 부분이다. 이에 대한 설명으로 옳지 않은 것은?

동성의 일기

2016. 2. 5 금
  … 중국어 실력이 부족하여 하루 종일 중국어를 해석하는데 온 시간을 투자하였고 동료에게 무시를 당했다. 평소 중국어 공부를 소홀히 한 것이 후회스럽다.

2016. 2. 13 토
  … 주말이지만 중국어 학원을 등록하여 오늘부터 중국어 수업을 들었다. 회사 업무도 업무지만 중국어는 앞으로 언젠가는 필요할 것이니까 지금부터라도 차근차근 배워야겠다.

성종의 일기

2016. 2. 21 일
  오늘은 고등학교 동창들과 만든 테니스 모임이 있는 날이다. 여기서 친구들과 신나게 운동을 하면 지금까지 쌓였던 피로가 한 순간에 날아간다. 지난 한주의 스트레스를 오늘 여기서 다 날려 버리고 내일 다시 새로운 한주를 시작해야지.

2016. 2. 26 금
  업무가 끝난 후 오랜만에 대학 친구들과 회식을 하였다. 그 중에서 한 친구는 자신의 아들이 이번에 ○○대학병원 인턴으로 가게 됐는데 직접 환자를 수술하는 상황에 처하자 두려움이 생겨 의사를 선택한 것에 대해 후회를 하고 있다며 아들 걱정을 하였다. 그에 비하면 나는 비록 작은 회사에 다니지만 그래도 내 적성과 맞는 직업을 택해 매우 다행이라는 생각이 문득 들었다.

---

① 성종은 비공식조직의 순기능을 경험하고 있다.
② 동성은 재사회화 과정을 거치고 있다.
③ 성종은 적성과 직업의 불일치 상황에 놓여 있다.
④ 동성은 업무수행에 있어 비공식적 제재를 받았다.

   (Tip) ③ 직업불일치 상황에 놓여 있는 것은 성종의 친구 아들이다.

22 다음 사례에 대한 분석으로 옳은 것은?

> 자택근무로 일하고 있는 지수는 컴퓨터로 그림 작업을 하고 있다. 수입은 시간당 7천 원이고 작업하는 시간에 따라 '피로도'라는 비용이 든다. 지수가 하루에 작업하는 시간과 그에 따른 수입(편익) 및 피로도(비용)의 정도를 각각 금액으로 환산하면 다음과 같다.
>
> (단위 : 원)
>
> | 시간 | 3 | 4 | 5 | 6 | 7 |
> |------|-----|-----|-----|-----|-----|
> | 총 편익 | 21,000 | 28,000 | 35,000 | 42,000 | 49,000 |
> | 총 비용 | 11,000 | 15,000 | 22,000 | 28,000 | 36,000 |
>
> * 순편익=총 편익-총 비용

① 지수는 하루에 6시간 일하는 것이 가장 합리적이다.
② 지수가 1시간 더 일할 때마다 추가로 발생하는 비용은 일정하다.
③ 지수는 자택근무로 하루에 최대로 얻을 수 있는 순편익이 15,000원이다.
④ 지수가 1시간 더 일할 때마다 추가로 발생하는 편익은 계속 증가한다.

> (Tip) ② 1시간 더 일할 때마다 추가로 발생하는 비용은 일정하지 않다.
> ③ 지수가 자택근무로 하루에 최대로 얻을 수 있는 순편익은 14,000원이다.
> ④ 1시간 더 일할 때마다 추가로 발생하는 편익은 항상 일정하다.

Answer ↪ 21.③ 22.①

23 물적 자원 활용의 방해요인 중 다음 사례에 해당되는 것끼리 바르게 묶인 것은?

> 건설회사에 다니는 박과장은 하나의 물건을 오랫동안 사용하지 못하고 수시로 바꾸는 것으로 동료들에게 유명하다. 며칠 전에도 사무실에서 작업공구를 사용하고 아무 곳에 놓았다가 잊어버려 새로 구입하였고 오늘은 며칠 전에 구입했던 핸드폰을 만지다 떨어뜨려 A/S센터에 수리를 맡기기도 했다. 박과장은 이렇게 물건을 사용하고 제자리에 두기만 하면 오랫동안 잃어버리지 않고 사용할 수 있는데도 평소 아무 생각 없이 물건을 방치하여 새로 구입한 적이 허다하고 조금만 조심해서 사용하면 굳이 비싼 돈을 들여 다시 수리를 맡기지 않아도 될 것을 함부로 다루다가 망가뜨려 수리를 맡긴 적이 한두 번이 아니다. 박과장은 이러한 일로 매달 월급의 3분의 1을 소비하며 매일 자기 자신의 행동에 대해 후회하고 있다.

① 구입하지 않은 경우, 훼손 및 파손된 경우
② 보관 장소를 파악하지 못한 경우, 훼손 및 파손된 경우
③ 구입하지 않은 경우, 분실한 경우
④ 보관 장소를 파악하지 못한 경우, 분실한 경우

> (Tip) 물적 자원 활용의 방해요인으로는 물품의 보관 장소를 파악하지 못한 경우, 물품이 훼손 및 파손된 경우, 물품을 분실한 경우로 나눌 수 있다. 해당 사례는 물품의 보관 장소를 파악하지 못한 경우와 물품이 훼손 및 파손된 경우에 속한다.

24 다음은 ☆☆ 기업의 직원별 과제 수행 결과에 대한 평가표이다. 가장 나쁜 평가를 받은 사람은 누구인가?

〈직원별 과제 수행 결과 평가표〉

성명	과제 수행 결과	점수
정은	정해진 기한 내에서 작업 완료	
석준	주어진 예산 한도 내에서 작업 완료	
환욱	계획보다 적은 인원을 투입하여 작업 완료	
영재	예상보다 더 많은 양의 부품을 사용하여 작업 완료	

① 정은
② 석준
③ 환욱
④ 영재

정해진 기한 내에 인적, 물적, 금전적 자원 한도 내에서 작업이 완료되는 경우 과제 수행 결과에 대한 평가가 좋게 이루어진다. 따라서 정은, 석준, 환욱은 좋은 평가를 받게 되고 영재는 예상보다 많은 양의 물적 자원을 사용하였으므로 가장 나쁜 평가를 받게 된다.

25 다음 사례에 나타난 자원 낭비 요인으로 옳지 않은 것은?

> 진수는 평소 시간에 대해서 중요하게 생각한 적이 없다. '시간이란 누구에게나 무한하게 있는 것으로 사람들은 왜 그렇게 시간을 중요하게 생각하는지 모르겠다.' 이것이 진수의 생각이다. 따라서 그는 어떤 일이나 약속을 하더라도 그때그때 기분에 따라서 행동을 하지 결코 계획을 세워 행동한 적이 없고 그 결과 중요한 약속을 지키지 못하거나 일을 그르친 적이 한두 번이 아니었다. 그리고 약간의 노하우만 있으면 쉽고 빨리 할 수 있는 일들도 진수는 다른 사람들에 비해 어렵고 오랜 시간을 들여 행하는 편이다. 이러한 이유로 사람들은 점점 진수를 신뢰하지 못하게 되었고 진수의 인간관계는 멀어지게 되었다.

① 비계획적 행동   ② 편리성 추구
③ 자원에 대한 인식 부재   ④ 노하우 부족

 ① 「그는 어떤 일이나 약속을 하더라도 그때그때 기분에 따라서 행동을 하지 결코 계획을 세워 행동한 적이 없다.」→비계획적 행동
③ 「진수는 평소 시간에 대해서 중요하게 생각한 적이 없다. '시간이란 누구에게나 무한하게 있는 것으로 사람들은 왜 그렇게 시간을 중요하게 생각하는지 모르겠다.'」→자원에 대한 인식 부재
④ 「약간의 노하우만 있으면 쉽고 빨리 할 수 있는 일들도 진수는 다른 사람들에 비해 어렵고 오랜 시간을 들여 행하는 편이다.」→노하우 부족

Answer ┌→ 23.②   24.④   25.②

05 대인관계능력

1 직장생활에서의 대인관계

(1) 대인관계능력

① 의미 … 직장생활에서 협조적인 관계를 유지하고, 조직구성원들에게 도움을 줄 수 있으며, 조직내부 및 외부의 갈등을 원만히 해결하고 고객의 요구를 충족시켜줄 수 있는 능력이다.

② 인간관계를 형성할 때 가장 중요한 것은 자신의 내면이다.

예제 1

인간관계를 형성하는데 있어 가장 중요한 것은?

① 외적 성격 위주의 사고
② 이해득실 위주의 만남
③ 자신의 내면
④ 피상적인 인간관계 기법

[출제의도]
인간관계형성에 있어서 가장 중요한 요소가 무엇인지 묻는 문제다.
[해설]
③ 인간관계를 형성하는데 있어서 가장 중요한 것은 자신의 내면이고 이때 필요한 기술이나 기법 등은 자신의 내면에서 자연스럽게 우러나와야 한다.

답 ③

---

(2) 대인관계 향상 방법

① 감정은행계좌 … 인간관계에서 구축하는 신뢰의 정도

② 감정은행계좌를 적립하기 위한 6가지 주요 예입 수단
　　㉠ 상대방에 대한 이해심
　　㉡ 사소한 일에 대한 관심
　　㉢ 약속의 이행
　　㉣ 기대의 명확화
　　㉤ 언행일치
　　㉥ 진지한 사과

(1) 팀워크능력

① 팀워크의 의미

㉠ 팀워크와 응집력
- 팀워크 : 팀 구성원이 공동의 목적을 달성하기 위해 상호 관계성을 가지고 협력하여 일을 해 나가는 것
- 응집력 : 사람들로 하여금 집단에 머물도록 만들고 그 집단의 멤버로서 계속 남아있기를 원하게 만드는 힘

예제 2

A회사에서는 격주로 사원 소식지 '우리가족'을 발행하고 있다. 이번 호의 특집 테마는 팀워크에 대한 것으로, 좋은 사례를 모으고 있다. 다음 중 팀워크의 사례로 가장 적절하지 않은 것은 무엇인가?

① 팀원들의 개성과 장점을 살려 사내 직원 연극대회에서 대상을 받을 수 있었던 사례
② 팀장의 갑작스러운 부재 상황에서 팀원들이 서로 역할을 분담하고 소통을 긴밀하게 하면서 팀의 당초 목표를 원만하게 달성할 수 있었던 사례
③ 자재 조달의 차질로 인해 납기 준수가 어려웠던 상황을 팀원들이 똘똘 뭉쳐 헌신적으로 일한 결과 주문 받은 물품을 성공적으로 납품할 수 있었던 사례
④ 팀의 분위기가 편안하고 인간적이어서 주기적인 직무순환 시기가 도래해도 다른 부서로 가고 싶어 하지 않는 사례

[출제의도]
팀워크와 응집력에 대한 문제로 각 용어에 대한 정의를 알고 이를 실제 사례를 통해 구분할 수 있어야 한다.
[해설]
④ 응집력에 대한 사례에 해당한다.

답 ④

㉡ 팀워크의 유형

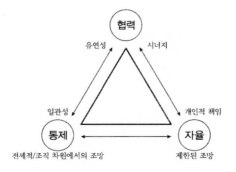

② 효과적인 팀의 특성

㉠ 팀의 사명과 목표를 명확하게 기술한다.

㉡ 창조적으로 운영된다.

ⓒ 결과에 초점을 맞춘다.

ⓔ 역할과 책임을 명료화시킨다.

ⓜ 조직화가 잘 되어 있다.

ⓗ 개인의 강점을 활용한다.

ⓢ 리더십 역량을 공유하며 구성원 상호간에 지원을 아끼지 않는다.

ⓞ 팀 풍토를 발전시킨다.

ⓩ 의견의 불일치를 건설적으로 해결한다.

ⓧ 개방적으로 의사소통한다.

ⓚ 객관적인 결정을 내린다.

ⓣ 팀 자체의 효과성을 평가한다.

③ 멤버십의 의미

ⓐ 멤버십은 조직의 구성원으로서의 자격과 지위를 갖는 것으로 훌륭한 멤버십은 팔로워십 (followership)의 역할을 충실하게 수행하는 것이다.

ⓑ 멤버십 유형 : 독립적 사고와 적극적 실천에 따른 구분

구분	소외형	순응형	실무형	수동형	주도형
자아상	• 자립적인 사람 • 일부러 반대의견 제시 • 조직의 양심	• 기쁜 마음으로 과업 수행 • 팀플레이를 함 • 리더나 조직을 믿고 헌신함	• 조직의 운영방침에 민감 • 사건을 균형 잡힌 시각으로 봄 • 규정과 규칙에 따라 행동함	• 판단, 사고를 리더에 의존 • 지시가 있어야 행동	• 스스로 생각하고 건설적 비판을 하며 자기 나름의 개성이 있고 혁신적·창조적 • 솔선수범하고 주인의식을 가지며 적극적으로 참여하고 자발적, 기대 이상의 성과를 내려고 노력
동료/ 리더의 시각	• 냉소적 • 부정적 • 고집이 셈	• 아이디어가 없음 • 인기 없는 일은 하지 않음 • 조직을 위해 자신과 가족의 요구를 양보함	• 개인의 이익을 극대화하기 위한 흥정에 능함 • 적당한 열의와 평범한 수완으로 업무 수행	• 하는 일이 없음 • 제 몫을 하지 못함 • 업무 수행에는 감독이 반드시 필요	
조직에 대한 자신의 느낌	• 자신을 인정 안 해줌 • 적절한 보상이 없음 • 불공정하고 문제가 있음	• 기존 질서를 따르는 것이 중요 • 리더의 의견을 거스르는 것은 어려운 일임 • 획일적인 태도 행동에 익숙함	• 규정준수를 강조 • 명령과 계획의 빈번한 변경 • 리더와 부하간의 비인간적 풍토	• 조직이 나의 아이디어를 원치 않음 • 노력과 공헌을 해도 아무 소용이 없음 • 리더는 항상 자기 마음대로 함	

④ 팀워크 촉진 방법
  ⊙ 동료 피드백 장려하기
  ○ 갈등 해결하기
  © 창의력 조성을 위해 협력하기
  ② 참여적으로 의사결정하기

(2) 리더십능력

① 리더십의 의미 … 리더십이란 조직의 공통된 목적을 달성하기 위하여 개인이 조직원들에게 영향을 미치는 과정이다.
  ⊙ 리더십 발휘 구도 : 산업 사회에서는 상사가 하급자에게 리더십을 발휘하는 수직적 구조였다면 정보 사회로 오면서 하급자뿐만 아니라 동료나 상사에게까지도 발휘하는 정방위적 구조로 바뀌었다.
  ○ 리더와 관리자

리더	관리자
• 새로운 상황 창조자	• 상황에 수동적
• 혁신지향적	• 유지지향적 둠.
• 내일에 초점을 둠.	• 오늘에 초점을 둠.
• 사람의 마음에 불을 지핀다.	• 사람을 관리한다.
• 사람을 중시	• 체제나 기구를 중시
• 정신적	• 기계적
• 계산된 리스크를 취한다.	• 리스크를 회피한다.
• '무엇을 할까'를 생각한다.	• '어떻게 할까'를 생각한다.

예제 3

리더에 대한 설명으로 옳지 않은 것은?

① 사람을 중시한다.
② 오늘에 초점을 둔다.
③ 혁신지향적이다.
④ 새로운 상황 창조자이다.

[출제의도]
리더와 관리자에 대한 문제로 각각에 대해 완벽하게 구분할 수 있어야 한다.
[해설]
② 리더는 내일에 초점을 둔다.

답 ②

---

② 리더십 유형
  ⊙ 독재자 유형 : 정책의사결정과 대부분의 핵심정보를 그들 스스로에게만 국한하여 소유하고 고수하려는 경향이 있다. 통제 없이 방만한 상태, 가시적인 성과물이 안 보일 때 효과적이다.

ⓛ **민주주의에 근접한 유형** : 그룹에 정보를 잘 전달하려고 노력하고 전체 그룹의 구성원 모두를 목표방향으로 설정에 참여하게 함으로써 구성원들에게 확신을 심어주려고 노력한다. 혁신적이고 탁월한 부하직원들을 거느리고 있을 때 효과적이다.

ⓒ **파트너십 유형** : 리더와 집단 구성원 사이의 구분이 희미하고 리더가 조직에서 한 구성원이 되기도 한다. 소규모 조직에서 경험, 재능을 소유한 조직원이 있을 때 효과적으로 활용할 수 있다.

ⓔ **변혁적 리더십 유형** : 개개인과 팀이 유지해 온 업무수행 상태를 뛰어넘어 전체 조직이나 팀원들에게 변화를 가져오는 원동력이 된다. 조직에 있어 획기적인 변화가 요구될 때 활용할 수 있다.

③ **동기부여 방법**

ⓖ 긍정적 강화법을 활용한다.

ⓛ 새로운 도전의 기회를 부여한다.

ⓒ 창의적인 문제해결법을 찾는다.

ⓔ 책임감으로 철저히 무장한다.

ⓜ 몇 가지 코칭을 한다.

ⓗ 변화를 두려워하지 않는다.

ⓢ 지속적으로 교육한다.

④ **코칭**

ⓖ 코칭은 조직의 지속적인 성장과 성공을 만들어내는 리더의 능력으로 직원들의 능력을 신뢰하며 확신하고 있다는 사실에 기초한다.

ⓛ **코칭의 기본 원칙**

• 관리는 만병통치약이 아니다.

• 권한을 위임한다.

• 훌륭한 코치는 뛰어난 경청자이다.

• 목표를 정하는 것이 가장 중요하다.

⑤ **임파워먼트** … 조직성원들을 신뢰하고 그들의 잠재력을 믿으며 그 잠재력의 개발을 통해 High Performance 조직이 되도록 하는 일련의 행위이다.

ⓖ **임파워먼트의 이점**(High Performance 조직의 이점)

• 나는 매우 중요한 일을 하고 있으며, 이 일은 다른 사람이 하는 일보다 훨씬 중요한 일이다.

• 일의 과정과 결과에 나의 영향력이 크게 작용했다.

• 나는 정말로 도전하고 있고 나는 계속해서 성장하고 있다.

• 우리 조직에서는 아이디어가 존중되고 있다.

- 내가 하는 일은 항상 재미가 있다.
- 우리 조직의 구성원들은 모두 대단한 사람들이며, 다 같이 협력해서 승리하고 있다.

ⓒ 임파워먼트의 충족 기준
- 여건의 조건 : 사람들이 자유롭게 참여하고 기여할 수 있는 여건 조성
- 재능과 에너지의 극대화
- 명확하고 의미 있는 목적에 초점

ⓒ 높은 성과를 내는 임파워먼트 환경의 특징
- 도전적이고 흥미 있는 일
- 학습과 성장의 기회
- 높은 성과와 지속적인 개선을 가져오는 요인들에 대한 통제
- 성과에 대한 지식
- 긍정적인 인간관계
- 개인들이 공헌하며 만족한다는 느낌
- 상부로부터의 지원

ⓒ 임파워먼트의 장애요인
- 개인 차원 : 주어진 일을 해내는 역량의 결여, 동기의 결여, 결의의 부족, 책임감 부족, 의존성
- 대인 차원 : 다른 사람과의 성실성 결여, 약속 불이행, 성과를 제한하는 조직의 규범, 갈등처리 능력 부족, 승패의 태도
- 관리 차원 : 통제적 리더십 스타일, 효과적 리더십 발휘 능력 결여, 경험 부족, 정책 및 기획의 실행 능력 결여, 비전의 효과적 전달능력 결여
- 조직 차원 : 공감대 형성이 없는 구조와 시스템, 제한된 정책과 절차

⑥ 변화관리의 3단계 … 변화 이해 → 변화 인식 → 변화 수용

(3) 갈등관리능력

① 갈등의 의미 및 원인
  ㉠ 갈등이란 상호 간의 의견차이 때문에 생기는 것으로 당사가 간에 가치, 규범, 이해, 아이디어, 목표 등이 서로 불일치하여 충돌하는 상태를 의미한다.
  ㉡ 갈등을 확인할 수 있는 단서
  - 지나치게 감정적으로 논평과 제안을 하는 것
  - 타인의 의견발표가 끝나기도 전에 타인의 의견에 대해 공격하는 것
  - 핵심을 이해하지 못한데 대해 서로 비난하는 것
  - 편을 가르고 타협하기를 거부하는 것

- 개인적인 수준에서 미묘한 방식으로 서로를 공격하는 것
- © 갈등을 증폭시키는 원인 : 적대적 행동, 입장 고수, 감정적 관여 등
② 실제로 존재하는 갈등 파악
  - ㉠ 갈등의 두 가지 쟁점

핵심 문제	감정적 문제
• 역할 모호성 • 방법에 대한 불일치 • 목표에 대한 불일치 • 절차에 대한 불일치 • 책임에 대한 불일치 • 가치에 대한 불일치 • 사실에 대한 불일치	• 공존할 수 없는 개인적 스타일 • 통제나 권력 확보를 위한 싸움 • 자존심에 대한 위협 • 질투 • 분노

| 예제 4

갈등의 두 가지 쟁점 중 감정적 문제에 대한 설명으로 적절하지 않은 것은?

① 공존할 수 없는 개인적 스타일
② 역할 모호성
③ 통제나 권력 확보를 위한 싸움
④ 자존심에 대한 위협

[출제의도]
갈등의 두 가지 쟁점인 핵심문제와 감정적 문제에 대해 묻는 문제로 이 두 가지 쟁점을 구분할 수 있는 능력이 필요하다.
[해설]
② 갈등의 두 가지 쟁점 중 핵심 문제에 대한 설명이다.

답 ②

  - ㉡ 갈등의 두 가지 유형
    - 불필요한 갈등 : 개개인이 저마다 문제를 다르게 인식하거나 정보가 부족한 경우, 편견 때문에 발생한 의견 불일치로 적대적 감정이 생길 때 불필요한 갈등이 일어난다.
    - 해결할 수 있는 갈등 : 목표와 욕망, 가치, 문제를 바라보는 시각과 이해하는 시각이 다를 경우에 일어날 수 있는 갈등이다.

③ 갈등해결 방법
  - ㉠ 다른 사람들의 입장을 이해한다.
  - ㉡ 사람들이 당황하는 모습을 자세하게 살핀다.
  - ㉢ 어려운 문제는 피하지 말고 맞선다.
  - ㉣ 자신의 의견을 명확하게 밝히고 지속적으로 강화한다.
  - ㉤ 사람들과 눈을 자주 마주친다.
  - ㉥ 마음을 열어놓고 적극적으로 경청한다.
  - ㉦ 타협하려 애쓴다.

ⓞ 어느 한쪽으로 치우치지 않는다.
ⓩ 논쟁하고 싶은 유혹을 떨쳐낸다.
ⓒ 존중하는 자세로 사람들을 대한다.

④ 윈-윈(Win-Win) 갈등 관리법 … 갈등과 관련된 모든 사람으로부터 의견을 받아서 문제의 본질적인 해결책을 얻고자 하는 방법이다.

⑤ **갈등을 최소화하기 위한 기본원칙**
 ㉠ 먼저 다른 팀원의 말을 경청하고 나서 어떻게 반응할 것인가를 결정한다.
 ㉡ 모든 사람이 거의 대부분의 문제에 대해 나름의 의견을 가지고 있다는 점을 인식한다.
 ㉢ 의견의 차이를 인정한다.
 ㉣ 팀 갈등해결 모델을 사용한다.
 ㉤ 자신이 받기를 원하지 않는 형태로 남에게 작업을 넘겨주지 않는다.
 ㉥ 다른 사람으로부터 그러한 작업을 넘겨받지 않는다.
 ㉦ 조금이라도 의심이 날 때에는 분명하게 말해 줄 것을 요구한다.
 ㉧ 가정하는 것은 위험하다.
 ㉨ 자신의 책임이 어디서부터 어디까지인지를 명확히 하고 다른 팀원의 책임과 어떻게 조화되는지를 명확히 한다.
 ㉩ 자신이 알고 있는 바를 알 필요가 있는 사람들을 새롭게 파악한다.
 ㉪ 다른 팀원과 불일치하는 쟁점이나 사항이 있다면 다른 사람이 아닌 당사자에게 직접 말한다.

(4) 협상능력

① **협상의 의미**
 ㉠ **의사소통 차원** : 이해당사자들이 자신들의 욕구를 충족시키기 위해 상대방으로부터 최선의 것을 얻어내려 설득하는 커뮤니케이션 과정
 ㉡ **갈등해결 차원** : 갈등관계에 있는 이해당사자들이 대화를 통해서 갈등을 해결하고자 하는 상호작용과정
 ㉢ **지식과 노력 차원** : 우리가 얻고자 하는 것을 가진 사람의 호의를 쟁취하기 위한 것에 관한 지식이며 노력의 분야
 ㉣ **의사결정 차원** : 선호가 서로 다른 협상 당사자들이 합의에 도달하기 위해 공동으로 의사결정 하는 과정
 ㉤ **교섭 차원** : 둘 이상의 이해당사자들이 여러 대안들 가운데서 이해당사자들 모두가 수용 가능한 대안을 찾기 위한 의사결정과정

② 협상 과정

단계	내용
협상 시작	• 협상 당사자들 사이에 상호 친근감을 쌓음 • 간접적인 방법으로 협상의사를 전달함 • 상대방의 협상의지를 확인함 • 협상진행을 위한 체제를 짬
상호 이해	• 갈등문제의 진행상황과 현재의 상황을 점검함 • 적극적으로 경청하고 자기주장을 제시함 • 협상을 위한 협상대상 안건을 결정함
실질 이해	• 겉으로 주장하는 것과 실제로 원하는 것을 구분하여 실제로 원하는 것을 찾아 냄 • 분할과 통합 기법을 활용하여 이해관계를 분석함
해결 대안	• 협상 안건마다 대안들을 평가함 • 개발한 대안들을 평가함 • 최선의 대안에 대해서 합의하고 선택함 • 대안 이행을 위한 실행계획을 수립함
합의 문서	• 합의문을 작성함 • 합의문상의 합의내용, 용어 등을 재점검함 • 합의문에 서명함

③ 협상전략

  ㉠ 협력전략 : 협상 참여자들이 협동과 통합으로 문제를 해결하고자 하는 협력적 문제해결 전략

  ㉡ 유화전략 : 양보전략으로 상대방이 제시하는 것을 일방적으로 수용하여 협상의 가능성을 높이려는 전략이다. 순응전략, 화해전략, 수용전략이라고도 한다.

  ㉢ 회피전략 : 무행동전략으로 협상으로부터 철수하는 철수전략이다. 협상을 피하거나 잠정적으로 중단한다.

  ㉣ 강압전략 : 경쟁전략으로 자신이 상대방보다 힘에 있어서 우위를 점유하고 있을 때 자신의 이익을 극대화하기 위한 공격적 전략이다.

④ 상대방 설득 방법의 종류

  ㉠ See-Feel-Change 전략 : 시각화를 통해 직접 보고 스스로가 느끼게 하여 변화시켜 설득에 성공하는 전략

  ㉡ 상대방 이해 전략 : 상대방에 대한 이해를 바탕으로 갈등해결을 용이하게 하는 전략

  ㉢ 호혜관계 형성 전략 : 혜택들을 주고받은 호혜관계 형성을 통해 협상을 용이하게 하는 전략

  ㉣ 헌신과 일관성 전략 : 협상 당사자간에 기대하는 바에 일관성 있게 헌신적으로 부응하여 행동함으로서 협상을 용이하게 하는 전략

ⓜ **사회적 입증 전략** : 과학적인 논리보다 동료나 사람들의 행동에 의해서 상대방을 설득하는 전략

ⓗ **연결전략** : 갈등 문제와 갈등관리자를 연결시키는 것이 아니라 갈등을 야기한 사람과 관리자를 연결시킴으로서 협상을 용이하게 하는 전략

ⓢ **권위전략** : 직위나 전문성, 외모 등을 활용하여 협상을 용이하게 하는 전략

ⓞ **희소성 해결 전략** : 인적, 물적 자원 등의 희소성을 해결함으로서 협상과정상의 갈등해결을 용이하게 하는 전략

ⓩ **반항심 극복 전략** : 억압하면 할수록 더욱 반항하게 될 가능성이 높아지므로 이를 피함으로서 협상을 용이하게 하는 전략

(5) 고객서비스능력

① **고객서비스의 의미** … 고객서비스란 다양한 고객의 요구를 파악하고 대응법을 마련하여 고객에게 양질의 서비스를 제공하는 것을 말한다.

② **고객의 불만표현 유형 및 대응방안**

불만표현 유형	대응방안
거만형	• 정중하게 대하는 것이 좋다. • 자신의 과시욕이 채워지도록 뽐내게 내버려 둔다. • 의외로 단순한 면이 있으므로 일단 호감을 얻게 되면 득이 될 경우도 있다.
의심형	• 분명한 증거나 근거를 제시하여 스스로 확신을 갖도록 유도한다. • 때로는 책임자로 하여금 응대하는 것도 좋다.
트집형	• 이야기를 경청하고 맞장구를 치며 추켜세우고 설득해 가는 방법이 효과적이다. • '손님의 말씀이 맞습니다.' 하고 고객의 지적이 옳음을 표시한 후 '저도 그렇게 생각하고 있습니다만……' 하고 설득한다. • 잠자코 고객의 의견을 경청하고 사과를 하는 응대가 바람직하다.
빨리빨리형	• '글쎄요.', '아마' 하는 식으로 애매한 화법을 사용하지 않는다. • 만사를 시원스럽게 처리하는 모습을 보이면 응대하기 쉽다.

③ 고객 불만처리 프로세스

단계	내용
경청	• 고객의 항의를 경청하고 끝까지 듣는다. • 선입관을 버리고 문제를 파악한다.
감사와 공감표시	• 일부러 시간을 내서 해결의 기회를 준 것에 감사를 표시한다. • 고객의 항의에 공감을 표시한다.
사과	• 고객의 이야기를 듣고 문제점에 대해 인정하고, 잘못된 부분에 대해 사과한다.
해결약속	• 고객이 불만을 느낀 상황에 대해 관심과 공감을 보이며, 문제의 빠른 해결을 약속한다.
정보파악	• 문제해결을 위해 꼭 필요한 질문만 하여 정보를 얻는다. • 최선의 해결방법을 찾기 어려우면 고객에게 어떻게 해주면 만족스러운지를 묻는다.
신속처리	• 잘못된 부분을 신속하게 시정한다.
처리확인과 사과	• 불만처리 후 고객에게 처리 결과에 만족하는지를 물어본다.
피드백	• 고객 불만 사례를 회사 및 전 직원에게 알려 다시는 동일한 문제가 발생하지 않도록 한다.

④ 고객만족 조사

  ㉠ 목적 : 고객의 주요 요구를 파악하여 가장 중요한 고객요구를 도출하고 자사가 가지고 있는 자원을 토대로 경영 프로세스의 개선에 활용함으로써 경쟁력을 증대시키는 것이다.

  ㉡ 고객만족 조사계획에서 수행되어야 할 것

  • 조사 분야 및 대상 결정

  • 조사목적 설정 : 전체적 경향의 파악, 고객에 대한 개별대응 및 고객과의 관계유지 파악, 평가목적, 개선목적

  • 조사방법 및 횟수

  • 조사결과 활용 계획

예제 5

고객중심 기업의 특징으로 옳지 않은 것은?

① 고객이 정보, 제품, 서비스 등에 쉽게 접근할 수 있도록 한다.
② 보다 나은 서비스를 제공할 수 있도록 기업정책을 수립한다.
③ 고객 만족에 중점을 둔다.
④ 기업이 행한 서비스에 대한 평가는 한번으로 끝낸다.

[출제의도]
고객서비스능력에 대한 포괄적인 문제로 실제 고객중심 기업의 입장에서 생각해 보면 쉽게 풀 수 있는 문제다.
[해설]
④ 기업이 행한 서비스에 대한 평가는 수시로 이루어져야 한다.

답 ④

1　다음 사례에서 나오는 마부장의 리더십은 어떤 유형인가?

> ○○그룹의 마부장은 이번에 새로 보직 이동을 하면서 판매부서로 자리를 옮겼다. 그런데 판매부서는 ○○그룹에서도 알아주는 문제가 많은 부서 중에 한 곳으로 모두들 이곳으로 옮기기를 꺼려한다. 그런데 막상 이곳으로 온 마부장은 이곳 판매부서가 비록 직원이 3명밖에 없는 소규모의 부서이지만 세 명 모두가 각자 나름대로의 재능과 경험을 가지고 있고 단지 서로 화합과 협력이 부족하여 성과가 저조하게 나타났음을 깨달았다. 또한 이전 판매부장은 이를 간과한 채 오직 성과내기에 급급하여 직원들을 다그치기만 하자 팀 내 사기마저 떨어지게 된 것이다. 이에 마부장은 부원들의 단합을 위해 매주 등산모임을 만들고 수시로 함께 식사를 하면서 많은 대화를 나눴다. 또한 각자의 능력을 살릴 수 있도록 업무를 분담해 주고 작은 성과라도 그에 맞는 보상을 해 주었다. 이렇게 한 달, 두 달이 지나자 판매부서의 성과는 눈에 띄게 높아졌으며 직원들의 사기 역시 높게 나타났다.

① 카리스마 리더십
② 독재자형 리더십
③ 변혁적 리더십
④ 거래적 리더십

 ③ 조직구성원들이 신뢰를 가질 수 있는 카리스마와 함께 조직변화의 필요성을 인지하고 그러한 변화를 나타내기 위해 새로운 비전을 제시하는 능력을 갖춘 리더십을 말한다.

2 다음 사례에서 민수의 행동 중 잘못된 행동은 무엇인가?

> 민수는 Y기업 판매부서의 부장이다. 그의 부서는 크게 3개의 팀으로 구성되어 있는데 이번에 그의 부서에서 본사의 중요한 프로젝트를 맡게 되었고 그는 세 팀의 팀장들에게 이번 프로젝트를 성공시키면 전원 진급을 시켜주겠다고 약속하였다. 각 팀의 팀장들은 민수의 말을 듣고 한 달 동안 야근을 하면서 마침내 거액의 계약을 따내게 되었다. 이로 인해 각 팀의 팀장들은 회사로부터 약간의 성과급을 받게 되었지만 정작 진급은 애초에 세 팀 중에 한 팀만 가능하다는 사실을 뒤늦게 통보받았다. 각 팀장들은 민수에게 불만을 표시했고 민수는 미안하게 됐다며 성과급 받은 것으로 만족하라는 말만 되풀이하였다.

① 상대방에 대한 이해　　　　　② 기대의 명확화
③ 사소한 일에 대한 관심　　　　④ 약속의 불이행

 민수는 각 팀장들에게 프로젝트 성공 시 전원 진급을 약속하였지만 결국 그 약속을 이행하지 못했으므로 정답은 ④이다.

3 다음 사례에서 이 고객의 불만유형으로 적절한 것은?

> 훈재가 근무하고 있는 △△핸드폰 대리점에 한 고객이 방문하여 깨진 핸드폰 케이스를 보여주며 무상으로 바꿔달라고 요구하고 있다. 이 핸드폰 케이스는 이번에 새로 출시된 핸드폰에 맞춰서 이벤트 차원에서 한 달간 무상으로 지급한 것이며 현재는 이벤트 기간이 끝나 돈을 주고 구입을 해야 한다. 훈재는 깨진 핸드폰 케이스는 고객의 실수에 의한 것으로 무상으로 바꿔줄 수 없으며 새로 다시 구입을 해야 한다고 설명하였다. 하지만 이 고객은 본인은 핸드폰을 구입할 때 이미 따로 보험에 가입을 했으며 핸드폰 케이스는 핸드폰의 부속품이므로 마땅히 무상 교체를 해줘야 한다고 트집을 잡고 있다.

① 의심형　　　　　　　　　　② 빨리빨리형
③ 거만형　　　　　　　　　　④ 트집형

 위의 사례에서 고객은 자신의 잘못으로 핸드폰 케이스가 깨졌는데도 불구하고 무상 교체를 해줘야 한다고 트집을 잡고 있으므로 트집형 고객임을 알 수 있다.

Answer⤵ 1.③　2.④　3.④

4 다음 사례에서 박 부장이 취할 수 있는 행동으로 적절하지 않은 것은?

> ◆◆기업에 다니는 박 부장은 최근 경기침체에 따른 회사의 매출부진과 관련하여 근무환경을 크게 변화시키기로 결정하였다. 하지만 그의 부하들은 물론 상사와 동료들조차도 박 부장의 결정에 회의적이었고 부정적인 시각을 내보였다. 그들은 변화에 소극적이었으며 갑작스런 변화는 오히려 회사의 존립자체를 무너뜨릴 수 있다고 판단하였다. 하지만 박 부장은 갑작스런 변화가 처음에는 회사를 좀 더 어렵게 할 수는 있으나 장기적으로 본다면 틀림없이 회사에 큰 장점으로 작용할 것이라고 확신하고 있었고 여기에는 전 직원의 협력과 노력이 필요하였다.

① 직원들의 감정을 세심하게 살핀다.
② 변화의 긍정적인 면을 강조한다.
③ 주관적인 자세를 유지한다.
④ 변화에 적응할 시간을 준다.

 변화에 소극적인 직원들을 성공적으로 이끌기 위한 방법
　㉠ 개방적인 분위기를 조성한다.
　㉡ 객관적인 자세를 유지한다.
　㉢ 직원들의 감정을 세심하게 살핀다.
　㉣ 변화의 긍정적인 면을 강조한다.
　㉤ 변화에 적응할 시간을 준다.

5　다음 사례에서 유 팀장이 부하직원들의 동기부여를 위해 행한 방법으로 옳지 않은 것은?

> 전자제품을 생산하고 있는 △△기업은 매년 신제품을 출시하는 것으로 유명하다. 그
> 것도 시리즈 별로 하나씩 출시하기 때문에 실제로 출시되는 신제품은 1년에 2~3개가 된
> 다. 이렇다 보니 자연히 직원들은 새로운 제품을 출시하고도 곧바로 또 다른 제품에 대
> 한 아이디어를 내야 하고 결국 이것이 스트레스로 이어져 업무에 대한 효율성이 떨어지
> 게 되었다. 유 팀장의 부하직원들 또한 이러한 이유로 고민을 하고 있다. 따라서 유 팀
> 장은 자신의 팀원들에게 아이디어를 하나씩 낼 때마다 게시판에 적힌 팀원들 이름 아래
> 스티커를 하나씩 붙이고 스티커가 다 차게 되면 휴가를 보내주기로 하였다. 또한 최근
> 들어 출시되는 제품들이 모두 비슷하기만 할 뿐 새로운 면을 찾아볼 수 없어 뭔가 혁신
> 적인 기술을 제품에 넣기로 하였다. 특히 △△기업은 전자제품을 주로 취급하다 보니 자
> 연히 보안에 신경을 쓸 수밖에 없었고 유 팀장은 이 기회에 새로운 보안시스템을 선보
> 이기로 하였다. 그리하여 부하직원들에게 지금까지 아무도 시도하지 못한 새로운 보안시
> 스템을 개발해 보자고 제안하였고 팀원들도 그 의견에 찬성하였다. 나아가 유 팀장은 직
> 원들의 스트레스를 좀 더 줄이고 업무효율성을 극대화시키기 위해 기존에 유지되고 있
> 던 딱딱한 업무환경을 개선할 필요가 있음을 깨닫고 직원들에게 자율적으로 출퇴근을
> 할 수 있도록 하는 한편 사내에 휴식공간을 만들어 수시로 직원들이 이용할 수 있도록
> 변화를 주었다. 그 결과 이번에 새로 출시된 제품은 △△기업 사상 최고의 매출을 올리
> 며 큰 성과를 거두었고 팀원들의 사기 또한 하늘을 찌르게 되었다.

① 긍정적 강화법을 활용한다.
② 새로운 도전의 기회를 부여한다.
③ 지속적으로 교육한다.
④ 변화를 두려워하지 않는다.

　　① 유 팀장은 스티커를 이용한 긍정적 강화법을 활용하였다.
　　② 유 팀장은 지금까지 아무도 시도하지 못한 새로운 보안시스템을 개발해 보자고 제안하
　　　며 부하직원들에게 새로운 도전의 기회를 부여하였다.
　　④ 유 팀장은 부하직원들에게 자율적으로 출퇴근할 수 있도록 하였고 사내에도 휴식공간을
　　　만들어 자유롭게 이용토록 하는 등 업무환경의 변화를 두려워하지 않았다.

Answer⌐→ 4.③　5.③

6   다음 사례에서 오 부장이 취할 행동으로 가장 적절한 것은?

> 오 부장이 다니는 J의류회사는 전국 각지에 매장을 두고 있는 큰 기업 중 하나이다. 따라서 매장별로 하루에도 수많은 손님들이 방문하며 그 중에는 옷에 대해 불만을 품고 찾아오는 손님들도 간혹 있다. 하지만 고지식하며 상부의 지시를 중시 여기는 오 부장은 이러한 사소한 일들도 하나하나 보고하여 상사의 지시를 받으라고 부하직원들에게 강조하고 있다. 그러다 보니 매장 직원들은 사소한 문제 하나라도 스스로 처리하지 못하고 일일이 상부에 보고를 하고 상부의 지시가 떨어지면 그때서야 문제를 해결한다. 이로 인해 자연히 불만고객에 대한 대처가 늦어지고 항의도 잇따르게 되었다. 오늘도 한 매장에서 소매에 단추 하나가 없어 이를 수선해 줄 것을 요청하는 고객의 불만을 상부에 보고해 지시를 기다리다가 결국 고객이 기다리지 못하고 환불요청을 한 사례가 있었다.

① 오 부장이 직접 그 고객에게 가서 불만사항을 처리한다.
② 사소한 업무처리는 매장 직원들이 스스로 해결할 수 있도록 어느 정도 권한을 부여한다.
③ 매장 직원들에게 고객의 환불요청에 대한 책임을 물어 징계를 내린다.
④ 앞으로 이러한 실수가 일어나지 않도록 옷을 수선하는 직원들의 교육을 다시 시킨다.

 위 사례에서 불만고객에 대한 대처가 늦어지고 그로 인해 항의가 잇따르고 있는 이유는 사소한 일조차 상부에 보고해 그 지시를 기다렸다가 해결하는 업무체계에 있다. 따라서 오부장은 어느 정도의 권한과 책임을 매장 직원들에게 위임하여 그들이 현장에서 바로 문제를 해결할 수 있도록 도와주어야 한다.

7 다음 사례에서 팀원들의 긴장을 풀어주기 위해 나 팀장이 취할 수 있는 행동으로 가장 적절한 것은?

> 나 팀장이 다니는 ▷◁기업은 국내에서 가장 큰 매출을 올리며 국내 경제를 이끌어가
> 고 있다. 그로 인해 임직원들의 연봉은 다른 기업에 비해 몇 배나 높은 편이다. 하지만
> 그만큼 직원들의 업무는 많고 스트레스 또한 다른 직장인들에 비해 훨씬 높다. 매일 아
> 침 6시까지 출근해서 2시간 동안 회의를 하고 야근도 밥 먹듯이 한다. 이런 생활이 계
> 속되자 갓 입사한 신입직원들은 얼마 못 가 퇴사하기에 이르고 기존에 있던 직원들도
> 더 이상 신선한 아이디어를 내놓기 어려운 실정이 되었다. 특히 오늘 아침에는 유난히
> 팀원들이 긴장을 하는 것 같아 나 팀장은 새로운 활동을 통해 팀원들의 긴장을 풀어주
> 어야겠다고 생각했다.

① 자신이 신입직원이었을 당시 열정적으로 일해서 성공한 사례들을 들려준다.

② 오늘 아침 발표된 경쟁사의 신제품과 관련된 신문기사를 한 부씩 나눠주며 읽어보
도록 한다.

③ 다른 직장인들에 비해 자신들의 연봉이 높음을 강조하면서 조금 더 힘내 줄 것을
당부한다.

④ 회사 근처에 있는 숲길을 천천히 걸으며 잠시 일상에서 벗어날 수 있는 시간을 마
련해 준다.

 나 팀장의 팀원들은 매일 과도한 업무로 인해 스트레스가 쌓인 상태이므로 잠시 일상에서
벗어나 새롭게 기분전환을 할 수 있도록 배려해야 한다. 그러기 위해서는 조용한 숲길을
걷는다든지, 약간의 수면을 취한다든지, 사우나를 하면서 몸을 푸는 것도 좋은 방법이 될
수 있다.

Answer ↱ 6.② 7.④

8 대인관계능력을 구성하는 하위능력 중 현재 동신과 명섭의 팀에게 가장 필요한 능력은 무엇인가?

> 올해 E그룹에 입사하여 같은 팀에서 근무하게 된 동신과 명섭은 다른 팀에 있는 입사 동기들과 외딴 섬으로 신입사원 워크숍을 가게 되었다. 그 곳에서 각 팀별로 1박 2일 동안 스스로 의·식·주를 해결하며 주어진 과제를 수행하는 임무가 주어졌는데 동신은 부지런히 섬 이 곳 저 곳을 다니며 먹을 것을 구해오고 숙박할 장소를 마련하는 등 솔선수범 하였지만 명섭은 단지 섬을 돌아다니며 경치 구경만 하고 사진 찍기에 여념이 없었다. 그리고 과제수행에 있어서도 동신은 적극적으로 임한 반면 명섭은 소극적인 자세를 취해 그 결과 동신과 명섭의 팀만 과제를 수행하지 못했고 결국 인사상의 불이익을 당하게 되었다.

① 리더십능력 ② 팀워크능력
③ 협상능력 ④ 고객서비스능력

 현재 동신과 명섭의 팀에게 가장 필요한 능력은 팀워크능력이다.

9 다음 사례에서 장 부장이 취할 수 있는 가장 적절한 행동은 무엇인가?

> 서울에 본사를 둔 T그룹은 매년 상반기와 하반기에 한 번씩 전 직원이 워크숍을 떠난다. 이는 평소 직원들 간의 단체생활을 중시 여기는 T그룹 회장의 지침 때문이다. 하지만 워낙 직원이 많은 T그룹이다 보니 전 직원이 한꺼번에 움직이는 것은 불가능하고 각 부서별로 그 부서의 장이 재량껏 계획을 세우고 워크숍을 진행하도록 되어 있다. 이에 따라 생산부서의 장 부장은 부원들과 강원도 태백산에 가서 1박 2일로 야영을 하기로 했다. 하지만 워크숍을 가는 날 아침 갑자기 예약한 버스가 고장이 나서 출발을 못한다는 연락을 받았다.

① 워크숍은 장소보다도 이를 통한 부원들의 단합과 화합이 중요하므로 서울 근교의 적당한 장소를 찾아 워크숍을 진행한다.
② 무슨 일이 있어도 계획을 실행하기 위해 새로 예약 가능한 버스를 찾아보고 태백산으로 간다.
③ 어쩔 수 없는 일이므로 상사에게 사정을 얘기하고 이번 워크숍은 그냥 집에서 쉰다.
④ 각 부원들에게 의견을 물어보고 각자 자율적으로 하고 싶은 활동을 하도록 한다.

 T그룹에서 워크숍을 하는 이유는 직원들 간의 단합과 화합을 키우기 위해서이고 또한 각 부서의 장에게 나름대로의 재량권이 주어졌으므로 위 사례에서 장부장이 할 수 있는 행동으로 가장 적절한 것은 ①번이다.

10 다음 사례에서 이 고객에 대한 적절한 응대법으로 옳은 것은?

> 은지는 옷가게를 운영하고 있는데 어느 날 한 여성 고객이 찾아왔다. 그녀는 매장을 둘러보면서 이 옷, 저 옷을 만져보고 입어보더니 "어머, 여기는 옷감이 좋아보이지도 않는데 가격은 비싸네.", "여긴 별로 예쁜 옷이 없네. 디자이너가 아직 경험이 부족한 것 같은데." 등의 말을 하면서 거만하게 자신도 디자이너 출신이고 아가씨가 아직 경험이 부족한 것 같아 자신이 조금 조언을 해 주겠다며 은지에게 옷을 만들 때 옷감은 어떤 걸로 해야 하고 매듭은 어떻게 지어야 한다는 등의 말을 늘어놓았다. 그러는 동안 옷가게에는 몇 명의 다른 손님들이 옷을 둘러보며 은지를 찾다가 그냥 되돌아갔다.

① 자신의 과시욕이 채워지도록 뽐내게 내버려 둔다.
② 분명한 증거나 근거를 제시하여 스스로 확신을 갖도록 유도한다.
③ 이야기를 경청하고 맞장구를 치며 치켜세우고 설득해 간다.
④ "글쎄요.", "아마"와 같은 애매한 화법을 사용하지 않는다.

 위 사례의 여성고객은 거만형에 해당하는 고객이다.
※ 거만형 고객에 대한 응대법
　　㉠ 정중하게 대하는 것이 좋다.
　　㉡ 자신의 과시욕이 채워지도록 뽐내게 내버려 둔다.
　　㉢ 의외로 단순한 면이 있으므로 일단 호감을 얻게 되면 득이 될 경우도 있다.

11 다음 사례에서 직장인으로서 옳지 않은 행동을 한 사람은?

〈사례1〉

K그룹에 다니는 철환이는 어제 저녁 친구들과 횟집에서 회를 먹고 오늘 일어나자 갑자기 배가 아파 병원에 간 결과 식중독에 걸렸다는 판정을 받고 입원을 하게 되었다. 생각지도 못한 일로 갑자기 결근을 하게 된 철환이는 즉시 회사에 연락해 사정을 말한 후 연차를 쓰고 입원하였다.

〈사례2〉

여성 구두를 판매하는 S기업의 영업사원으로 입사한 상빈이는 업무상 여성고객들을 많이 접하고 있다. 어느 날 외부의 한 백화점에서 여성고객을 만나게 된 상빈이는 그 고객과 식사를 하기 위해 식당이 있는 위층으로 에스컬레이터를 타고 가게 되었다. 이때 그는 그 여성고객에게 먼저 타도록 하고 자신은 뒤에 타고 올라갔다.

〈사례3〉

한창 열심히 근무하는 관모에게 한 통의 전화가 걸려 왔다. 얼마 전 집 근처에 있는 공인중개사에 자신의 이름으로 된 집을 월세로 내놓았는데 그 공인중개사에서 연락이 온 것이다. 그는 옆자리에 있는 동료에게 잠시 자리를 비우겠다고 말한 뒤 신속하게 사무실 복도를 지나 야외 휴게실에서 공인중개사 사장과 연락을 하고 내일 저녁 계약 약속을 잡았다.

〈사례4〉

입사한 지 이제 한 달이 된 정호는 어느 날 다른 부서에 급한 볼일이 있어 복도를 지나다가 우연히 앞에 부장님이 걸어가는 걸 보았다. 부장님보다 천천히 가자니 다른 부서에 늦게 도착할 것 같아 어쩔 수 없이 부장님을 지나치게 되었는데 이때 그는 부장님께 "실례하겠습니다."라고 말하는 것을 잊지 않았다.

① 철환　　　　　　　　　　　　② 상빈
③ 관모　　　　　　　　　　　　④ 정호

 ② 남성과 여성이 함께 에스컬레이터나 계단을 이용하여 위로 올라갈 때는 남성이 앞에 서고 여성이 뒤에 서도록 한다.

12 다음 사례에서 팀워크에 도움이 안 되는 사람은 누구인가?

> ◎◎기업의 입사동기인 영재와 영초, 문식, 윤영은 이번에 처음으로 함께 프로젝트를 수행하게 되었다. 이는 이번에 나온 신제품에 대한 소비자들의 선호도를 조사하는 것으로 ◎◎기업에서 이들의 팀워크 능력을 알아보기 위한 일종의 시험이었다. 이 프로젝트에서 네 사람은 각자 자신이 잘 할 수 있는 능력을 살려 업무를 분담했는데 평소 말주변이 있고 사람들과 만나는 것을 좋아하는 영재는 직접 길거리로 나가 시민들을 대상으로 신제품에 대한 설문조사를 실시하였다. 그리고 어릴 때부터 일명 '천재소년'이라고 자타가 공인한 영초는 자신의 능력을 믿고 다른 사람들과는 따로 설문조사를 실시하여 보고서를 작성하였다. 한편 대학에서 수학과를 나와 통계에 자신 있는 문식은 영재가 조사해 온 자료를 바탕으로 통계를 내기 시작하였고 마지막으로 꼼꼼한 윤영이가 깔끔하게 보고서를 작성하여 상사에게 제출하였다.

① 영재 ② 영초
③ 문식 ④ 윤영

 팀워크는 팀이 협동하여 행하는 동작이나 그들 상호 간의 연대를 일컫는다. 따라서 아무리 개인적으로 능력이 뛰어나다 하여도 혼자서 일을 처리하는 사람은 팀워크가 좋은 사람이라고 볼 수 없다. 따라서 정답은 ②번이다.

13 다음은 엄 팀장과 그의 팀원인 문식의 대화이다. 다음 상황에서 엄 팀장이 주의해야 할 점으로 옳지 않은 것은?

> 엄 팀장 : 문식 씨, 좋은 아침이군요. 나는 문식 씨가 구체적으로 어떤 업무를 하길 원하는지, 그리고 새로운 업무 목표는 어떻게 이룰 것인지 의견을 듣고 싶습니다.
>
> 문식 : 솔직히 저는 현재 제가 맡고 있는 업무도 벅찬데 새로운 업무를 받은 것에 대해 달갑지 않습니다. 그저 난감할 뿐이죠.
>
> 엄 팀장 : 그렇군요. 그 마음 충분히 이해합니다. 하지만 현재 회사 여건상 인력감축은 불가피합니다. 현재의 인원으로 업무를 어떻게 수행할 수 있을지에 대해 우리는 계획을 세워야 합니다. 이에 대해 문식 씨가 새로 맡게 될 업무를 검토하고 그 것을 어떻게 달성할 수 있을지 집중적으로 얘기해 봅시다.
>
> 문식 : 일단 주어진 업무를 모두 처리하기에는 시간이 너무 부족합니다. 좀 더 다른 방법을 세워야 할 것 같아요.
>
> 엄 팀장 : 그렇다면 혹시 그에 대한 다른 대안이 있나요?
>
> 문식 : 기존에 제가 가지고 있던 업무들을 보면 없어도 될 중복된 업무들이 있습니다. 이러한 업무들을 하나로 통합한다면 새로운 업무를 볼 여유가 생길 것 같습니다.
>
> 엄 팀장 : 좋습니다. 좀 더 구체적으로 말씀해 주시겠습니까?
>
> 문식 : 우리는 지금까지 너무 고객의 요구를 만족시키기 위해 필요 없는 절차들을 많이 따르고 있었습니다. 이를 간소화할 필요가 있다고 생각합니다.
>
> 엄 팀장 : 그렇군요. 어려운 문제에 대해 좋은 해결책을 제시해 줘서 정말 기쁩니다. 그렇다면 지금부터는 새로운 업무를 어떻게 진행시킬지, 그리고 그 업무가 문식 씨에게 어떤 이점으로 작용할지에 대해 말씀해 주시겠습니까? 지금까지 문식 씨는 맡은 업무를 잘 처리하였지만 너무 같은 업무만을 하다보면 도전정신도 없어지고 자극도 받지 못하죠. 이번에 새로 맡게 될 업무를 완벽하게 처리하기 위해 어떤 방법을 활용할 생각입니까?
>
> 문식 : 네. 사실 말씀하신 바와 같이 지금까지 겪어보지 못한 전혀 새로운 업무라 기분이 좋지는 않습니다. 하지만 반면 저는 지금까지 제 업무를 수행하면서 창의적인 능력을 사용해 보지 못했습니다. 이번 업무는 제게 이러한 창의적인 능력을 발휘할 수 있는 기회입니다. 따라서 저는 이번 업무를 통해 좀 더 창의적인 능력을 발휘해 볼 수 있는 경험과 그에 대한 자신감을 얻게 됐다는 점이 가장 큰 이점으로 작용할 것이라 생각됩니다.
>
> 엄 팀장 : 문식 씨, 정말 훌륭한 생각을 가지고 있군요. 이미 당신은 새로운 기술과 재능을 가지고 있다는 것을 우리에게 보여주고 있습니다.

① 지나치게 많은 정보와 지시를 내려 직원들을 압도한다.

② 어떤 활동을 다루고, 시간은 얼마나 걸리는지 등에 대해 구체적이고 명확하게 밝힌다.

③ 질문과 피드백에 충분한 시간을 할애한다.

④ 직원들의 반응을 이해하고 인정한다.

위 상황은 엄 팀장이 팀원인 문식에게 코칭을 하고 있는 상황이다. 따라서 코칭을 할 때 주의해야 할 점으로 옳지 않은 것을 고르면 된다.
① 지나치게 많은 정보와 지시로 직원들을 압도해서는 안 된다.
※ 코칭을 할 때 주의해야 할 점
   ㉠ 시간을 명확히 알린다.
   ㉡ 목표를 확실히 밝힌다.
   ㉢ 핵심적인 질문으로 효과를 높인다.
   ㉣ 적극적으로 경청한다.
   ㉤ 반응을 이해하고 인정한다.
   ㉥ 직원 스스로 해결책을 찾도록 유도한다.
   ㉦ 코칭과정을 반복한다.
   ㉧ 인정할 만한 일은 확실히 인정한다.
   ㉨ 결과에 대한 후속 작업에 집중한다.

14 다음의 대화를 통해 알 수 있는 내용으로 가장 알맞은 것은?

> K팀장 : 좋은 아침입니다. 어제 말씀드린 보고서는 다 완성이 되었나요?
> L사원 : 예, 아직 완성을 하지 못했습니다. 시간이 많이 부족한 것 같습니다.
> K팀장 : 보고서를 작성하는 데 어려움이 있나요?
> L사원 : 팀장님의 지시대로 하는 데 어려움은 없습니다. 그러나 저에게 주신 자료 중 잘
>   못된 부분이 있는 것 같습니다.
> K팀장 : 아. 저도 몰랐던 부분이네요. 잘못된 점이 무엇인가요?
> L사원 : 직접 보시면 아실 것 아닙니까? 일부러 그러신 겁니까?
> K팀장 : 아 그렇습니까?

① K팀장은 아침부터 L사원을 나무라고 있다.
② L사원은 K팀장과 사이가 좋지 못하다.
③ K팀장은 리더로서의 역할이 부족하다.
④ L사원은 팀원으로서의 팔로워십이 부족하다.

 대화를 보면 L사원이 팔로워십이 부족함을 알 수 있다. 팔로워십은 팀의 구성원으로서의 역할을 충실하게 잘 수행하는 능력을 말한다. L사원은 헌신, 전문성, 용기, 정직, 현명함을 갖추어야 하고 리더의 결점이 있으면 올바르게 지적하되 덮어주는 아량을 갖추어야 한다.

Answer ↪ 13.① 14.④

15 다음 사례에 나타난 리더십 유형의 특징으로 옳은 것은?

> 이번에 새로 팀장이 된 대근은 입사 5년차인 비교적 젊은 팀장이다. 그는 자신의 팀에 있는 팀원들은 모두 나름대로의 능력과 경험을 가지고 있으며 자신은 그들 중 하나에 불과하다고 생각한다. 따라서 다른 팀의 팀장들과 같이 일방적으로 팀원들에게 지시를 내리거나 팀원들의 의견을 듣고 그 중에서 마음에 드는 의견을 선택적으로 추리는 등의 행동을 하지 않고 평등한 입장에서 팀원들을 대한다. 또한 그는 그의 팀원들에게 의사결정 및 팀의 방향을 설정하는 데 참여할 수 있는 기회를 줌으로써 팀 내 행동에 따른 결과 및 성과에 대해 책임을 공유해 나가고 있다. 이는 모두 팀원들의 능력에 대한 믿음에서 비롯된 것이다.

① 질문을 금지한다.
② 모든 정보는 리더의 것이다.
③ 실수를 용납하지 않는다.
④ 책임을 공유한다.

 해당 사례는 파트너십 유형에 대한 사례이다.
①②③ 전형적인 독재자 유형의 특징이다.
※ 파트너십 유형의 특징
  ㉠ 평등
  ㉡ 집단의 비전
  ㉢ 책임 공유

16 다음에 해당하는 협상전략은 무엇인가?

> 양보전략으로 상대방이 제시하는 것을 일방적으로 수용하여 협상의 가능성을 높이려는 전략이다. 순응전략, 화해전략, 수용전략이라고도 한다.

① 협력전략　　　　　　　　　② 회피전략
③ 강압전략　　　　　　　　　④ 유화전략

 ① **협력전략** : 협상 참여자들이 협동과 통합으로 문제를 해결하고자 하는 협력적 문제해결전략이다.
② **회피전략** : 무행동전략으로 협상으로부터 철수하는 철수전략이다. 협상을 피하거나 잠정적으로 중단한다.
③ **강압전략** : 경쟁전략으로 자신이 상대방보다 힘에 있어서 우위를 점유하고 있을 때 자신의 이익을 극대화하기 위한 공격적 전략이다.

17 다음 두 사례를 읽고 하나가 가지고 있는 임파워먼트의 장애요인으로 옳은 것은?

> **〈사례1〉**
>
> ▽▽그룹에 다니는 민 대리는 이번에 새로 입사한 신입직원 하나에게 최근 3년 동안의 매출 실적을 정리해서 올려달라고 부탁하였다. 더불어 기존 거래처에 대한 DB를 새로 업데이트하고 회계팀으로부터 전달받은 통계자료를 토대로 새로운 마케팅 보고서를 작성하라고 지시하였다. 하지만 하나는 일에 대한 열의는 전혀 없이 그저 맹목적으로 지시받은 업무만 수행하였다. 민 대리는 그녀가 왜 업무에 열의를 보이지 않는지, 새로운 마케팅 사업에 대한 아이디어를 내놓지 못하는지 의아해 했다.
>
> **〈사례2〉**
>
> ◈◈기업에 다니는 박 대리는 이번에 새로 입사한 신입직원 희진에게 최근 3년 동안의 매출 실적을 정리해서 올려달라고 부탁하였다. 더불어 기존 거래처에 대한 DB를 새로 업데이트하고 회계팀으로부터 전달받은 통계자료를 토대로 새로운 마케팅 보고서를 작성하라고 지시하였다. 희진은 지시받은 업무를 확실하게 수행했지만 일에 대한 열의는 전혀 없었다. 이에 박 대리는 그녀와 함께 실적자료와 통계자료들을 살피며 앞으로의 판매 향상에 도움이 될 만한 새로운 아이디어를 생각하여 마케팅 계획을 세우도록 조언하였다. 그제야 희진은 자신에게 주어진 프로젝트에 대해 막중한 책임감을 느끼고 자신의 판단에 따라 효과적인 해결책을 만들었다.

① 책임감 부족
② 갈등처리 능력 부족
③ 경험 부족
④ 제한된 정책과 절차

 〈사례2〉에서 희진은 자신의 업무에 대해 책임감을 가지고 일을 했지만 〈사례1〉에 나오는 하나는 자신의 업무에 대한 책임감이 결여되어 있다.

18 다음 중 거만형 불만고객에 대한 대응방안으로 옳지 않은 것은?

① 정중하게 대하는 것이 좋다.
② 분명한 증거나 근거를 제시하여 스스로 확신을 갖도록 유도한다.
③ 자신의 과시욕이 채워지도록 뽐내게 내버려 둔다.
④ 의외로 단순한 면이 있으므로 일단 호감을 얻게 되면 득이 될 경우도 있다.

 ② 의심형 불만고객에 대한 대응방안이다.

19 갈등이 증폭되는 일반적인 원인이 아닌 것은?

① 의사소통의 단절

② 각자의 입장만을 고수하는 자세

③ 승리보다 문제 해결을 중시하는 태도

④ 승·패의 경기를 시작

 갈등은 문제 해결보다 승리를 중시하는 태도에서 증폭된다.

20 다음 중 아래 행사에서 만나게 될 주요 외국인 바이어에게 줄 수 있는 선물에 관한 매너로 가장 바르게 설명한 것은?

> △△전자 권 대표는 3일 뒤 있을 뉴욕 국제 가전 박람회에서 신제품 출시, 차세대 전략 공개 행사 등을 열어 제품을 알리고 현지 바이어들을 만날 예정이다.

① 인도의 바이어에게 소가죽으로 만든 액자에 꽃그림을 넣어 선물하였다.

② 프랑스의 바이어에게 2009년산 샤또 무통 로칠드 와인을 선물하였다.

③ 브라질의 바이어에게 벽면에 걸어 장식할 수 있는 한국 전통검을 선물하였다.

④ 중국의 바이어에게 붉은 색으로 정성스럽게 포장한 홍삼 제품을 선물하였다.

 ① 인도는 소를 신성시하므로 소가죽으로 만든 제품을 선물하는 것은 금기시 된다.
② 프랑스에서 와인을 선물하는 것은 소주를 선물하는 것과 같다.
③ 브라질에서 칼을 선물하는 것은 관계를 끝낸다는 뜻이다.

21 다음의 사례를 보고 리츠칼튼 호텔의 고객서비스의 특징으로 옳은 것은?

> Robert는 미국 출장길에 샌프란시스코의 리츠칼튼 호텔에서 하루를 묵은 적이 있었다.
> 그는 서양식의 푹신한 베개가 싫어서 프런트에 전화를 걸어 좀 딱딱한 베개를 가져다
> 달라고 요청하였다. 호텔 측은 곧이어 딱딱한 베개를 구해왔고 덕분에 잘 잘 수 있었다.
> 다음날 현지 업무를 마치고 다음 목적지인 뉴욕으로 가서 우연히 다시 리츠칼튼 호텔
> 에서 묵게 되었는데 아무 생각 없이 방 안에 들어간 그는 깜짝 놀랐다. 침대 위에 전날
> 밤 사용하였던 것과 같은 딱딱한 베개가 놓여 있는 게 아닌가.
> 어떻게 뉴욕의 호텔이 그것을 알았는지 그저 놀라울 뿐이었다. 그는 호텔 측의 이 감
> 동적인 서비스를 잊지 않고 출장에서 돌아와 주위 사람들에게 침이 마르도록 칭찬했다.
> 어떻게 이런 일이 가능했을까? 리츠칼튼 호텔은 모든 체인점이 항시 공유할 수 있는
> 고객 데이터베이스를 구축하고 있었고, 데이터베이스에 저장된 정보를 활용해서 그 호텔
> 을 다시 찾는 고객에게 완벽한 서비스를 제공하고 있었던 것이다.

① 불만 고객에 대한 사후 서비스가 철저하다.
② 신규 고객 유치를 위해 이벤트가 다양하다.
③ 고객이 물어보기 전에 고객이 원하는 것을 실행한다.
④ 고객이 원하는 것이 이루어질 때까지 노력한다.

 리츠칼튼 호텔은 고객이 무언가를 물어보기 전에 고객이 원하는 것에 먼저 다가가는 것을
서비스 정신으로 삼고 있다. 기존 고객의 데이터베이스를 공유하여 고객이 원하는 서비스
를 미리 제공할 수 있는 것이다.

22 이해당사자들이 대화와 논쟁을 통해서 서로를 설득하여 문제를 해결하는 것을 협상이라고 한다. 다음 중 협상의 예로 볼 수 없는 것은?

① 남편은 외식을 하자고 하나 아내는 생활비의 부족으로 인하여 외식을 거부하였다. 이에 남편은 아내에게 돈을 너무 생각한다고 나무라지만 아내는 집에서 고기를 굽고 맥주를 한 잔 하면서 외식을 하는 분위기를 내자고 제안하였다. 남편은 이에 흔쾌히 승낙하였다.

② K씨는 3월이 다가오자 연봉협상에 큰 기대를 갖고 있다. 그러나 회사 사정이 어려워지면서 사장은 연봉을 올려줄 수 없는 상황이다. 이러한 상황에서 K씨는 자신이 바라는 수준의 임금을 회사의 경제력과 자신의 목표 등을 감안하여 적정선을 맞추어 사장에게 제시하였더니 K씨는 원하는 연봉을 받을 수 있게 되었다.

③ U씨는 아내와 함께 주말에 영화를 보기로 하였다. 그런데 주말에 갑자기 장모님이 올라 오셔서 극장에 갈 수 없는 상황이 되었다. 이에 아내는 영화는 다음에 보고 오늘은 장모님과 시간을 보내자고 하였다. U씨는 영화를 못보는 것이 아쉬워 장모님을 쌀쌀맞게 대했다.

④ W씨는 자녀의 용돈문제로 고민이다. 하나 밖에 없는 딸이지만 자신이 생각하기에 그렇게 많은 용돈은 필요가 없을 듯하다. 그러나 딸아이는 계속적으로 용돈을 올려달라고 시위 중이다. 퇴근 후 지친 몸을 이끌고 집으로 온 W씨에게 딸아이는 어깨도 주물러 주고, 애교도 떨며 W씨의 기분을 좋게 만들었다. 결국 W씨는 딸의 용돈을 올려주었다.

 협상이란 것은 갈등상태에 있는 이해당사자들이 대화와 논쟁을 통하여 서로를 설득하여 문제를 해결하는 정보전달과정이자 의사결정과정이다. 위의 ①②④는 우리가 흔히 일상생활에서 겪을 수 있는 협상의 예를 보여주고 있다.

23 제약회사 영업부에 근무하는 U씨는 영업부 최고의 성과를 올리는 영업사원으로 명성이 자자하다. 그러나 그런 그에게도 단점이 있었으니 그것은 바로 서류 작업을 정시에 마친 적이 없다는 것이다. U씨가 회사로 복귀하여 서류 작업을 지체하기 때문에 팀 전체의 생산성에 차질이 빚어지고 있다면 영업부 팀장인 K씨의 행동으로 올바른 것은?

① U씨의 영업실적은 뛰어나므로 다른 직원에게 서류 작업을 지시한다.
② U씨에게 퇴근 후 서류 작업을 위한 능력을 개발하라고 지시한다.
③ U씨에게 서류작업만 할 수 있는 아르바이트 직원을 붙여준다.
④ U씨로 인한 팀의 분위기를 설명하고 해결책을 찾아보라고 격려한다.

 팀장인 K씨는 U씨에게 팀의 생산성에 영향을 미치는 내용을 상세히 설명하고 이 문제와 관련하여 해결책을 스스로 강구하도록 격려하여야 한다.

24 고객 특성에 따른 고객응대로 적절하지 않은 것은?

① 과장되게 말을 잘하는 사람은 콤플렉스를 감추고 있는 사람으로 어디까지가 진의인지 파악하고 말보다 객관적인 자료로 대응하는 것이 적합하다.

② 빈정거리기를 잘하는 사람은 열등감과 허영심이 강한 사람이므로 자존심을 존중해 주면서 대한다.

③ 생각에 생각을 거듭하는 사람은 신중하나 판단력이 부족하므로 먼저 결론을 내는 화법이 적절하다.

④ 말의 허리를 자르는 사람은 이기적 성격의 소유자로 반론하지 말고 질문식 설득화법으로 대응한다.

 ④ 말의 허리를 자르는 사람은 남의 말을 잘 듣지 않으며 자신의 말을 많이 하는 특성이 있다. 따라서 이들을 상대할 때에는 일단 상대방의 말을 들어 주면서 충분한 시간을 갖고 논리적으로 상담을 하여 생각을 납득시키도록 한다.

25 다음의 내용은 협상의 단계 중 어디에 해당하는가?

> • 협상 안건이나 대안들을 평가한다.
> • 개발한 대안들을 평가한다.
> • 최선의 대안에 대해서 합의를 하고 선택을 한다.
> • 대안 이행을 위한 실행계획을 수립한다.

① 협상시작 ② 상호이해
③ 해결대안 ④ 합의문서

 협상의 과정은 '협상시작→상호이해→실질이해→해결대안→합의문서'의 순으로 구분된다. 협상시작에서는 협상당사자들 사이에 상호 친근감을 쌓고 상대방의 협상의지를 확인한다. 상호이해단계에서는 갈등문제의 진행상황과 현재의 상황 점검 및 협상을 위한 협상대상 안건을 결정한다. 실질이해의 단계에서는 주장하는 것과 실제로 원하는 것을 구분하여 실제로 원하는 것을 찾고 이해관계를 분석한다. 해결대안단계에서는 개발한 안건을 평가하고 최선의 대안을 합의하고 대안 이행을 위한 실행계획을 수립한다. 마지막으로 합의문서단계에서는 합의문을 작성하고 재점검 후 서명을 하며 종료된다.

Answer⌐→ 22.③ 23.④ 24.④ 25.③

06 직업윤리

1 윤리와 직업

(1) 윤리의 의미

① 윤리적 인간 … 공동의 이익을 추구하고 도덕적 가치 신념을 기반으로 형성된다.

② 윤리규범의 형성 … 공동생활과 협력을 필요로 하는 인간생활에서 형성되는 공동행동의 룰을 기반으로 형성된다.

③ 윤리의 의미 … 인간과 인간 사이에서 지켜야 할 도리를 바르게 하는 것으로 인간 사회에 필요한 올바른 질서라고 할 수 있다.

예제 1

윤리에 대한 설명으로 옳지 않은 것은?

① 윤리는 인간과 인간 사이에서 지켜져야 할 도리를 바르게 하는 것으로 볼 수 있다.
② 동양적 사고에서 윤리는 인륜과 동일한 의미이며, 엄격한 규율이나 규범의 의미가 배어 있다.
③ 인간은 윤리를 존중하며 살아야 사회가 질서와 평화를 얻게 되고, 모든 사람이 안심하고 개인적 행복을 얻게 된다.
④ 윤리는 세상에 두 사람 이상이 있으면 존재하며, 반대로 혼자 있을 때도 지켜져야 한다.

[출제의도]
윤리의 의미와 윤리적 인간, 윤리규범의 형성 등에 대한 기본적인 이해를 평가하는 문제이다.
[해설]
윤리는 인간과 인간 사이에서 지켜져야 할 도리를 바르게 하는 것으로서 이 세상에 두 사람 이상이 있으면 존재하고 반대로 혼자 있을 때에는 의미가 없는 말이 되기도 한다.

답 ④

---

(2) 직업의 의미

① 직업은 본인의 자발적 의사에 의한 장기적으로 지속하는 일로, 경제적 보상이 따라야 한다.

② **입신출세론** … 입신양명(立身揚名)이 입신출세(立身出世)로 바뀌면서 현대에 와서는 직업활동의 결과를 출세에 비중을 두는 경향이 짙어졌다.

③ 3D 기피현상 … 힘들고(Difficult), 더럽고(Dirty), 위험한(Dangerous) 일은 하지 않으려고 하는 현상

(3) 직업윤리

① 직업윤리란 직업인이라면 반드시 지켜야 할 공통적인 윤리규범으로 어느 직장에 다니느냐를 구분하지 않는다.

② 직업윤리와 개인윤리의 조화

  ㉠ 업무상 행해지는 개인의 판단과 행동이 사회적 파급력이 큰 기업시스템을 통하여 다수의 이해관계자와 관련된다.

  ㉡ 많은 사람의 고도화 된 협력을 요구하므로 맡은 역할에 대한 책임완수와 투명한 일처리가 필요하다.

  ㉢ 규모가 큰 공동 재산·정보 등을 개인이 관리하므로 높은 윤리의식이 요구된다.

  ㉣ 직장이라는 특수 상황에서 갖는 집단적 인간관계는 가족관계, 친분관계와는 다른 배려가 요구된다.

  ㉤ 기업은 경쟁을 통하여 사회적 책임을 다하고, 보다 강한 경쟁력을 키우기 위하여 조직원인의 역할과 능력을 꾸준히 향상시켜야 한다.

  ㉥ 직무에 따른 특수한 상황에서는 개인 차원의 일반 상식과 기준으로는 규제할 수 없는 경우가 많다.

| 예제 2

직업윤리에 대한 설명으로 옳지 않은 것은?

① 개인윤리를 바탕으로 각자가 직업에 종사하는 과정에서 요구되는 특수한 윤리규범이다.

② 직업에 종사하는 현대인으로서 누구나 공통적으로 지켜야 할 윤리기준을 직업윤리라 한다.

③ 개인윤리의 기본 덕목인 사랑, 자비 등과 공동발전의 추구, 장기적 상호이익 등의 기본은 직업윤리도 동일하다.

④ 직업을 가진 사람이라면 반드시 지켜야 할 윤리규범이며, 중소기업 이상의 직장에 다니느냐에 따라 구분된다.

[출제의도]
직업윤리의 정의와 내용에 대한 올바른 이해를 요구하는 문제이다.
[해설]
직업윤리란 직업을 가진 사람이라면 반드시 지켜야 할 공통적인 윤리규범을 말하는 것으로 어느 직장에 다니느냐를 구분하지 않는다.

답 ④

2 직업윤리를 구성하는 하위능력

(1) 근로윤리

① 근면한 태도
  ㉠ 근면이란 게으르지 않고 부지런한 것으로 근면하기 위해서는 일에 임할 때 적극적이고 능동적인 자세가 필요하다.
  ㉡ 근면의 종류
    • 외부로부터 강요당한 근면
    • 스스로 자진해서 하는 근면

② 정직한 행동
  ㉠ 정직은 신뢰를 형성하고 유지하는 데 기본적이고 필수적인 규범이다.
  ㉡ 정직과 신용을 구축하기 위한 지침
    • 정직과 신뢰의 자산을 매일 조금씩 쌓아가자.
    • 잘못된 것도 정직하게 밝히자.
    • 타협하거나 부정직을 눈감아 주지 말자.
    • 부정직한 관행은 인정하지 말자.

③ 성실한 자세 … 성실은 일관하는 마음과 정성의 덕으로 자신의 일에 최선을 다하고자 하는 마음자세를 가지고 업무에 임하는 것이다.

예제 3

우리 사회에서 정직과 신용을 구축하기 위한 지침으로 볼 수 없는 것은?

① 정직과 신뢰의 자산을 매일 조금씩 쌓아가도록 한다.
② 잘못된 것도 정직하게 밝혀야 한다.
③ 작은 실수는 눈감아 주고 때론 타협을 하여야 한다.
④ 부정직한 관행은 인정하지 말아야 한다.

[출제의도]
근로윤리 중에서도 정직한 행동과 성실한 자세에 대해 올바르게 이해하고 있는지 평가하는 문제이다.
[해설]
타협하거나 부정직한 일에 대해서는 눈감아주지 말아야 한다.

답 ③

---

(2) 공동체윤리

① 봉사(서비스)의 의미
  ㉠ 직업인에게 봉사란 자신보다 고객의 가치를 최우선으로 하는 서비스 개념이다.

    ⓒ SERVICE의 7가지 의미
- S(Smile & Speed) : 서비스는 미소와 함께 신속하게 하는 것
- E(Emotion) : 서비스는 감동을 주는 것
- R(Respect) : 서비스는 고객을 존중하는 것
- V(Value) : 서비스는 고객에게 가치를 제공하는 것
- I(Image) : 서비스는 고객에게 좋은 이미지를 심어 주는 것
- C(Courtesy) : 서비스는 예의를 갖추고 정중하게 하는 것
- E(Excellence) : 서비스는 고객에게 탁월하게 제공되어져야 하는 것

    ⓒ **고객접점서비스** : 고객과 서비스 요원 사이에서 15초 동안의 짧은 순간에 이루어지는 서비스로, 이 순간을 진실의 순간(MOT ; Moment of Truth) 또는 결정적 순간이라고 한다.

② **책임의 의미** … 책임은 모든 결과는 나의 선택으로 인한 결과임을 인식하는 태도로, 상황을 회피하지 않고 맞닥뜨려 해결하는 자세가 필요하다.

③ **준법의 의미** … 준법은 민주 시민으로서 기본적으로 지켜야 하는 의무이며 생활 자세이다.

④ **예절의 의미** … 예절은 일정한 생활문화권에서 오랜 생활습관을 통해 하나의 공통된 생활방법으로 정립되어 관습적으로 행해지는 사회계약적 생활규범으로, 언어문화권에 따라 다르고 같은 언어문화권이라도 지방에 따라 다를 수 있다.

⑤ **직장에서의 예절**
    ㉠ **직장에서의 인사예절**
- 악수
  -악수를 하는 동안에는 상대에게 집중하는 의미로 반드시 눈을 맞추고 미소를 짓는다.
  -악수를 할 때는 오른손을 사용하고, 너무 강하게 쥐어짜듯이 잡지 않는다.
  -악수는 힘 있게 해야 하지만 상대의 뼈를 부수듯이 손을 잡지 말아야 한다.
  -악수는 서로의 이름을 말하고 간단한 인사 몇 마디를 주고받는 정도의 시간 안에 끝내야 한다.
- 소개
  -나이 어린 사람을 연장자에게 소개한다.
  -내가 속해 있는 회사의 관계자를 타 회사의 관계자에게 소개한다.
  -신참자를 고참자에게 소개한다.
  -동료임원을 고객, 손님에게 소개한다.
  -비임원을 임원에게 소개한다.
  -소개받는 사람의 별칭은 그 이름이 비즈니스에서 사용되는 것이 아니라면 사용하지 않는다.
  -반드시 성과 이름을 함께 말한다.

–상대방이 항상 사용하는 경우라면, Dr. 또는 Ph.D. 등의 칭호를 함께 언급한다.

–정부 고관의 직급명은 퇴직한 경우라도 항상 사용한다.

–천천히 그리고 명확하게 말한다.

–각각의 관심사와 최근의 성과에 대하여 간단한 언급을 한다.

• 명함 교환

–명함은 반드시 명함 지갑에서 꺼내고 상대방에게 받은 명함도 명함 지갑에 넣는다.

–상대방에게서 명함을 받으면 받은 즉시 호주머니에 넣지 않는다.

–명함은 하위에 있는 사람이 먼저 꺼내는데 상위자에 대해서는 왼손으로 가볍게 받쳐 내는 것이 예의이며, 동위자, 하위자에게는 오른손으로만 쥐고 건넨다.

–명함을 받으면 그대로 집어넣지 말고 명함에 관해서 한두 마디 대화를 건네 본다.

–쌍방이 동시에 명함을 꺼낼 때는 왼손으로 서로 교환하고 오른손으로 옮겨진다.

ⓒ 직장에서의 전화예절

• 전화걸기

–전화를 걸기 전에 먼저 준비를 한다. 정보를 얻기 위해 전화를 하는 경우라면 얻고자 하는 내용을 미리 메모하도록 한다.

–전화를 건 이유를 숙지하고 이와 관련하여 대화를 나눌 수 있도록 준비한다.

–전화는 정상적인 업무가 이루어지고 있는 근무 시간에 걸도록 한다.

–당신이 통화를 원하는 상대와 통화할 수 없을 경우에 대비하여 비서나 다른 사람에게 메시지를 남길 수 있도록 준비한다.

–전화는 직접 걸도록 한다.

–전화를 해달라는 메시지를 받았다면 가능한 한 48시간 안에 답해주도록 한다.

• 전화받기

–전화벨이 3~4번 울리기 전에 받는다.

–당신이 누구인지를 즉시 말한다.

–천천히, 명확하게 예의를 갖추고 말한다.

–밝은 목소리로 말한다.

–말을 할 때 상대방의 이름을 함께 사용한다.

–메시지를 받아 적을 수 있도록 펜과 메모지를 곁에 둔다.

–주위의 소음을 최소화한다.

–긍정적인 말로서 전화 통화를 마치고 전화를 건 상대방에게 감사를 표시한다.

• 휴대전화

–당신이 어디에서 휴대전화로 전화를 하든지 간에 상대방에게 통화를 강요하지 않는다.

–상대방이 장거리 요금을 지불하게 되는 휴대전화의 사용은 피한다.

–운전하면서 휴대전화를 하지 않는다.

－친구의 휴대전화를 빌려 달라고 부탁하지 않는다.

－비상시에만 휴대전화를 사용하는 친구에게는 휴대전화로 전화하지 않는다.

ⓒ 직장에서의 E-mail 예절

• E-mail 보내기

－상단에 보내는 사람의 이름을 적는다.

－메시지에는 언제나 제목을 넣도록 한다.

－메시지는 간략하게 만든다.

－요점을 빗나가지 않는 제목을 잡도록 한다.

－올바른 철자와 문법을 사용한다.

• E-mail 답하기

－원래 이-메일의 내용과 관련된 일관성 있는 답을 하도록 한다.

－다른 비즈니스 서신에서와 마찬가지로 화가 난 감정의 표현을 보내는 것은 피한다.

－답장이 어디로, 누구에게로 보내는지 주의한다.

⑥ **성예절을 지키기 위한 자세** … 직장에서 여성의 특징을 살린 한정된 업무를 담당하던 과거와는 달리 여성과 남성이 대등한 동반자 관계로 동등한 역할과 능력발휘를 한다는 인식을 가질 필요가 있다.

ⓐ 직장 내에서 여성이 남성과 동등한 지위를 보장 받기 위해서 그만한 책임과 역할을 다해야 하며, 조직은 그에 상응하는 여건을 조성해야 한다.

ⓑ 성희롱 문제를 사전에 예방하고 효과적으로 처리하는 방안이 필요한 것이다.

ⓒ 남성 위주의 가부장적 문화와 성 역할에 대한 과거의 잘못된 인식을 타파하고 남녀공존의 직장문화를 정착하는 노력이 필요하다.

예제 4

예절에 대한 설명으로 옳지 않은 것은?

① 예절은 일정한 생활문화권에서 오랜 생활습관을 통해 하나의 공통된 생활방식으로 정립되어 관습적으로 행해지는 사회계약적인 생활규범이라 할 수 있다.

② 예절은 언어문화권에 따라 다르나 동일한 언어문화권일 경우에는 모두 동일하다.

③ 무리를 지어 하나의 문화를 형성하여 사는 일정한 지역을 생활문화권이라 하며, 이 문화권에 사는 사람들이 가장 편리하고 바람직한 방법이라고 여겨 그렇게 행하는 생활방법이 예절이다.

④ 예절은 한 나라에서 통일되어야 국민들이 생활하기가 수월하며, 올바른 예절을 지키는 것이 바른 삶을 사는 것이라 할 수 있다.

[출제의도]
공동체윤리에 속하는 여러 항목 중 예절의 의미와 특성에 대한 이해능력을 평가하는 문제이다.

[해설]
예절은 언어문화권에 따라 다르고, 동일한 언어문화권이라도 지방에 따라 다를 수 있다. 예를 들면 우리나라의 경우 서울과 지방에 따라 예절이 조금씩 다르다.

답 ②

출제예상문제

1 다음 중 3D 기피현상에 대한 설명으로 옳지 않은 것은?

① 1980년대 이후 소득수준과 생활수준이 급격히 향상되면서 근로자들이 일하기를 꺼리는 업종을 지칭하는 신조어를 말한다.

② 본래는 제조업, 광업, 건축업 등 더럽고 어려우며 위험한 분야의 산업을 일컬었었다.

③ 더러움을 의미하는 dirty, 힘듦을 의미하는 difficult, 위험함을 의미하는 dangerous의 앞 글자를 따 만들었다.

④ 주로 노년층을 위주로 한 노동인력의 취업경향을 설명하는 데 사용된다.

> Tip ④ 주로 젊은층을 위주로 한 노동인력의 취업경향을 설명하는 데 사용된다.

2 다음 설명에 해당하는 직업윤리의 덕목은?

> 자신의 일이 누구나 할 수 있는 것이 아니라 해당분야의 지식을 바탕으로 가능한 것이라 믿는 태도

① 전문가의식　　② 소명의식
③ 천직의식　　④ 직분의식

> **직업윤리의 덕목**
> ㉠ 소명의식 : 자신이 맡은 일을 하늘에 의해 맡겨진 일이라고 생각하는 태도
> ㉡ 천직의식 : 자신의 일이 자신의 능력에 맞는다 여기고 열성을 가지고 성실히 임하는 태도
> ㉢ 직분의식 : 자신이 하고 있는 일이 사회나 기업을 위해 중요한 역할을 하고 있다고 믿는 태도
> ㉣ 책임의식 : 직업에 대한 사회적 역할과 책무를 충실히 수행하고 책임을 다하는 태도
> ㉤ 전문가의식 : 자신의 일이 누구나 할 수 있는 것이 아니라 해당분야의 지식을 바탕으로 가능한 것이라 믿는 태도
> ㉥ 봉사의식 : 직업활동을 통해 다른사람과 공동체에 대해 봉사하는 정신을 갖춘 태도

3 다음 중 봉사(서비스)의 의미의 연결이 옳지 않은 것은?

① S(Smile&Speed) : 서비스는 미소와 함께 신속하게 하는 것
② E(Emotion) : 서비스는 고객에게 탁월하게 제공되어져야 하는 것
③ R(Respect) : 서비스는 고객을 존중하는 것
④ V(Value) : 서비스는 고객에게 가치를 제공하는 것

 SERVICE
• S(Smile&Speed) : 서비스는 미소와 함께 신속하게 하는 것
• E(Emotion) : 서비스는 감동을 주는 것
• R(Respect) : 서비스는 고객을 존중하는 것
• V(Value) : 서비스는 고객에게 가치를 제공하는 것
• I(Image) : 서비스는 고객에게 좋은 이미지를 심어 주는 것
• C(Courtesy) : 서비스는 예의를 갖추고 정중하게 하는 것
• E(Excellence) : 서비스는 고객에게 탁월하게 제공되어져야 하는 것

4 다음 중 악수 예절로 적절한 것은?

① 악수를 하는 동안에 상대의 눈을 쳐다보지 않는다.
② 악수를 할 때는 왼손을 사용한다.
③ 악수는 인사 몇 마디를 주고받는 정도의 시간 안에 끝내야 한다.
④ 악수는 상대보다 더 힘 있게 해야 한다.

 악수 예절
• 악수를 하는 동안에는 상대에게 집중하는 의미로 반드시 눈을 맞추고 미소를 짓는다.
• 악수를 할 때는 오른손을 사용하고, 너무 강하게 쥐어짜듯이 잡지 않는다.
• 악수는 힘 있게 해야 하지만 상대의 뼈를 부수듯이 손을 잡지 말아야 한다.
• 악수는 서로의 이름을 말하고 간단한 인사 몇 마디를 주고받는 정도의 시간 안에 끝내야 한다.

Answer 1.④ 2.① 3.② 4.③

5 다음 중 휴대전화 예절로 옳지 않은 것은?

① 당신이 어디에서 휴대전화로 전화를 하든지 간에 상대방에게 통화를 강요하지 않는다.

② 상대방이 장거리 요금을 지불하게 되는 휴대전화의 사용은 피한다.

③ 비상시에만 휴대전화를 사용하는 친구에게는 휴대전화로 전화하지 않는다.

④ 운전하면서 휴대전화를 사용 할 수 있다.

 휴대전화 예절
- 당신이 어디에서 휴대전화로 전화를 하든지 간에 상대방에게 통화를 강요하지 않는다.
- 상대방이 장거리 요금을 지불하게 되는 휴대전화의 사용은 피한다.
- 운전하면서 휴대전화를 사용 하지 않는다.
- 친구의 휴대전화를 빌려 달라고 부탁하지 않는다.
- 비상시에만 휴대전화를 사용하는 친구에게는 휴대전화로 전화하지 않는다.

6 직장에서 성예절을 지키기 위한 자세로 옳지 않은 것은?

① 여성과 남성이 대등한 동반자 관계로 동등한 역할과 능력발휘를 한다는 인식을 가진다.

② 직장에서 여성은 본인의 특징을 살린 한정된 업무를 담당하게 한다.

③ 직장 내에서 여성이 남성과 동등한 지위를 보장 받기 위해서 그만한 책임과 역할을 다해야 한다.

④ 성희롱 문제를 사전에 예방하고 효과적으로 처리하는 방안이 필요하다.

Tip 직장에서 여성의 특징을 살린 한정된 업무를 담당하던 과거와는 달리 여성과 남성이 대등한 동반자 관계로 동등한 역할과 능력발휘를 한다는 인식을 가질 필요가 있다.

7 다음 중 직업윤리에 대한 설명으로 적절한 것은 무엇인가?

> (ㄱ) 직업윤리는 개인윤리에 비해 더 구체적이다.
> (ㄴ) 직업윤리는 구체적 상황에서의 실천 규범이고, 개인윤리는 보통 상황에서의 원리규범이다.
> (ㄷ) 개인윤리와 직업윤리가 충돌하는 경우에는 개인윤리를 우선하는 것이 적절하다.
> (ㄹ) 직업윤리의 경우 다수의 이해 관계자와 관련된다.
> (ㅁ) 직업윤리는 직업의 성격을 구분하지 않는다.

① (ㄱ)(ㄴ)(ㄷ)　　　　　　　② (ㄱ)(ㄴ)(ㄹ)
③ (ㄴ)(ㄷ)(ㅁ)　　　　　　　④ (ㄴ)(ㄹ)(ㅁ)

 직업윤리는 업무를 수행함에 있어서 원만한 직업생활을 위해 필요한 마음가짐과 태도 및 올바른 직업관을 의미한다. 따라서 (ㄱ) 개인윤리에 비해 더 구체적이며 특수성을 지닌다.
　　　(ㄴ) 직업윤리는 구체적 상황에서의 실천 규범이라고 한다면, 개인윤리가 보통 상황에서의 일반적인 원리규범이라고 할 수 있다.
　　　(ㄹ) 업무상 행해지는 개인의 판단과 행동은 사회적 파급력이 큰 기업시스템을 통하여 다수의 이해관계자와 관련되게 된다.
　　　(ㄷ) 직업윤리와 개인윤리는 상황에 따라 서로 배치되거나 충돌하는 경우가 종종 발생한다. 직업인은 이런 경우 직업윤리를 우선하는 것이 적절하다.
　　　(ㅁ) 직업윤리는 직업의 성격에 따라 각기 다른 직업윤리를 지니며 특수성을 지닌다.

8 다음 중 부패에 대한 내용으로 적절하지 않은 것은 무엇인가?

① 관료제 내부 부패에 대해서는 내부고발자의 역할이 중요하다.

② 부패로 인한 불신의 증가는 막대한 사회적 비용의 증대로 이어질 수 있다.

③ 부패는 개인적 일탈과 더불어 사회적 산물로 급격한 근대화 과정에서 더욱 증가하였다.

④ 행정절차의 단순성이 부패를 발생시키기 쉬우므로 절차를 까다롭게 하는 것이 필요하다.

 복잡하고 까다로운 절차로 인하여 부패가 생겨난다. 행정절차는 단순하고 투명할수록 좋다. 부패는 개인적 일탈의 문제와 더불어 구조적 산물이다. 즉 우리의 공공부문의 부패는 과거의 역사적 누적의 결과이며, 왜곡되어 있는 국가구조의 결과물로서, 부정적인 정치적, 경제적, 사회적 요소들의 결합체라고 할 수 있다. 또한 부패문제에 대한 관대화 경향은 일반 국민들이 부패문제에 대하여 적극적인 관심을 지니지 못하도록 하였을 뿐만 아니라, 부패문제를 특별한 것으로 인식 하지 못하도록 하여, 결국 부패의 악순환에서 벗어나지 못하도록 하였다. 따라서 사소한 부패에도 엄중하게 대응하며 정부의 노력 뿐 아니라 개인들의 의식 개선이 필요하다.

9 다음 중 공동체 윤리에 해당하는 것이 아닌 것은?

① 봉사　　　　　　　　　　② 책임

③ 준법　　　　　　　　　　④ 근면

 ④는 근로윤리에 해당한다.

10 다음 중 근로윤리에 관한 설명으로 옳지 않은 것은?

① 정직은 신뢰를 형성하는 데 기본적인 규범이다.

② 정직은 부정직한 관행을 인정하지 않는다.

③ 신용을 위해 동료와 타협하여 부정직을 눈감아준다.

④ 신용을 위해 잘못된 것도 정직하게 밝혀야 한다.

 ③ 타협하거나 부정직을 눈감아 주지 말아야 한다.

11 다음 중 책임에 대한 설명으로 옳지 않은 것은?

① 책임이란 모든 결과는 나의 선택으로 인해 말미암아 일어난 것이라는 식의 태도를 의미한다.

② 책임은 피해를 입고 있다는 생각을 지니는 것과 같이 어떤 일에 대해서 선택할 수 있는 태도 중의 하나이다.

③ 책임에는 삶을 바라보는 데 긍정적인 태도가 필요하다.

④ 모든 문제나 사건에 대해 자신에게 오는 책임을 회피하는 것이 최선의 방책이다.

 모든 문제나 사건에 대해 자신에게 오는 책임을 회피하지 않고, 상황을 맞닥뜨려 해결해야 하는 것이 최선의 방책이다.

12 직장에서 듣기 좋은 말과 듣기 싫은 말이 있다. 다음 중 듣기 좋은 말이 아닌 것은?

① 이번 일은 자네 덕분에 잘 끝난 것 같아.

② 수고했어. 역시 자네가 최고야.

③ 요새 한가하지, 일 좀 줄까?

④ 내가 뭐 도와 줄 건 없을까?

 직장에서 듣기 싫은 말
㉠ 그렇게 해서 월급 받겠어.
㉡ 시키면 시키는 대로 해라.
㉢ 내가 사원일 때는 더한 일도 했어.
㉣ 내일 아침까지 해 놔.
㉤ 야. 너 이리와 봐.
㉥ 이거 확실해? 증거 가져와 봐.
㉦ 이번 실수는 두고두고 보겠어.
㉧ 머리가 나쁘면 몸으로라도 때워.
㉨ 요새 한가하지, 일 좀 줄까?
㉩ 자넨 성질 때문에 잘 되긴 글렀어.

Answer → 8.④ 9.④ 10.③ 11.④ 12.③

13 다음 중 직장 내 인간관계 및 분위기를 저해하는 내용에 대한 설명으로 옳지 않은 것은?

① 상급자 앞에서는 자신을 낮추고 동료, 하급자 등에 대해서는 우월적 지위를 이용한 태도를 보이는 것

② 상대방의 주량이나 입장은 생각하지 않고 강제로 술을 권하고 권하는 잔을 사양하는 것을 예절이 없다고 생각하는 것

③ 동료나 하급자 등을 대할 때 존댓말을 사용하는 것

④ 합리적인 근거 없이 사람을 대할 때 학연, 지연, 성별 등을 이유로 차별을 적용하는 것

 직장 내 인간관계 및 분위기를 저해하는 요인
㉠ 이중적인 태도
㉡ 군사문화의 잔재
㉢ 반말문화
㉣ 비합리적인 차별

14 예절의 본질에 해당하지 않는 것은?

① 남에게 해를 끼치지 않는다.

② 남에게 호감을 주어야 한다.

③ 남을 존경해야 한다.

④ 남에게 존경을 받아야 한다.

 예절의 본질
㉠ 남에게 해를 끼치지 않는다.
㉡ 남에게 호감을 주어야 한다.
㉢ 남을 존경해야 한다.

15 예절에 대한 설명으로 옳지 않은 것은?

① 예절은 일정한 생활문화권에서 오랜 생활습관을 통해 하나의 공통된 생활방식으로 정립되어 관습적으로 행해지는 사회계약적인 생활규범이라 할 수 있다.

② 예절은 언어문화권에 따라 다르나 동일한 언어문화권일 경우에는 모두 동일하다.

③ 무리를 지어 하나의 문화를 형성하여 사는 일정한 지역을 생활문화권이라 하며, 이 문화권에 사는 사람들이 가장 편리하고 바람직한 방법이라고 여겨 그렇게 행하는 생활방법이 예절이다.

④ 예절은 한 나라에서 통일되어야 국민들이 생활하기가 수월하며, 올바른 예절을 지키는 것이 바른 삶을 사는 것이라 할 수 있다.

> (Tip) 예절은 언어문화권에 따라 다르고, 동일한 언어문화권이라도 지방에 따라 다를 수 있다. 예를 들면 우리나라의 경우 서울과 지방에 따라 예절이 조금씩 다르다.

16 직장생활을 하면서 명함을 주고받을 때 유의할 사항으로 옳지 않은 것은?

① 명함은 반드시 명함지갑에서 꺼내고 상대방에게 받은 명함도 명함 지갑에 넣는다.

② 상대방에게서 명함을 받으면 즉시 호주머니에 넣는다.

③ 명함은 하위에 있는 사람이 먼저 꺼내는데 상위자에 대해서는 왼손으로 가볍게 받쳐 내는 것이 예의이다.

④ 명함을 동시에 꺼낼 때는 왼손으로 서로 교환하고 오른손으로 옮겨간다.

> (Tip) 명함을 받으면 즉시 호주머니에 넣지 않고 명함에 관하여 한두 마디 대화를 건네는 것이 예의이다.

Answer ↝ 13.③ 14.④ 15.② 16.②

17 직장에서의 전화예절에 대한 설명으로 적합하지 않은 것은?

① 전화벨이 3~4번 울리기 전에 받도록 한다.

② 원하는 상대방과 통화가 연결되지 않은 경우에는 메시지를 남겨 놓도록 한다.

③ 정상적인 업무가 이루어지고 있는 시간에 통화를 하는 것이 좋다.

④ 전화를 부탁한다는 메시지를 받았을 때는 일주일 안에 답해주도록 한다.

 전화를 부탁한다는 메시지를 받았을 경우에는 가능한 한 48시간 안에 답을 해주어야 한다. 하루 이상 자리를 비우게 될 경우에는 다른 사람이 대신 전화를 받아줄 수 없을 때 자리를 비우게 되었다는 메시지를 남겨놓는 것이 예의이다.

18 다음 중 직장에서의 소개예절에 대한 설명으로 옳지 않은 것은?

① 내가 속해 있는 회사의 관계자를 타 회사의 관계자에게 먼저 소개한다.

② 나이 어린 사람을 연장자에게 먼저 소개한다.

③ 신참자를 고참자에게 먼저 소개한다.

④ 임원을 비임원에게 먼저 소개한다.

 직장에서의 소개예절
ⓐ 나이 어린 사람을 연장자에게 소개한다.
ⓑ 내가 속해 있는 회사의 관계자를 타 회사의 관계자에게 소개한다.
ⓒ 신참자를 고참자에게 소개한다.
ⓓ 동료임원을 고객, 손님에게 소개한다.
ⓔ 비임원을 임원에게 소개한다.
ⓕ 소개받는 사람의 별칭은 비즈니스에서 사용되는 것이 아니면 사용하지 않는다.
ⓖ 반드시 성과 이름을 함께 말한다.
ⓗ 상대방이 항상 사용하는 경우라면 칭호를 함께 언급한다.
ⓘ 정부 고관의 직급명은 퇴직한 경우라도 항상 사용한다.
ⓙ 각자의 관심사와 최근의 성과에 대한 언급은 간단히 한다.

19 직장에서의 이메일 예절에 대한 설명으로 옳지 않은 것은?

① 상단에는 반드시 보내는 사람의 이름을 적어야 한다.
② 메시지는 간략하게 작성하여야 한다.
③ 올바른 철자와 문법을 사용해야 한다.
④ 제목은 상대방의 눈에 띄도록 강렬하게 넣는다.

(Tip) 메시지에는 항상 제목을 넣어야 하며, 제목은 메시지의 요점이 빗나가지 않도록 잡아야 한다.

20 다음 중 윤리적 인간에 대한 설명으로 볼 수 없는 것은?

① 윤리적 인간은 공동의 이익을 추구하고 도덕적 가치 신념을 기반으로 형성된다.
② 인간은 사회적 동물이므로 다른 사람을 배려하면서 행동하는 사람은 윤리적 인간으로 볼 수 있다.
③ 눈에 보이는 육신의 안락보다 삶의 가치와 도덕적 신념을 존중하는 사람이다.
④ 공동의 이익보다는 자신의 이익을 우선으로 행동하는 사람이다.

(Tip) 윤리적 인간은 자신의 이익보다는 공동의 이익을 우선하는 사람을 말한다.

21 다음 중 직장생활에서의 정직한 생활에 관한 내용으로 볼 수 없는 것은?

① 사적인 용건의 통화를 할 때에는 회사 전화를 사용하지 않는다.
② 근무시간에 거짓말을 하고 개인적인 용무를 보지 않는다.
③ 장기적으로 생각하며, 나에게 이익이 되는 일을 한다.
④ 부정직한 관행을 인정하지 않고 고치도록 노력한다.

(Tip) ③ 장기적으로 생각하며, 나에게 이익이 되는 일보다는 옳은 일을 해야 한다.

Answer → 17.④ 18.④ 19.④ 20.④ 21.③

22 다음의 사례를 보고 L대리의 행동을 직업인의 의미에 비추어 가장 올바르게 설명한 것은?

> ○○출판사 기획부에 근무하는 L대리는 유능한 인재이다. 국내 경기의 침체로 인하여 관련 업종들의 판매량이 저조한 시점에 L대리는 검정교과서 사업을 하자는 의견을 제시하였다. 회사에서도 승낙이 떨어져 팀원들과 함께 1달을 꼬박 철야와 야근을 반복하면서 입찰 준비를 완료하였다. 드디어 날고 긴다는 출판사들이 모두 모여 입찰을 받는 날이 되었다. L대리는 완벽한 준비로 자신감 있게 입찰 장소로 이동을 하고 있었다. 도로를 한참 달리던 중 앞에서 달리고 있던 검정색 승용차 한 대가 횡단보도에 서 있던 여학생을 치고 달아나는 것을 목격하였다. L대리는 한 치의 주저함도 없이 차에서 내려 그 여학생을 차에 태워 인근 병원에 데려다 주고 입찰 장소에 도착하였다. 그러나 시간이 한참이나 지났다는 것을 알게 된 L대리는 급히 입찰 장소의 관계자에게 연락하였으나 관계자는 입찰에 포기하여 참여하지 않은 줄 알고 모든 계약을 끝냈다고 하였다. L대리는 눈앞이 깜깜해졌다.

① L대리는 여학생의 목숨을 구해줬으므로 회사와 나라에서 포상을 받을 것이다.
② L대리는 정의감이 불타는 시민상을 받아 회사를 빛낼 것이다.
③ L대리는 직업인으로서 책임과 본문을 망각했으므로 해당 건에 관한 책임을 질 것이다.
④ L대리는 다음 입찰을 위한 준비를 다시 해야 할 것이다.

> (Tip) L대리가 여학생을 구해준 행동은 사회적으로는 좋은 행동이나 직업인으로서는 본인의 책임과 본문을 망각한 행동이 된다. 회사 업무는 공적인 약속이므로 L대리의 최우선 과제는 입찰인 것이다.

23 다음의 사례를 보고 직업윤리에 벗어나는 행동을 바르게 지적한 것은?

> ☆☆기업의 영업부 과장인 K씨는 항상 회사에서 자신만의 재테크를 한다. 업무시간에 컴퓨터 앞에서 자신의 주식이 어떻게 되나 늘 주시한다. 자신이 보유한 주식이 오르면 밝은 표정으로 직원들을 대하고 하루 종일 기분이 좋으나 주식이 떨어지면 사무실 분위기는 초상집 보다 더 엄숙한 분위기가 된다. 이럴 때 조금이라고 실수가 발생하기라도 하면 그 직원은 죽는 날이 되고 만다. 이러한 K씨가 오늘도 아침 일찍 출근을 했다. 다행히 오늘은 기분이 좋다.

① 주식을 하는 K씨는 한탕주의를 선호하는 사람이므로 직업윤리에 어긋난다.
② 사무실에서 사적인 재테크를 하는 행위는 직업윤리에 어긋난다.
③ 작은 것의 소중함을 잃고 살아가는 사람이므로 직업윤리에 어긋난다.
④ 자신의 기분에 따라 사원들이 조심해야 하므로 직업윤리에 어긋난다.

 K씨가 직장에서 사적으로 자신의 주식을 살피려고 컴퓨터를 사용하고 업무시간에 개인적인 용무를 보는 행위는 직업윤리에 어긋난다.

24 다음 사례를 보고 두 사람의 가장 큰 차이점이 무엇인지 정확하게 파악한 것은?

> ◇◇자동차회사에 근무하는 영업사원 두 명이 있다. 바로 L씨와 K씨이다. L씨는 차를 한 번 고객에게 팔고 나면 그 고객에게 전화가 오더라도 자신에게 금전적 이익이 생기는 일 외에는 바쁘다는 핑계를 대며 연락을 거부한다. 또한 자신의 이익을 위해 약간의 가격을 올려 회사 몰래 자신의 이득을 취하기도 한다. 그러나 K씨는 한 번 고객은 영원한 고객이라는 신념으로 예전 고객이 전화를 걸어 차에 이상이 있다고 해도 바로 달려가 조치를 취해준다. 또한 고객의 사소한 연락에도 반기며 매번 상세하게 답변을 해주고, 심지어는 수많은 고객들의 생일도 잊지 않고 챙긴다. 그리고 한 번도 회사규정에 따른 가격 이상으로 판매를 해 본 적도 없다. 처음 입사하고 세 달 동안은 판매를 많이 한 L씨가 실적이 우수하였으나 2년이 지난 지금은 압도적으로 K씨가 실적왕의 자리를 고수하고 있다.

① 붙임성의 유무   ② 성실성의 유무
③ 자립성의 유무   ④ 윤리성의 유무

 위 사례를 보면 성실하게 사회생활을 하면 반드시 성공을 하게 되며, 성실에는 근면한 태도와 정직한 태도가 모두 관련이 된다는 것을 알 수 있다.

25 고객접점서비스에 대한 설명으로 옳지 않은 것은?

① 고객과 서비스요원 사이의 15초 동안의 짧은 순간에서 이루어지는 서비스를 말한다.

② 고객이 서비스 상품을 구매하기 위해서 입구에 들어올 때부터 나갈 때까지 여러 서비스요원과 몇 번의 짧은 순간을 경험하게 되는데, 그때마다 서비스요원은 모든 역량을 동원하여 고객을 만족시켜 주어야 한다.

③ 고객이 여러 번의 결정적 순간에서 단 한 명에게 0점의 서비스를 받는다고 해서 모든 서비스가 0점이 되지는 않는다.

④ 고객접점에서 종업원의 용모와 복장은 친절한 서비스를 제공하기 전에 첫인상을 좌우하는 첫 번째 요소이다.

> (Tip) 고객접점 서비스는 곱셈의 법칙을 적용하여 고객이 여러 번의 결정적 순간에서 단 한 명에게 0점의 서비스를 받는다면 모든 서비스가 0점이 되어버린다.

26 직장 근무시의 자세에 대한 설명으로 옳지 않은 것은?

① 근무 중 사무로 외출을 하게 될 경우에는 상사의 허가를 받아야 한다.

② 복도나 현관 등에서 상사를 만나면 가벼운 인사를 한다.

③ 근무 중 개인적인 일을 해도 된다.

④ 출근은 상사보다 먼저 하고, 퇴근할 때에는 주변의 서류를 정리하고 나간다.

> (Tip) 근무 중 개인적인 일은 하면 안 된다.

27 다음 중 상사나 동료를 만났을 때 인사를 생략해도 되는 경우가 아닌 것은?

① 상사로부터 주의를 받을 때나 결재 중인 경우

② 회의나 교육, 중요업무를 하고 있는 경우

③ 위험이 따르는 작업을 하는 경우

④ 한 손에 짐을 들고 있을 경우

> (Tip) 인사를 생략해도 되는 경우는 양손에 무거운 짐을 들고 있을 때이다.

28 직장인의 인간관계 유형에 대한 설명 중 그 기준이 다른 하나는?

① 직장동료들과의 인간관계를 중시하며 이를 삶의 중요한 인간관계 영역으로 생각한다.

② 소속된 조직에 대한 소속감과 만족도가 높으며, 직장 내 업무에 대한 흥미도 높다.

③ 직장동료들과의 친밀도와 만족도가 낮으며, 직장의 분위기에 적응을 잘 못한다.

④ 직장동료와 개인적인 대화나 고민, 취미 등을 함께 공유하기도 한다.

 ③ 직장탈퇴적 인간관계 유형에 해당한다.
직장인의 인간관계 유형으로는 직장중심적 인간관계와 직장탈퇴적 인간관계로 분류할 수 있으며, 직장중심적 인간관계는 직장동료들과의 인간관계를 중시하며 삶의 중요한 영역으로 생각하나 직장탈퇴적 인간관계는 직장에 대한 소속감과 만족도가 낮아 직장 외의 인간관계를 더욱 중시하는 경향을 가지고 있다.

29 직장인의 복장 및 메이크업 예절에 대한 설명으로 옳지 않은 것은?

① 단정하고 조화된 인상을 주도록 하여야 하며, 직장에서 일하기 쉽도록 기능적인 면을 생각하여야 한다.

② 각자의 개성에 맞는 활동적인 복장 및 너무 화려하지 않은 차림이 좋다.

③ 머리 모양은 고개를 숙였을 때 흐트러져 앞을 가리는 일이 없이 단정해야 한다.

④ 화장은 본인의 개성을 살려 화려할수록 좋다.

Tip 화장은 너무 화려하지 않아야 하며 자연스러운 화장이 좋다.

30 직장에서 엘리베이터나 계단 이용 시의 예절에 대한 설명으로 옳지 않은 것은?

① 엘리베이터의 경우 버튼 대각선 방향의 뒤쪽이 상석이다.

② 엘리베이터를 탈 때에는 윗사람보다 나중에 타고, 내릴 때는 먼저 내린다.

③ 계단 이용 시에는 연장자나 상급자가 중앙에 서게 한다.

④ 계단을 올라갈 때에는 여성이 먼저, 내려갈 때에는 남성이 먼저 간다.

Tip 계단을 올라갈 때에는 남성이 먼저, 내려갈 때에는 여성이 앞서서 가야 한다.

Answer → 25.③ 26.③ 27.④ 28.③ 29.④ 30.④

07 조직이해능력

1 조직과 개인

(1) 조직

① 조직과 기업
  - ㉠ 조직 : 두 사람 이상이 공동의 목표를 달성하기 위해 의식적으로 구성된 상호작용과 조정을 행하는 행동의 집합체
  - ㉡ 기업 : 노동, 자본, 물자, 기술 등을 투입하여 제품이나 서비스를 산출하는 기관

② 조직의 유형

기준	구분	예
공식성	공식조직	조직의 규모, 기능, 규정이 조직화된 조직
	비공식조직	인간관계에 따라 형성된 자발적 조직
영리성	영리조직	사기업
	비영리조직	정부조직, 병원, 대학, 시민단체
조직규모	소규모 조직	가족 소유의 상점
	대규모 조직	대기업

(2) 경영

① 경영의 의미 … 경영은 조직의 목적을 달성하기 위한 전략, 관리, 운영활동이다.

② 경영의 구성요소
  - ㉠ 경영목적 : 조직의 목적을 달성하기 위한 방법이나 과정
  - ㉡ 인적자원 : 조직의 구성원·인적자원의 배치와 활용
  - ㉢ 자금 : 경영활동에 요구되는 돈·경영의 방향과 범위 한정
  - ㉣ 경영전략 : 변화하는 환경에 적응하기 위한 경영활동 체계화

③ 경영자의 역할

대인적 역할	정보적 역할	의사결정적 역할
• 조직의 대표자	• 외부환경 모니터	• 문제 조정
• 조직의 리더	• 변화전달	• 대외적 협상 주도
• 상징자, 지도자	• 정보전달자	• 분쟁조정자, 자원배분자, 협상가

(3) 조직체제 구성요소

① **조직목표** … 전체 조직의 성과, 자원, 시장, 인력개발, 혁신과 변화, 생산성에 대한 목표

② **조직구조** … 조직 내의 부문 사이에 형성된 관계

③ **조직문화** … 조직구성원들 간에 공유하는 생활양식이나 가치

④ **규칙 및 규정** … 조직의 목표나 전략에 따라 수립되어 조직구성원들이 활동범위를 제약하고 일관성을 부여하는 기능

예제 1

주어진 글의 빈칸에 들어갈 말로 가장 적절한 것은?

> 조직이 지속되게 되면 조직구성원들 간 생활양식이나 가치를 공유하게 되는데 이를 조직의 (㉠)라고 한다. 이는 조직구성원들의 사고와 행동에 영향을 미치며 일체감과 정체성을 부여하고 조직이 (㉡)으로 유지되게 한다. 최근 이에 대한 중요성이 부각되면서 긍정적인 방향으로 조성하기 위한 경영층의 노력이 이루어지고 있다.

① ㉠ : 목표, ㉡ : 혁신적 　　　② ㉠ : 구조, ㉡ : 단계적
③ ㉠ : 문화, ㉡ : 안정적 　　　④ ㉠ : 규칙, ㉡ : 체계적

[출제의도]
본 문항은 조직체계의 구성요소들의 개념을 묻는 문제이다.
[해설]
조직문화란 조직구성원들 간에 공유하게 되는 생활양식이나 가치를 말한다. 이는 조직구성원들의 사고와 행동에 영향을 미치며 일체감과 정체성을 부여하고 조직이 안정적으로 유지되게 한다.

답 ③

---

(4) 조직변화의 과정

환경변화 인지 → 조직변화 방향 수립 → 조직변화 실행 → 변화결과 평가

(5) 조직과 개인

개인	지식, 기술, 경험 →	조직
	← 연봉, 성과급, 인정, 칭찬, 만족감	

2 조직이해능력을 구성하는 하위능력

(1) 경영이해능력

① **경영** ⋯ 경영은 조직의 목적을 달성하기 위한 전략, 관리, 운영활동이다.

　　㉠ **경영의 구성요소** : 경영목적, 인적자원, 자금, 전략

　　㉡ **경영의 과정**

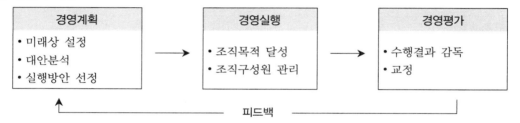

　　㉢ **경영활동 유형**

　　　• 외부경영활동 : 조직외부에서 조직의 효과성을 높이기 위해 이루어지는 활동이다.

　　　• 내부경영활동 : 조직내부에서 인적, 물적 자원 및 생산기술을 관리하는 것이다.

② **의사결정과정**

　　㉠ **의사결정의 과정**

　　　• 확인 단계 : 의사결정이 필요한 문제를 인식한다.

　　　• 개발 단계 : 확인된 문제에 대하여 해결방안을 모색하는 단계이다.

　　　• 선택 단계 : 해결방안을 마련하며 실행가능한 해결안을 선택한다.

　　㉡ **집단의사결정의 특징**

　　　• 지식과 정보가 더 많아 효과적인 결정을 할 수 있다.

　　　• 다양한 견해를 가지고 접근할 수 있다.

　　　• 결정된 사항에 대하여 의사결정에 참여한 사람들이 해결책을 수월하게 수용하고, 의사소통의 기회도 향상된다.

- 의견이 불일치하는 경우 의사결정을 내리는데 시간이 많이 소요된다.
- 특정 구성원에 의해 의사결정이 독점될 가능성이 있다.

③ 경영전략

㉠ 경영전략 추진과정

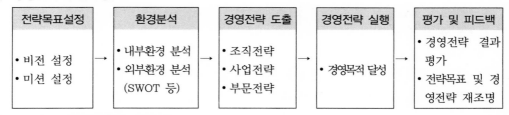

전략목표설정	환경분석	경영전략 도출	경영전략 실행	평가 및 피드백
• 비전 설정 • 미션 설정	• 내부환경 분석 • 외부환경 분석 (SWOT 등)	• 조직전략 • 사업전략 • 부문전략	• 경영목적 달성	• 경영전략 결과 평가 • 전략목표 및 경영전략 재조명

㉡ 마이클 포터의 본원적 경쟁전략

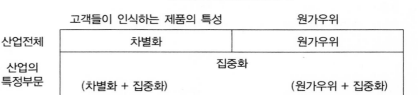

		전략적 우위 요소	
		고객들이 인식하는 제품의 특성	원가우위
전략적 목표	산업전체	차별화	원가우위
	산업의 특정부문	집중화 (차별화 + 집중화)	집중화 (원가우위 + 집중화)

예제 2

다음은 경영전략을 세우는 방법 중 하나인 SWOT에 따른 어느 기업의 분석결과이다. 다음 중 주어진 기업 분석 결과에 대응하는 전략은?

강점(Strength)	• 차별화된 맛과 메뉴 • 폭넓은 네트워크
약점(Weakness)	• 매출의 계절적 변동폭이 큼 • 딱딱한 기업 이미지
기회(Opportunity)	• 소비자의 수요 트렌드 변화 • 가계의 외식 횟수 증가 • 경기회복 가능성
위협(Threat)	• 새로운 경쟁자의 진입 가능성 • 과도한 가계부채

내부환경 외부환경	강점(Strength)	약점(Weakness)
기회 (Opportunity)	① 계절 메뉴 개발을 통한 분기 매출 확보	② 고객의 소비패턴을 반영한 광고를 통한 이미지 쇄신
위협 (Threat)	③ 소비 트렌드 변화를 반영한 시장 세분화 정책	④ 고급화 전략을 통한 매출 확대

[출제의도]
본 문항은 조직이해능력의 하위능력인 경영관리능력을 측정하는 문제이다. 기업에서 경영전략을 세우는데 많이 사용되는 SWOT분석에 대해 이해하고 주어진 분석표를 통해 가장 적절한 경영전략을 도출할 수 있는지를 확인할 수 있다.
[해설]
② 딱딱한 이미지를 현재 소비자의 수요 트렌드라는 환경 변화에 대응하여 바꿀 수 있다.

답 ②

④ 경영참가제도
  ㉠ 목적
  • 경영의 민주성을 제고할 수 있다.
  • 공동으로 문제를 해결하고 노사 간의 세력 균형을 이룰 수 있다.
  • 경영의 효율성을 제고할 수 있다.
  • 노사 간 상호 신뢰를 증진시킬 수 있다.
  ㉡ 유형
  • 경영참가 : 경영자의 권한인 의사결정과정에 근로자 또는 노동조합이 참여하는 것
  • 이윤참가 : 조직의 경영성과에 대하여 근로자에게 배분하는 것
  • 자본참가 : 근로자가 조직 재산의 소유에 참여하는 것

예제 3

다음은 중국의 H사에서 시행하는 경영참가제도에 대한 기사이다. 밑줄 친 이 제도는 무엇인가?

> H사는 '사람' 중심의 수평적 기업문화가 발달했다. H사는 이 제도의 시행을 통해 직원들이 경영에 간접적으로 참여할 수 있게 하였는데 이에 따라 자연스레 기업에 대한 직원들의 책임 의식도 강화됐다. 참여주주는 8만2471명이다. 모두 H사의 임직원이며, 이 중 창립자인 CEO R은 개인 주주로 총 주식의 1.18%의 지분과 퇴직연금으로 주식총액의 0.21%만을 보유하고 있다.

① 노사협의회제도　　　　　　　② 이윤분배제도
③ 종업원지주제도　　　　　　　④ 노동주제도

[출제의도]
경영참가제도는 조직원이 자신이 속한 조직에서 주인의식을 갖고 조직의 의사결정과정에 참여할 수 있도록 하는 제도이다. 본 문항은 경영참가제도의 유형을 구분해낼 수 있는가를 묻는 질문이다.
[해설]
종업원지주제도 … 기업이 자사 종업원에게 특별한 조건과 방법으로 자사 주식을 분양·소유하게 하는 제도이다. 이 제도의 목적은 종업원에 대한 근검저축의 장려, 공로에 대한 보수, 자사에의 귀속의식 고취, 자사에의 일체감 조성 등이 있다.

답 ③

---

(2) 체제이해능력

① 조직목표 … 조직이 달성하려는 장래의 상태
  ㉠ 조직목표의 기능
  • 조직이 존재하는 정당성과 합법성 제공
  • 조직이 나아갈 방향 제시
  • 조직구성원 의사결정의 기준
  • 조직구성원 행동수행의 동기유발
  • 수행평가 기준
  • 조직설계의 기준

ⓛ 조직목표의 특징
　　　• 공식적 목표와 실제적 목표가 다를 수 있음
　　　• 다수의 조직목표 추구 가능
　　　• 조직목표 간 위계적 상호관계가 있음
　　　• 가변적 속성
　　　• 조직의 구성요소와 상호관계를 가짐

② 조직구조
　　ⓙ 조직구조의 결정요인 : 전략, 규모, 기술, 환경
　　ⓛ 조직구조의 유형과 특징

유형	특징
기계적 조직	• 구성원들의 업무가 분명하게 규정 • 엄격한 상하 간 위계질서 • 다수의 규칙과 규정 존재
유기적 조직	• 비공식적인 상호의사소통 • 급변하는 환경에 적합한 조직

③ 조직문화
　　ⓙ 조직문화 기능
　　　• 조직구성원들에게 일체감, 정체성 부여
　　　• 조직몰입 향상
　　　• 조직구성원들의 행동지침 : 사회화 및 일탈행동 통제
　　　• 조직의 안정성 유지
　　ⓛ 조직문화 구성요소(7S) : 공유가치(Shared Value), 리더십 스타일(Style), 구성원(Staff), 제도 · 절차(System), 구조(Structure), 전략(Strategy), 스킬(Skill)

④ 조직 내 집단
　　ⓙ 공식적 집단 : 조직에서 의식적으로 만든 집단으로 집단의 목표, 임무가 명확하게 규정되어 있다.
　　　예 임시위원회, 작업팀 등
　　ⓛ 비공식적 집단 : 조직구성원들의 요구에 따라 자발적으로 형성된 집단이다.
　　　예 스터디모임, 봉사활동 동아리, 각종 친목회 등

(3) 업무이해능력

① 업무 … 업무는 상품이나 서비스를 창출하기 위한 생산적인 활동이다.

　㉠ 업무의 종류

부서	업무(예)
총무부	주주총회 및 이사회개최 관련 업무, 의전 및 비서업무, 집기비품 및 소모품의 구입과 관리, 사무실 임차 및 관리, 차량 및 통신시설의 운영, 국내외 출장 업무 협조, 복리후생 업무, 법률자문과 소송관리, 사내외 홍보 광고업무
인사부	조직기구의 개편 및 조정, 업무분장 및 조정, 인력수급계획 및 관리, 직무 및 정원의 조정 종합, 노사관리, 평가관리, 상벌관리, 인사발령, 교육체계 수립 및 관리, 임금제도, 복리후생제도 및 지원업무, 복무관리, 퇴직관리
기획부	경영계획 및 전략 수립, 전사기획업무 종합 및 조정, 중장기 사업계획의 종합 및 조정, 경영정보 조사 및 기획보고, 경영진단업무, 종합예산수립 및 실적관리, 단기사업계획 종합 및 조정, 사업계획, 손익추정, 실적관리 및 분석
회계부	회계제도의 유지 및 관리, 재무상태 및 경영실적 보고, 결산 관련 업무, 재무제표 분석 및 보고, 법인세, 부가가치세, 국세 지방세 업무자문 및 지원, 보험가입 및 보상업무, 고정자산 관련 업무
영업부	판매 계획, 판매예산의 편성, 시장조사, 광고 선전, 견적 및 계약, 제조지시서의 발행, 외상매출금의 청구 및 회수, 제품의 재고 조절, 거래처로부터의 불만처리, 제품의 애프터서비스, 판매원가 및 판매가격의 조사 검토

예제 4

다음은 I기업의 조직도와 팀장님의 지시사항이다. H씨가 팀장님의 심부름을 수행하기 위해 연락해야 할 부서로 옳은 것은?

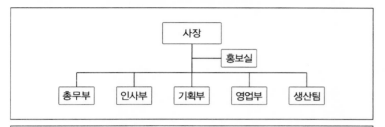

> H씨! 내가 지금 너무 바빠서 그러는데 부탁 좀 들어줄래요? 다음 주 중에 사장님 모시고 클라이언트와 만나야 할 일이 있으니까 사장님 일정을 확인해주시구요. 이번 달에 신입사원 교육·훈련계획이 있었던 것 같은데 정확한 시간이랑 날짜를 확인해주세요.

① 총무부, 인사부
② 총무부, 홍보실
③ 기획부, 총무부
④ 영업부, 기획부

[출제의도]
조직도와 부서의 명칭을 보고 개략적인 부서의 소관 업무를 분별할 수 있는지를 묻는 문항이다.
[해설]
사장의 일정에 관한 사항은 비서실에서 관리하나 비서실이 없는 회사의 경우 총무부(또는 팀)에서 비서 업무를 담당하기도 한다. 또한 신입사원 관리 및 교육은 인사부에서 관리한다.

답 ①

ⓛ 업무의 특성
  • 공통된 조직의 목적 지향
  • 요구되는 지식, 기술, 도구의 다양성
  • 다른 업무와의 관계, 독립성
  • 업무수행의 자율성, 재량권

② 업무수행 계획
  ㉠ 업무지침 확인 : 조직의 업무지침과 나의 업무지침을 확인한다.
  ㉡ 활용 자원 확인 : 시간, 예산, 기술, 인간관계
  ㉢ 업무수행 시트 작성
    • 간트 차트 : 단계별로 업무의 시작과 끝 시간을 바 형식으로 표현
    • 워크 플로 시트 : 일의 흐름을 동적으로 보여줌
    • 체크리스트 : 수행수준 달성을 자가점검

Point 》 간트 차트와 플로 차트

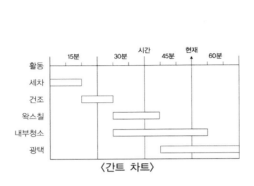

〈간트 차트〉

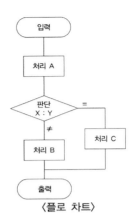

〈플로 차트〉

예제 5

다음 중 업무수행 시 단계별로 업무를 시작해서 끝나는 데까지 걸리는 시간을 바 형식으로 표시하여 전체 일정 및 단계별로 소요되는 시간과 각 업무활동 사이의 관계를 볼 수 있는 업무수행 시트는?

① 간트 차트
② 워크 플로 차트
③ 체크리스트
④ 퍼트 차트

---

③ 업무 방해요소

　　㉠ 다른 사람의 방문, 인터넷, 전화, 메신저 등

　　㉡ 갈등관리

　　㉢ 스트레스

(4) 국제감각

① 세계화와 국제경영
  ㉠ 세계화 : 3Bs(국경 ; Border, 경계 ; Boundary, 장벽 ; Barrier)가 완화되면서 활동범위가 세계로 확대되는 현상이다.
  ㉡ 국제경영 : 다국적 내지 초국적 기업이 등장하여 범지구적 시스템과 네트워크 안에서 기업 활동이 이루어지는 것이다.

② 이문화 커뮤니케이션 … 서로 상이한 문화 간 커뮤니케이션으로 직업인이 자신의 일을 수행하는 가운데 문화배경을 달리하는 사람과 커뮤니케이션을 하는 것이 이에 해당한다. 이문화 커뮤니케이션은 언어적 커뮤니케이션과 비언어적 커뮤니케이션으로 구분된다.

③ 국제 동향 파악 방법
  ㉠ 관련 분야 해외사이트를 방문해 최신 이슈를 확인한다.
  ㉡ 매일 신문의 국제면을 읽는다.
  ㉢ 업무와 관련된 국제잡지를 정기구독 한다.
  ㉣ 고용노동부, 한국산업인력공단, 산업통상자원부, 중소기업청, 상공회의소, 산업별인적자원개발협의체 등의 사이트를 방문해 국제동향을 확인한다.
  ㉤ 국제학술대회에 참석한다.
  ㉥ 업무와 관련된 주요 용어의 외국어를 알아둔다.
  ㉦ 해외서점 사이트를 방문해 최신 서적 목록과 주요 내용을 파악한다.
  ㉧ 외국인 친구를 사귀고 대화를 자주 나눈다.

④ 대표적인 국제매너
  ㉠ 미국인과 인사할 때에는 눈이나 얼굴을 보는 것이 좋으며 오른손으로 상대방의 오른손을 힘주어 잡았다가 놓아야 한다.
  ㉡ 러시아와 라틴아메리카 사람들은 인사할 때에 포옹을 하는 경우가 있는데 이는 친밀함의 표현이므로 자연스럽게 받아주는 것이 좋다.
  ㉢ 명함은 받으면 꾸기거나 계속 만지지 않고 한 번 보고나서 탁자 위에 보이는 채로 대화하거나 명함집에 넣는다.
  ㉣ 미국인들은 시간 엄수를 중요하게 생각하므로 약속시간에 늦지 않도록 주의한다.
  ㉤ 스프를 먹을 때에는 몸쪽에서 바깥쪽으로 숟가락을 사용한다.
  ㉥ 생선요리는 뒤집어 먹지 않는다.
  ㉦ 빵은 스프를 먹고 난 후부터 디저트를 먹을 때까지 먹는다.

출제예상문제

1 다음은 어느 기업의 조직도이다. 조직도에 대해 바르게 이해하지 못한 것은?

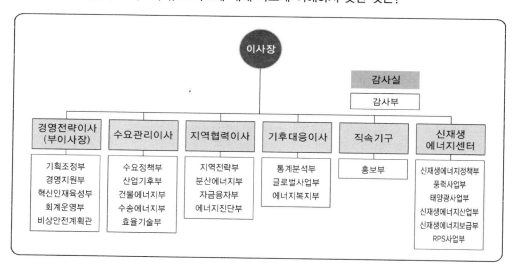

① 이 기업의 최고 위원 직속으로 4명의 이사가 있다.
② 감사부는 감사실에 포함되어있으며 독립되어있다.
③ 가장 많은 부서를 운영하는 이사는 부이사장이다.
④ 이사장 휘하 가장 많은 부서를 운영하는 곳은 신·재생에너지센터이다.

> (Tip) 부이사장 : 4개(기획조정부, 경영지원부, 혁신인재육성부, 회계운영부서
> 수요관리이사 : 5개(수요정책부, 산업기후부, 건물에너지부, 수송에너지부, 효율기술부)

2 다음 그림과 같은 두 개의 조직도 (가)와 (나)의 특징을 적절하게 설명한 것은? (단, 전체 인원수는 동일하다고 가정한다.)

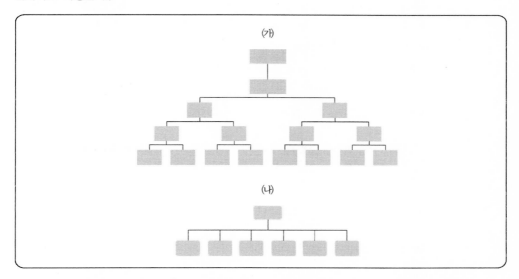

① (가)는 중간 관리자층이 얇아 다양한 검증을 거친 의견 수렴이 (나)보다 어렵다.
② (가)보다 (나)는 소집단만의 조직문화가 형성될 수 있어, 조직 간 경쟁체제를 유지할 수 있다.
③ (나)는 결재 단계가 많아 신속한 의사결정이 (가)보다 어렵다.
④ (나)는 회사가 안정적이거나 일상적인 기술, 조직의 내부 효율성을 중요시하며, 기업의 규모가 작을 때에는 주로 볼 수 있는 기능적인 구조이다.

 환경이 안정적이거나 일상적인 기술, 조직의 내부 효율성을 중요시하며 기업의 규모가 작을 대에는 업무의 내용이 유사하고 관련성이 있는 것들을 결합해서 (나)와 같이 기능적 조직구조 형태를 이룬다. 반면, 급변하는 환경변화에 효과적으로 대응하고 제품, 지역, 고객별 차이에 신속하게 적응하기 위해서는 (가)와 같이 분권화된 의사결정이 가능한 사업별 조직구조 형태를 이룰 필요가 있다. 사업별 조직구조는 개별 제품, 서비스, 제품그룹, 주요 프로젝트나 프로그램 등에 따라 조직화된다. 즉, 그림과 같이 제품에 따라 조직이 구성되고 각 사업별 구조 아래 생산, 판매, 회계 등의 역할이 이루어진다.

Answer↝ 1.③ 2.④

3 다음 중 조직변화의 유형에 대한 설명으로 옳지 않은 것은?

① 문화변화는 구성원들의 사고방식이나 가치체계를 변화시키는 것을 말한다.
② 새로운 기술이 도입되는 것으로 신기술이 발명되었을 때나 생산성을 높이기 위해 이루어지는 것을 전략변화라 한다.
③ 기존 제품이나 서비스의 문제점을 인식하고 고객의 요구에 부응하기 위한 변화를 제품·서비스 변화라 한다.
④ 조직변화는 서비스, 제품, 전략, 구조, 기술, 문화 등에서 이루어질 수 있다.

 전략변화는 조직의 경영과 관계되며 조직의 목적을 달성하고 효율성을 높이기 위해 조직구조, 경영방식, 각종 시스템 등을 개선하는 것을 말한다.

4 (가), (나), (다)에 들어갈 용어로 적절한 것끼리 짝지어진 것은?

> • 조직은 (가)에 따라 공식조직과 비공식조직으로 나누어진다.
> • 조직은 (나)에 따라 영리조직과 비영리조직으로 나누어진다.
> • 조직은 (다)에 따라 소규모조직과 대규모조직으로 나누어진다.

① (가)—공식성, (나)—영리성, (다)—조직규모
② (가)—대표성, (나)—조직규모, (다)—공식성
③ (가)—조직규모, (나)—공식성, (다)—영리성
④ (가)—영리성, (나)—대표성, (다)—공식성

 조직의 유형

기준	구분(예)
공식성	공식 조직(정부, 행정 기관, 회사, 학교, 협동조합 등)
	비공식 조직(인간관계에 따라 형성된 자발적 조직 등)
영리성	영리 조직(사기업 등)
	비영리 조직(정부조직, 병원, 대학, 시민단체 등)
조직규모	소규모 조직(가족 소유의 상점 등)
	대규모 조직(대기업 등)

5 다음 중 비공식조직의 순기능이 아닌 것은?

① 조직 구성원들은 비공식 집단을 통하여 조직에 대한 귀속감과 자기 신분에 대한 안정감을 느끼게 되어 조직에서 오는 소외감을 감소시켜 준다.

② 비공식집단은 조직 내의 어떤 구성원이 비공식집단의 세력을 배경으로 하거나 정실적인 접촉을 통하여 개인적 이익을 도모하는데 이용될 가능성이 있다.

③ 비공식집단은 구성원 간에 업무에 관한 지식이나 경험을 서로 나누어 갖고, 또 상호간의 밀접한 협조를 가능하게 함으로써 공식조직이 요구하는 능률적인 업무수행을 촉진한다.

④ 비공식집단이 활성화 되어 있는 조직일수록 구성원은 조직에 대한 귀속감과 자기 집무에 대한 만족감을 느껴 사기가 향상될 수 있다.

 비공식조직의 역기능
　㉠ 파벌 집단을 조성함으로써 조직의 분열을 조장할 수 있다.
　㉡ 조직목표에 불만이 있을 때 나름대로의 목표를 세워 공식조직의 목표에 도전하거나 대항하여 조직을 저해할 수 있다.
　㉢ 조직 내의 어떤 구성원이 비공식집단의 세력을 배경으로 하거나 정실적인 접촉을 통하여 개인적 이익을 도모하는 데 이용될 가능성이 있다.
　㉣ 근거 없는 헛소문이나 거짓 정보를 만들어 유포시킬 수 있다.

6 다음은 A씨가 경영하는 스위치 생산 공장의 문제점과 대안이다. 이에 대한 설명으로 옳지 않은 것은?

---
1. 문제점 : 불량률 증가
2. 해결방법 : 신기술 도입
3. 가능한 대안
　(1) 신기술 도입
　(2) 업무시간 단축
　(3) 생산라인 변경
---

① 업무시간을 단축하면 구성원의 직무만족도를 증가시킬 수 있다.

② 신기술을 도입할 경우 신제품 출시가 가능하다.

③ 생산라인을 변경하면 새로운 라인에 익숙해지는 데 시간이 소요된다.

④ 업무시간을 단축할 경우 직원 채용에 대한 시간이 감소한다.

(Tip) ④ 업무시간을 단축하게 되면 직원 채용에 대한 시간, 비용, 인건비가 증가한다.

Answer 3.② 4.① 5.② 6.④

■7~9■ 다음 결재규정을 보고 주어진 상황에 알맞게 작성된 양식을 고르시오.

〈결재규정〉

- 결재를 받으려면 업무에 대해 최고결재권자(대표이사)를 포함한 이하 직책자의 결재를 받아야 한다.
- '전결'이라 함은 회사의 경영활동이나 관리활동을 수행함에 있어 의사결정이나 판단을 요하는 일에 대하여 최고 결재권자의 결재를 생략하고, 자신의 책임 하에 최종적으로 의사결정이나 판단을 하는 행위를 말한다.
- 전결사항에 대해서도 윙미 받은 자를 포함한 이하 직책자의 결재를 받아야 한다.
- 표시내용: 결재를 올리는 자는 최고결재권자로부터 전결사항을 위임 받은 자가 있는 경우 결재란에 전결이라고 표시하고 최종 결재권자에 위임 받은 자를 표시한다. 다만, 결재가 불필요한 직책자의 결재란은 상황대각선으로 표시한다.
- 최고결재권자의 결재사항 및 최고결재권자로부터 위임된 전결사항은 다음의 표에 따른다.

구분	내용	금액	결재서류	팀장	본부장	대표이사
접대비	거래처 식대, 조사비 등	20만 원 이하	접대비지출품의서 지출경의서	○ □		
		30만 원 이하			○ □	
		30만 원 초과				○ □
교통비	국내 출장비	30만 원 이하	출장계획서 출장비신성처	○ □		
		50만 원 이하		○	□	
		50만 원 초과		○		□
	해외 출장비			○		□
소모품비	사무용품		지출결의서	□		
	문서, 전산소모품					□
	기타 소모품	20만 원 이하		□		
		30만 원 이하			□	
		30만 원 초과				□
교육비	사내외 교육		기안서 지출결의서	○		□
법인 카드	법인카드 사용	50만 원 이하	법인카드신청서	□		
		100만 원 이하			□	
		100만 원 초과				□

○: 기안서, 출장계획서, 접대비지출품의서
□: 지출결의서, 세금계산서, 발행요청서, 각종 신청서

7 영업부 사원 甲씨는 편집부 乙씨의 부친상에 부조금 50만 원을 회사 명의로 지급하기로 하였다. 甲씨가 작성한 결재 방식은?

①

접대비지출품의서			
결재	담당	팀장	본부장	최종결재
	甲			팀장

②

접대비지출품의서			
결재	담당	팀장	본부장	최종결재
	甲		전결	본부장

③

지출결의서			
결재	담당	팀장	본부장	최종결재
	甲	전결		대표이사

④

지출결의서			
결재	담당	팀장	본부장	최종결재
	甲			대표이사

(Tip) 경조사비는 접대비에 해당하므로 접대지출품의서나 지출결의서를 작성하고 30만 원을 초과하였으므로 결재권자는 대표이사에게 있다. 또한 누구에게도 전결되지 않았다.

8 편집부 사원 丁씨는 회의에 사용될 인쇄물을 준비하던 도중 잉크 카트리지가 떨어진 것을 확인하여 개당 가격이 150,000원인 토너 2개를 법인카드로 구매하려고 한다. 이때, 丁씨가 작성할 결재 방식으로 옳은 것은?

①

기안서				
결재	담당	팀장	본부장	최종결재
	丁			전결

②

법인카드신청서				
결재	담당	팀장	본부장	최종결재
	丁	전결		팀장

③

지출결의서				
결재	담당	팀장	본부장	최종결재
	丁	전결	전결	본부장

④

기안서				
결재	담당	팀장	본부장	최종결재
	丁			대표이사

Tip 법인카드를 사용하려고 하므로 법인카드신청서를 작성하고, 그 금액이 300,000원이므로 50만 원 이하는 팀장에게 결재권이 있다.

9 영상촬영팀 사원 丙씨는 외부 교육업체로부터 1회에 20만 원씩 총 5회에 걸쳐 진행하는 <디지털 영상 복원 기술> 강의를 수강하기로 하였다. 丙씨가 작성해야 할 결재 방식으로 옳은 것은?

①

기안서			
결재	담당	팀장	본부장	최종결재
	丙	/	/	전결

②

지출결의서			
결재	담당	팀장	본부장	최종결재
	丙	전결	/	대표이사

③

기안서			
결재	담당	팀장	본부장	최종결재
	丙	전결	/	팀장

④

지출결의서			
결재	담당	팀장	본부장	최종결재
	丙		/	전결

(Tip) 사내외 교육은 교육훈련비 명목으로 기안서나 지출결의서를 작성해야 하며, 기안서는 팀장이, 지출결의서는 대표이사가 결재를 한다.

10 집단의사결정과정의 하나인 브레인스토밍에 대한 설명으로 옳지 않은 것은?

① 아이디어는 적을수록 결정이 빨라져 좋다.

② 다른 사람이 아이디어를 제시할 때에는 비판을 하지 않아야 한다.

③ 문제에 대한 제안은 자유롭게 이루어질 수 있다.

④ 모든 아이디어들이 제안되고 나면 이를 결합하여 해결책을 마련한다.

 브레인스토밍 … 여러 사람이 한 가지의 문제를 놓고 아이디어를 비판 없이 제시하여 그 중에서 최선책을 찾는 방법으로 아이디어는 많이 나올수록 좋다.

11 경영전략에 대한 설명으로 적절하지 않은 것은?

① 원가우위 전략은 원가절감을 위해 해당 산업에서 우위를 차지하는 전략으로 대량 생산을 통해 단위 원가를 낮추거나 새로운 생산기술을 개발하여야 한다.

② 차별화 전략은 우리나라 70년대의 섬유, 의류, 신발업체가 미국에 진출할 때 사용했던 전략이다.

③ 집중화 전략은 특정 시장이나 고객에게 한정된 전략으로 원가우위나 차별화 전략과는 달리 특정 산업을 대상으로 이루어진다.

④ 경쟁조직들이 소홀히 하고 있는 한정된 시장을 원가우위나 차별화전략을 사용하여 집중적으로 공략하는 것을 집중화 전략이라 한다.

 차별화 전략은 조직의 생산품이나 서비스를 차별화하여 고객에게 가치 있고 독특하게 인식되도록 하는 전략으로 이를 활용하기 위해 연구개발, 광고를 통하여 기술, 품질, 서비스, 브랜드이미지를 개선할 필요가 있다.

▌12~13 ▌ 다음 설명을 읽고 분석 결과에 대응하는 가장 적절한 전략을 고르시오.

SWOT 분석은 내부환경요인과 외부환경요인의 2개의 축으로 구성되어 있다. 내부환경요인은 자사 내부의 환경을 분석하는 것으로 분석은 다시 자사의 강점과 약점으로 분석된다. 외부환경요인은 자사 외부의 환경을 분석하는 것으로 분석은 다시 기회와 위협으로 구분된다. 내부환경요인과 외부환경요인에 대한 분석이 끝난 후에 매트릭스가 겹치는 SO, WO, ST, WT에 해당되는 최종 분석을 실시하게 된다. 내부의 강점과 약점을, 외부의 기회와 위협을 대응시켜 기업의 목표를 달성하려는 SWOT 분석에 의한 발전전략의 특성은 다음과 같다.

－SO전략 : 외부 환경의 기회를 활용하기 위해 강점을 사용하는 전략 선택
－ST전략 : 외부 환경의 위협을 회피하기 위해 강점을 사용하는 전략 선택
－WO전략 : 자신의 약점을 극복함으로써 외부 환경의 기회를 활용하는 전략 선택
－WT전략 : 외부 환경의 위협을 회피하고 자신의 약점을 최소화하는 전략 선택

12

강점 (Strength)	• 핵심 정비기술 보유 • 고객과의 우호적인 관계 구축
약점 (Weakness)	• 품질관리 시스템 미흡 • 관행적 사고 및 경쟁 기피
기회 (Opportunity)	• 고품질 정비서비스 요구 확대 • 해외시장 사업 기회 지속 발생
위협 (Threat)	• 정비시장 경쟁 심화 • 미래 선도 산업 변화 전망 • 차별화된 고객서비스 요구 지속 확대

	강점	약점
기회	① 교육을 통한 조직문화 제질 개선 대책 마련	② 산업 변화에 부응하는 정비기술력 개발
위협	③ 직원들의 관행적 사고 개선을 통해 고객과의 신뢰체제 유지 및 확대	④ 품질관리 강화를 통한 고객서비스 만족 제고

 미흡한 품질관리 시스템을 보완하여 약점을 최소화하고 고객서비스에 부응하는 전략이므로 적절한 WT전략이라고 볼 수 있다.
① 교육을 통항 조직문화 체질 개선 대책 마련(W)
② 산업 변화(T)에 부응하는 정비력기술 개발(S)
③ 직원들의 관행적 사고 개선(W)을 통해 고객과의 신뢰체제 유지 및 확대(S)

Answer 10.① 11.② 12.④

13

	강점(Strength)	• 다년간의 건설 경험 및 신공법 보유 • 우수하고 경험이 풍부한 일용직 근로자 수급 경험 및 루트 보유
	약점(Weakness)	• 모기업 이미지 악화 • 숙련 근로자 이탈 가속화 조짐
	기회(Opportunity)	• 지역 주민의 우호적인 분위기 및 기대감 상승 • 은행의 중도금 대출 기준 완화
	위협(Threat)	• 인구 유입 유인책 부족으로 미분양 우려 • 자재비용 상승에 따른 원가 경쟁력 저하

	강점	약점
기회	① 새로운 건축공법 홍보 강화를 통한 분양률 제고 모색	② 금융권의 협조를 통한 분양 신청자 유인
위협	③ 우수 근로자 운용에 따른 비용 절감으로 가격 경쟁력 확보	④ 일용직 근로자 수급 경험을 살려 인원 이탈에 따른 피해 최소화

 건설 근로 경험이 많은 우수 일용직 근로자를 선발하여 효율성을 높이게 되면 인력 운용에 따른 비용을 절감할 수 있고, 이는 곧 전체적인 가격 경쟁력을 확보하는 방안으로 이용될 수 있으므로 적절한 ST전략이 될 수 있다.

① 새로운 건축공법(S) 홍보 강화를 통한 분양률 제고 모색(T)

② 금융권의 협조(O)를 통한 분양 신청자 유인(T)

④ 일용직 근로자 수급 경험(S)을 살려 인원 이탈에 따른 피해 최소화(W)

14 다음은 어느 기업의 경력평정에 관한 규정이다. 다음 중 규정을 올바르게 이해하지 못한 것은?

> **제15조(평정기준)**
> 직원의 경력평정은 회사의 근무경력으로 평정한다.
>
> **제16조(경력평정 방법)**
> ① 평정기준일 현재 근무경력이 6개월 이상인 직원에 대해 별첨 서식에 의거 기본경력과 초과경력으로 구분하여 평정한다.
> ② 경력평정은 당해 직급에 한하되 기본경력과 초과경력으로 구분하여 평정한다.
> ③ 기본경력은 3년으로 하고, 초과경력은 기본경력을 초과한 경력으로 한다.
> ④ 당해 직급에 해당하는 휴직, 직위해제, 정직기간은 경력기간에 산입하지 아니한다.
> ⑤ 경력은 1개월 단위로 평정하되, 15일 이상은 1개월로 계산하고, 15일 미만은 산입하지 아니한다.
>
> **제17조(경력평정 점수)**
> 평가에 의한 경력평정 총점은 30점으로 하며, 다음 각 호의 기준으로 평정한다.
> ① 기본경력은 월 0.5점씩 가산하여 총 18점을 만점으로 한다.
> ② 초과경력은 월 0.4점씩 가산하여 총 12점을 만점으로 한다.
>
> **제18조(가산점)**
> ① 가산점은 5점을 만점으로 한다.
> • 정부포상 및 자체 포상 등(대통령 이상 3점, 총리 2점, 장관 및 시장 1점, 사장 1점, 기타 0.5점)
> • 회사가 장려하는 분야에 자격증을 취득한 자(자격증의 범위와 가점은 사장이 정하여 고시한다.)
> ② 가산점은 당해 직급에 적용된다.

① 휴직과 가산점 등의 요인 없이 해당 직급에서 4년간 근무한 직원은 경력평정 점수 23점이 될 수 없다.
② 대리 직급으로 2년간 근무한 자가 국무총리 상을 수상한 경우, 경력평정 점수는 14점이다.
③ 과장 직책인 자는 대리 시기의 경력을 인정받을 수 없다.
④ 대리 직급 시 휴직을 1개월을 하였으며 사장 포상을 받은 자가 과장 근무 1년을 마친 경우, 경력평정 점수는 6.5점이다.

Answer ➔ 13.③ 14.④

① 4년 차인 경우, 3년간은 월 0.5점식 가산되어 18점이 되며, 4년째에는 0.4×12=4.8점이 되어 도합 22.8점이 되므로 23점이 될 수 없다. [O]
② 0.5×24+2=14점이 된다. [O]
③ 당해직급에 적용되는 것이므로 과장 직책인 자는 과장 직급의 근무경력으로만 근무평정이 이루어진다. [O]
④ 대리 직급 시에 있었던 휴직과 포상 내역은 모두 과장 직급의 경력평정에 포함되지 않으므로 과장 1년의 근무만 적용되어 0.5×12=6점이 된다. [X]

15 다음과 같은 팀장의 지시 사항을 수행하기 위해 업무협조를 구해야 할 조직의 명칭을 순서대로 나열한 것은?

> 다들 사장님 보고 자료 때문에 정신이 없는 모양인데 이건 자네가 좀 처리해줘야겠군. 다음 주에 있을 기자단 간담회 자료가 필요한데 옆 부서 박 부장한테 말해 두었으니 오전 중에 좀 가져다주게나. 그리고 내일 사장님께서 보고 직전에 외부에서 오신다던데 어디서 오시는 건지 일정 좀 확인해서 알려주고, 이틀 전 퇴사한 엄 차장 퇴직금 처리가 언제 마무리 될 지도 알아봐 주게나. 아, 그리고 말이야, 자네는 아직 사원증이 발급되지 않았나? 확인해보고 얼른 요청해서 걸고 다니게.

① 기획실 → 경영관리실 → 총무부 → 비서실
② 홍보실 → 비서실 → 인사부 → 총무부
③ 총무부 → 구매부 → 비서실 → 인사부
④ 영업2팀 → 홍보실 → 회계팀 → 물류팀

 일반적으로 기자들을 상대하는 업무는 홍보실, 시장의 동선 및 일정 관리는 비서실, 퇴직 및 퇴직금 관련 업무는 인사부, 사원증 제작은 총무부에서 관장하는 업무로 분류된다.

16~17 다음은 어느 회사의 사내 복지 제도와 지원내역에 관한 자료이다. 물음에 답하시오.

<2020년 사내 복지 제도>
① 주택 지원－주택구입자금 대출, 전보자 및 독신자를위한 합숙소 운영
② 자녀학자금 지원－중고생 전액지원, 대학생 무이자융자
③ 경조사 지원－사내근로복지기금을 운영하여 각종 경조금 지원
④ 기타－생일 축하금(상품권 지급), 사내 동호회 활동비 지원, 상병휴가 · 휴직 · 4대보험 지원

<2020년 1/4분기 지원 내역>

부서	직위	이름	내역	금액(만 원)
총무팀	차장	엄영식	주택구입자금 대출	
전산팀	사원	이수연	본인 결혼	10
인사팀	대리	임효진	독신자 합숙소 지원	
영업팀	과장	김영태	휴직(병가)	
편집팀	부장	김원식	대학생 학자금 무이자융자	
홍보팀	대리	심민지	부친상	10
행정팀	대리	이영호	사내 동호회 활동비 지원	10
자원팀	사원	류민호	생일	5
디자인팀	과장	백성미	중학생 학자금 전액지원	100
재무팀	인턴	채준민	사내 동호회 활동비 지원	10

16 인사팀에 근무하고 있는 사원 A는 2020년 1분기 지원 내역을 바탕으로 사원들을 정리했다. 다음 중 분류가 잘못된 것은?

	구분	이름
①	주택 지원	엄영식, 임효진
②	자녀학자금 지원	김원식, 백성미
③	경조사 지원	이수연, 심민지, 김영태
④	기타	이영호, 류민호, 채준민

(Tip) 김영태는 병가로 인한 휴직이므로 '기타'에 속해야 한다.

Answer┌→ 15.② 16.③

17   사원 A는 위의 복지제도와 지원내역을 바탕으로 2분기에도 사원들을 지원하려고 한다. 지원 내용으로 옳지 않은 것은?

① 장모상을 당하여 경조금 10만 원을 지원하였다.

② 생일로 현금 5만 원을 지원하였다.

③ 자녀가 중학교에 입학하여 학자금 전액을 지원하였다.

④ 동호회에 참여하게 되어서 활동비 10만 원을 지원하였다.

   ② 생일로 현금이 아닌 상품권 5만 원을 받게 된다.

18   다음에 제시되고 있는 활동들은 기업 경영에 필요한 전략을 설명하고 있다. 설명된 전략들에 해당하는 것은?

> • 다양한 분류의 방법을 동원하여 고객을 세분화한다.
> • 사업 목표와 타당한 틈새시장을 찾아야 한다.
> • 기업이 고유의 독특한 내부 역량을 보유하고 있는 경우에 더욱 효과적인 전략이다.
> • 모든 고객을 만족시킬 수는 없다는 것과 회사가 모든 역량을 가질 수는 없다는 것을 전제로 선택할 수 있는 전략이다.

① 집중화 전략
② 비교우위 전략
③ 원가우위 전략
④ 차별화 전략

   차별화 전략과 원가우위 전략이 전체 시장을 상대로 하는 전략인 반면, 집중화 전략은 특정 시장을 대상으로 한다. 따라서 고객층을 세분화하여 타깃 고객층에 맞는 맞춤형 전략을 세울 필요가 있다. 타깃 고객층에 자사가 가진 특정 역량이 발휘되어 판매를 늘릴 수 있는 전략이라고 할 수 있다.

19 다음 조직문화를 나타낸 것 중 과업지향 문화에 해당하는 것은?

> (가) A팀은 직원들에게 창의성과 기업가 정신을 강조한다. 또한, 조직의 유연성을 통해 외부 환경의 적응력에 비중을 둔 조직문화를 가지고 있다.
> (나) B팀은 자율성과 개인의 책임을 강조한다. 고유 업무 뿐 아니라 근태, 잔업, 퇴근 후 시간활용 등에 있어서도 정해진 흐름을 배제하고 개인의 자율과 그에 따른 책임을 강조한다.
> (다) C팀은 무엇보다 엄격한 통제를 통한 결속과 안정성을 추구하는 분위기이다. 분명한 명령계통으로 조직의 통합을 이루는 일을 제일의 가치로 삼는다.
> (라) D팀은 업무 수행의 효율성을 강조하며 목표 달성과 생산성 향상을 위해 전 조직원이 산출물 극대화를 위해 노력하는 문화가 조성되어 있다.

① (가) 　　　　　　　　　　　② (나)
③ (다) 　　　　　　　　　　　④ (라)

 조직 문화의 분류와 그 특징은 다음과 같다. (나)와 같이 개인의 자율성을 추구하는 경우 조직문화의 고유 기능과 거리가 멀다고 보아야 한다.

관계지향	• 조직 내 가족적인 분위기의 창출과 유지에 가장 큰 역점을 둠 • 조직 구성원들의 소속감, 상호 신뢰, 인화/단결 및 팀워크, 참여 등이 이 문화유형의 핵심가치로 자리 잡음
혁신지향	• 조직의 유연성을 강조하는 동시에 외부 환경에의 적응성에 초점을 둠 • 따라서 이러한 적응과 조직성장을 뒷받침할 수 있는 적절한 자원획득이 중요하고, 구성원들의 창의성 및 기업가정신이 핵심 가치로 강조됨
위계지향	• 조직 내부의 안정적이고 지속적인 통합/조정을 바탕으로 조직효율성을 추구함 • 이를 위해 분명한 위계질서와 명령계통, 그리고 공식적인 절차와 규칙을 중시하는 문화임
과업지향	• 조직의 성과 달성과 과업 수행에 있어서의 효율성을 강조함 • 따라서 명확한 조직목표의 설정을 강조하며, 합리적 목표 달성을 위한 수단으로서 구성원들의 전문능력을 중시하며, 구성원들 간의 경쟁을 주요 자극제로 활용함

20 다음에서 설명하고 있는 업무수행 시트는?

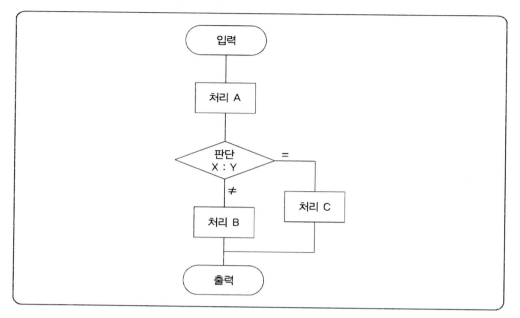

① 워크 플로 차트

② 간트 차트

③ 체크리스트

④ 퍼프 차트

 업무수행 시트 작성
• 간트 차트 : 단계별로 업무의 시작과 끝 시간을 바 형식으로 표현
• 워크 플로우 차트 : 일의 흐름을 동적으로 보여줌
• 체크리스트 : 수행수준 달성을 자가 점검

21 다음 중 조직구조에 영향을 미치는 요인으로 볼 수 없는 것은?

① 만족

② 규모

③ 전략

④ 환경

 조직구조에 영향을 미치는 요인 … 전략, 규모, 기술, 환경

22 다음 중 팀에 대한 설명으로 옳은 것은?

> ㉠ 구성원들이 공동의 목표를 성취하기 위해 서로 기술을 공유하고 공동으로 책임을 지는 집단이다.
> ㉡ 생산성을 높이고 의사결정을 신속하게 내리지 못하며, 구성원들의 창의성보다 업무효율 향상을 위해 창의성을 억제하는 조직된다.
> ㉢ 다른 집단에 비해 위계질서가 강하며, 목표 추구를 위해 헌신한다는 자세를 가진다.
> ㉣ 다른 집단에 비해 구성원들의 개인적 기여를 강조하고, 개인적 책임뿐 아니라 상호 공동책임을 중요시한다.

① ㉠㉢   ② ㉠㉣

③ ㉡㉢   ④ ㉡㉣

 ㉡ 생산성을 높이고 의사결정을 신속하게 내리며, 구성원들의 다양한 창의성 향상을 도모하기 위해 조직된다.
㉢ 팀은 다른 집단과 비교하면 자율성을 가지고 스스로 관리하는 경향이 강하다.

23 업무에 대한 설명으로 옳지 않은 것은?

① 상품이나 서비스를 창출하기 위한 생산적인 활동을 업무라 한다.
② 자신이 속한 조직의 다양한 업무를 통해 조직의 체제를 이해할 수 있다.
③ 개별적 업무에는 지식, 기술, 도구의 종류가 다르고 이들 간 다양성도 차이가 있다.
④ 모든 업무는 구매에서 출고와 같이 일련의 과정을 거친다.

 어떤 업무는 구매에서 출고와 같이 일련의 과정을 거치는 반면, 어떤 업무는 상대적으로 독립되어 이루어지기도 한다. 연구, 개발 등과 같은 업무는 자율적이고 재량권이 많은 반면, 조립, 생산 등과 같은 업무는 주어진 절차에 따라 이루어지는 경우도 있다.

Answer 20.①   21.①   22.②   23.④

24 다음은 어느 기업의 국내 출장 관련 규정의 일부를 참고한 내용이다. 다음 중 바르지 못한 판단을 한 것은?

제2장 국내 출장

제12조(국내 출장 신청)

국내 출장 시에는 출장 신청서를 작성하여 출장 승인권자의 승인을 얻은 후 부득이한 경우를 제외하고는 출발 24시간 전까지 출장 담당부서에 제출하여야 한다.

제13조(국내 여비)

① 철도여행에는 철도운임, 수로여행에는 선박운임, 항로여행에는 항공운임, 철도 이외의 육로여행에는 자동차운임을 지급하며, 운임의 지급은 별도 규정에 의한다. 다만, 전철구간에 있어서 철도운임 외에 전철요금이 따로 책정되어 있는 때에는 철도운임에 갈음하여 전철요금을 지급할 수 있다.

② 공단 소유의 교통수단을 이용하거나 요금 지불이 필요 없는 경우로 부득이 항공편을 이용하여야할 경우에는 교통비를 지급하지 아니한다. 이 경우 유류대, 도로사용료, 주차료 등은 귀임 후 정산할 수 있다.

③ 직원의 항공여행은 일정 등을 고려하여 필요하다고 잉ㄴ정되는 경우로 부득이 항공편을 이용하여야 할 경우에는 출장 신청 시 항공여행 사유를 명시하고 출장 결과 보고서에 영수증을 첨부하여야 하며, 기상악화 등으로 항공편 이용이 불가한 경우 사후 그 사유를 명시하여야 한다.

④ 국내 출장자의 일비 및 식비는 별도 규정에서 정하는 바에 따라 정액 지급하고(사후 실비 정산 가능) 숙박비는 상한액 범위 내에서 실비로 지급한다. 다만, 업무 형편, 그 밖에 부득이한 사유로 인하여 숙박비를 초과하여 지출한 때에는 숙박비 상한액의 10분의 3을 넘지 아니하는 범위에서 추가로 지급할 수 있다.

⑤ 일비는 출장일수에 따라 지급하되, 공용차량 또는 공용차량에 준하는 별도의 차량을 이용하거나 차량을 임차하여 사용하는 경우에는 일비의 2분의 1을 지급한다.

⑥ 친지 집 등에 숙박하거나 2인 이상이 공동으로 숙박하는 경우 출장자가 출장 이행 후 숙박비에 대한 정산을 신청하면 회계 담당자는 숙박비를 지출하지 않은 인원에 대해 1일 숙박당 20,000원을 지급 할 수 있다. 단, 출장자의 출장에 대한 증빙은 첨부하여야 한다.

---

① 숙박비 상한액이 5만 원인 경우, 부득이한 사유로 10만 원을 지불하고 호텔에서 숙박하였다면 결국 자비로 3만 5천 원을 지불한 것이 된다.

② 일비가 7만 원인 출장자가 4일은 대중교통을, 2일은 공용차량을 이용할 예정인 경우, 총 지급받을 일비는 28만 원이다.

③ 1일 숙박비 4만 원씩을 지급받은 甲과 乙이 출장 시 공동 숙박에 의해 甲의 비용으로 숙박료 3만 원만 지출하였다면, 乙은 사후 미사용 숙박비 중 1만 원을 회사에 반납하게 된다.

④ 특정 이동 구간에 철도운임보다 비싼 전철요금이 책정되어 있을 경우, 전철요금을 여비로 지급받을 수 있다.

공동 숙박에 의해 숙박비를 지출하지 않은 인원에 대해서는 1일 숙박당 20,000원을 지급할 수 있다고 규정하고 있으므로, 처음 지급된 4만 원의 숙박비에서 2만 원을 제외한 나머지 2만 원을 회사에 반납하여야 한다.

① 부득이한 경우에도 숙박비 상한액의 10분의 3을 넘지 아니하는 범위에서 추가로 지급할 수 있다고 규정하고 있으므로 숙박비 상한액 5만 원의 10분의 3인 1만 5천 원이 추가되어 6만 5천 원만 지급하는 것이므로 3만 5천 원은 자비로 지불한 것이 된다.

② 공용차량을 이용한 출장일수는 일비의 2분의 1이 지급되므로 70,000×3+35,000×2=28만 원이 일비로 지급된다.

④ '철도운임에 갈음하여 전철요금을 지급할 수 있다'고 규정하고 있으므로 전철요금이 더 비싸도 철도운임 대신 전철요금이 지급된다.

25 다음 중 다른 나라의 문화를 이해하는 내용과 관련이 없는 것은?

① 외국 문화를 이해하는 데에는 많은 시간과 노력이 필요하다.

② 직장인은 외국인과 함께 일을 할 경우 커뮤니케이션이 중요하며, 상이한 문화 간 커뮤니케이션을 이문화 커뮤니케이션이라 한다.

③ 한 문화권에 속하는 사람이 다른 문화를 접하게 될 경우 체험하게 되는 불일치, 위화감, 심리적 부적응 등을 문화충격이라 한다.

④ 문화충격에 대비하기 위해서는 자신이 속한 문화를 기준으로 다른 문화를 평가하여야 한다.

 문화충격에 대비하기 위하여 가장 중요한 것은 자신이 속한 문화를 기준으로 다른 문화를 평가하지 말고 자신의 정체성은 유지하되 다른 문화를 경험하는 데 개방적이고 적극적인 자세를 취하여야 한다.

Answer ➝ 24.③ 25.④

PART

III

인성검사

01 인성검사의 개요

1 허구성 척도의 질문을 파악한다.

인성검사의 질문에는 허구성 척도를 측정하기 위한 질문이 숨어있음을 유념해야 한다. 예를 들어 '나는 지금까지 거짓말을 한 적이 없다.' '나는 한 번도 화를 낸 적이 없다.' '나는 남을 헐뜯거나 비난한 적이 한 번도 없다.' 이러한 질문이 있다고 가정해보자. 상식적으로 보통 누구나 태어나서 한번은 거짓말을 한 경험은 있을 것이며 화를 낸 경우도 있을 것이다. 또한 대부분의 구직자가 자신을 좋은 인상으로 포장하는 것도 자연스러운 일이다. 따라서 허구성을 측정하는 질문에 다소 거짓으로 '그렇다'라고 답하는 것은 전혀 문제가 되지 않는다. 하지만 지나치게 좋은 성격을 염두에 두고 허구성을 측정하는 질문에 전부 '그렇다'고 대답을 한다면 허구성 척도의 득점이 극단적으로 높아지며 이는 검사항목전체에서 구직자의 성격이나 특성이 반영되지 않았음을 나타내 불성실한 답변으로 신뢰성이 의심받게 되는 것이다. 다시 한 번 인성검사의 문항은 각 개인의 특성을 알아보고자 하는 것으로 절대적으로 옳거나 틀린 답이 없으므로 결과를 지나치게 의식하여 솔직하게 응답하지 않으면 과장 반응으로 분류될 수 있음을 기억하자!

2 '대체로', '가끔' 등의 수식어를 확인한다.

'대체로', '종종', '가끔', '항상', '대개' 등의 수식어는 대부분의 인성검사에서 자주 등장한다. 이러한 수식어가 붙은 질문을 접했을 때 구직자들은 조금 고민하게 된다. 하지만 아직 답해야 할 질문들이 많음을 기억해야 한다. 다만, 앞에서 '가끔', '때때로'라는 수식어가 붙은 질문이 나온다면 뒤에는 '항상', '대체로'의 수식어가 붙은 내용은 똑같은 질문이 이어지는 경우가 많다. 따라서 자주 사용되는 수식어를 적절히 구분할 줄 알아야 한다.

3　솔직하게 있는 그대로 표현한다.

　인성검사는 평범한 일상생활 내용들을 다룬 짧은 문장과 어떤 대상이나 일에 대한 선호를 선택하는 문장으로 구성되었으므로 평소에 자신이 생각한 바를 너무 골똘히 생각하지 말고 문제를 보는 순간 떠오른 것을 표현한다. 또한 간혹 반복되는 문제들이 출제되기 때문에 일관성 있게 답하지 않으면 감점될 수 있으므로 유의한다.

4　모든 문제를 신속하게 대답한다.

　인성검사는 시간제한이 없는 것이 원칙이지만 기업체들은 일정한 시간제한을 두고 있다. 인성검사는 개인의 성격과 자질을 알아보기 위한 검사이기 때문에 정답이 없다. 다만, 기업체에서 바람직하게 생각하거나 기대되는 결과가 있을 뿐이다. 따라서 시간에 쫓겨서 대충 대답을 하는 것은 바람직하지 못하다.

5　자신의 성향과 사고방식을 미리 정리한다.

　기업의 인재상을 기초로 하여 일관성, 신뢰성, 진실성 있는 답변을 염두에 두고 꼼꼼히 풀다보면 분명 시간의 촉박함을 느낄 것이다. 따라서 각각의 질문을 너무 골똘히 생각하거나 고민하지 말자. 대신 시험 전에 여유 있게 자신의 성향이나 사고방식에 대해 정리해보는 것이 필요하다.

6　마지막까지 집중해서 검사에 임한다.

　장시간 진행되는 검사에 지칠 수 있으므로 마지막까지 집중해서 정확히 답할 수 있도록 해야 한다.

02 실전 인성검사

※ 인성검사는 개인의 인성 및 성향을 알아보기 위한 검사로 별도의 답이 존재하지 않습니다.

▌1~210▐ 다음에 제시된 문장을 읽고 자신에게 해당하는 정도를 '예, 아니오, 모르겠다' 중 선택하시오.

① 예	② 아니오	③ 모르겠다

1. 조금이라도 나쁜 소식은 절망의 시작이라고 생각해버린다. ································ ① ② ③
2. 언제나 실패가 걱정이 되어 어쩔 줄 모른다. ································ ① ② ③
3. 다수결의 의견에 따르는 편이다. ································ ① ② ③
4. 혼자서 커피숍에 들어가는 것은 전혀 두려운 일이 아니다. ································ ① ② ③
5. 승부근성이 강하다. ································ ① ② ③
6. 자주 흥분해서 침착하지 못하다. ································ ① ② ③
7. 지금까지 살면서 타인에게 폐를 끼친 적이 없다. ································ ① ② ③
8. 소곤소곤 이야기하는 것을 보면 자기에 대해 험담하고 있는 것으로 생각된다. ······ ① ② ③
9. 무엇이든지 자기가 나쁘다고 생각하는 편이다. ································ ① ② ③
10. 자신을 변덕스러운 사람이라고 생각한다. ································ ① ② ③
11. 고독을 즐기는 편이다. ································ ① ② ③
12. 자존심이 강하다고 생각한다. ································ ① ② ③
13. 금방 흥분하는 성격이다. ································ ① ② ③
14. 거짓말을 한 적이 없다. ································ ① ② ③
15. 신경질적인 편이다. ································ ① ② ③
16. 끙끙대며 고민하는 타입이다. ································ ① ② ③
17. 감정적인 사람이라고 생각한다. ································ ① ② ③
18. 자신만의 신념을 가지고 있다. ································ ① ② ③
19. 다른 사람을 바보 같다고 생각한 적이 있다. ································ ① ② ③
20. 금방 말해버리는 편이다. ································ ① ② ③
21. 싫어하는 사람이 없다. ································ ① ② ③

22. 대재앙이 오지 않을까 항상 걱정을 한다. ································· ① ② ③

23. 쓸데없는 고생을 사서 하는 일이 많다. ································· ① ② ③

24. 자주 생각이 바뀌는 편이다. ··· ① ② ③

25. 문제점을 해결하기 위해 여러 사람과 상의한다. ·················· ① ② ③

26. 내 방식대로 일을 한다. ·· ① ② ③

27. 영화를 보고 운 적이 많다. ·· ① ② ③

28. 어떤 것에 대해서도 화낸 적이 없다. ·································· ① ② ③

29. 사소한 충고에도 걱정을 한다. ·· ① ② ③

30. 자신은 도움이 안되는 사람이라고 생각한다. ······················ ① ② ③

31. 금방 싫증을 내는 편이다. ·· ① ② ③

32. 개성적인 사람이라고 생각한다. ·· ① ② ③

33. 자기주장이 강한 편이다. ·· ① ② ③

34. 산만하다는 말을 들은 적이 있다. ······································ ① ② ③

35. 학교를 쉬고 싶다고 생각한 적이 한 번도 없다. ·················· ① ② ③

36. 사람들과 관계 맺는 것을 보면 잘하지 못한다. ··················· ① ② ③

37. 사려 깊은 편이다. ··· ① ② ③

38. 몸을 움직이는 것을 좋아한다. ·· ① ② ③

39. 끈기가 있는 편이다. ··· ① ② ③

40. 신중한 편이라고 생각한다. ··· ① ② ③

41. 인생의 목표는 큰 것이 좋다. ··· ① ② ③

42. 어떤 일이라도 바로 시작하는 타입이다. ···························· ① ② ③

43. 낯가림을 하는 편이다. ·· ① ② ③

44. 생각하고 나서 행동하는 편이다. ······································· ① ② ③

45. 쉬는 날은 밖으로 나가는 경우가 많다. ······························ ① ② ③

46. 시작한 일은 반드시 완성시킨다. ······································· ① ② ③

47. 면밀한 계획을 세운 여행을 좋아한다. ································· ① ② ③

48. 야망이 있는 편이라고 생각한다. ······································· ① ② ③

49. 활동력이 있는 편이다. ·· ① ② ③

50. 많은 사람들과 와자지껄하게 식사하는 것을 좋아하지 않는다. ································ ① ② ③

51. 돈을 허비한 적이 없다. ································ ① ② ③

52. 운동회를 아주 좋아하고 기대했다. ································ ① ② ③

53. 하나의 취미에 열중하는 타입이다. ································ ① ② ③

54. 모임에서 회장에 어울린다고 생각한다. ································ ① ② ③

55. 입신출세의 성공이야기를 좋아한다. ································ ① ② ③

56. 어떠한 일도 의욕을 가지고 임하는 편이다. ································ ① ② ③

57. 학급에서는 존재가 희미했다. ································ ① ② ③

58. 항상 무언가를 생각하고 있다. ································ ① ② ③

59. 스포츠는 보는 것보다 하는 게 좋다. ································ ① ② ③

60. '참 잘했네요'라는 말을 듣는다. ································ ① ② ③

61. 흐린 날은 반드시 우산을 가지고 간다. ································ ① ② ③

62. 주연상을 받을 수 있는 배우를 좋아한다. ································ ① ② ③

63. 공격하는 타입이라고 생각한다. ································ ① ② ③

64. 리드를 받는 편이다. ································ ① ② ③

65. 너무 신중해서 기회를 놓친 적이 있다. ································ ① ② ③

66. 시원시원하게 움직이는 타입이다. ································ ① ② ③

67. 야근을 해서라도 업무를 끝낸다. ································ ① ② ③

68. 누군가를 방문할 때는 반드시 사전에 확인한다. ································ ① ② ③

69. 노력해도 결과가 따르지 않으면 의미가 없다. ································ ① ② ③

70. 무조건 행동해야 한다. ································ ① ② ③

71. 유행에 둔감하다고 생각한다. ································ ① ② ③

72. 정해진 대로 움직이는 것은 시시하다. ································ ① ② ③

73. 꿈을 계속 가지고 있고 싶다. ································ ① ② ③

74. 질서보다 자유를 중요시하는 편이다. ································ ① ② ③

75. 혼자서 취미에 몰두하는 것을 좋아한다. ································ ① ② ③

76. 직관적으로 판단하는 편이다. ································ ① ② ③

77. 영화나 드라마를 보면 등장인물의 감정에 이입된다. ································ ① ② ③

78. 시대의 흐름에 역행해서라도 자신을 관철하고 싶다. ································ ① ② ③

79. 다른 사람의 소문에 관심이 없다. ································ ① ② ③

80. 창조적인 편이다. ································ ① ② ③

81. 비교적 눈물이 많은 편이다. ································ ① ② ③

82. 융통성이 있다고 생각한다. ································ ① ② ③

83. 친구의 휴대전화 번호를 잘 모른다. ································ ① ② ③

84. 스스로 고안하는 것을 좋아한다. ································ ① ② ③

85. 정이 두터운 사람으로 남고 싶다. ································ ① ② ③

86. 조직의 일원으로 별로 안 어울린다. ································ ① ② ③

87. 세상의 일에 별로 관심이 없다. ································ ① ② ③

88. 변화를 추구하는 편이다. ································ ① ② ③

89. 업무는 인간관계로 선택한다. ································ ① ② ③

90. 환경이 변하는 것에 구애되지 않는다. ································ ① ② ③

91. 불안감이 강한 편이다. ································ ① ② ③

92. 인생은 살 가치가 없다고 생각한다. ································ ① ② ③

93. 의지가 약한 편이다. ································ ① ② ③

94. 다른 사람이 하는 일에 별로 관심이 없다. ································ ① ② ③

95. 사람을 설득시키는 것은 어렵지 않다. ································ ① ② ③

96. 심심한 것을 못 참는다. ································ ① ② ③

97. 다른 사람을 욕한 적이 한 번도 없다. ································ ① ② ③

98. 다른 사람에게 어떻게 보일지 신경을 쓴다. ································ ① ② ③

99. 금방 낙심하는 편이다. ································ ① ② ③

100. 다른 사람에게 의존하는 경향이 있다. ································ ① ② ③

101. 그다지 융통성이 있는 편이 아니다. ································ ① ② ③

102. 다른 사람이 내 의견에 간섭하는 것이 싫다. ································ ① ② ③

103. 낙천적인 편이다. ································ ① ② ③

104. 숙제를 잊어버린 적이 한 번도 없다. ································ ① ② ③

105. 밤길에는 발소리가 들리기만 해도 불안하다. ································ ① ② ③

106. 상냥하다는 말을 들은 적이 있다. ──────────── ① ② ③

107. 자신은 유치한 사람이다. ──────────── ① ② ③

108. 잡담을 하는 것보다 책을 읽는 게 낫다. ──────────── ① ② ③

109. 나는 영업에 적합한 타입이라고 생각한다. ──────────── ① ② ③

110. 술자리에서 술을 마시지 않아도 흥을 돋울 수 있다. ──────────── ① ② ③

111. 한 번도 병원에 간 적이 없다. ──────────── ① ② ③

112. 나쁜 일은 걱정이 되어서 어쩔 줄을 모른다. ──────────── ① ② ③

113. 금세 무기력해지는 편이다. ──────────── ① ② ③

114. 비교적 고분고분한 편이라고 생각한다. ──────────── ① ② ③

115. 독자적으로 행동하는 편이다. ──────────── ① ② ③

116. 적극적으로 행동하는 편이다. ──────────── ① ② ③

117. 금방 감격하는 편이다. ──────────── ① ② ③

118. 어떤 것에 대해서는 불만을 가진 적이 없다. ──────────── ① ② ③

119. 밤에 못 잘 때가 많다. ──────────── ① ② ③

120. 자주 후회하는 편이다. ──────────── ① ② ③

121. 뜨거워지기 쉽고 식기 쉽다. ──────────── ① ② ③

122. 자신만의 세계를 가지고 있다. ──────────── ① ② ③

123. 많은 사람 앞에서도 긴장하는 일은 없다. ──────────── ① ② ③

124. 말하는 것을 아주 좋아한다. ──────────── ① ② ③

125. 인생을 포기하는 마음을 가진 적이 한 번도 없다. ──────────── ① ② ③

126. 어두운 성격이다. ──────────── ① ② ③

127. 금방 반성한다. ──────────── ① ② ③

128. 활동범위가 넓은 편이다. ──────────── ① ② ③

129. 자신을 끈기 있는 사람이라고 생각한다. ──────────── ① ② ③

130. 좋다고 생각하더라도 좀 더 검토하고 나서 실행한다. ──────────── ① ② ③

131. 위대한 인물이 되고 싶다. ──────────── ① ② ③

132. 한 번에 많은 일을 떠맡아도 힘들지 않다. ──────────── ① ② ③

133. 사람과 만날 약속은 부담스럽다. ──────────── ① ② ③

134. 질문을 받으면 충분히 생각하고 나서 대답하는 편이다. ································· ① ② ③
135. 머리를 쓰는 것보다 땀을 흘리는 일이 좋다. ································· ① ② ③
136. 결정한 것에는 철저히 구속받는다. ································· ① ② ③
137. 외출 시 문을 잠갔는지 몇 번을 확인한다. ································· ① ② ③
138. 이왕 할 거라면 일등이 되고 싶다. ································· ① ② ③
139. 과감하게 도전하는 타입이다. ································· ① ② ③
140. 자신은 사교적이 아니라고 생각한다. ································· ① ② ③
141. 무심코 도리에 대해서 말하고 싶어진다. ································· ① ② ③
142. '항상 건강하네요'라는 말을 듣는다. ································· ① ② ③
143. 단념하면 끝이라고 생각한다. ································· ① ② ③
144. 예상하지 못한 일은 하고 싶지 않다. ································· ① ② ③
145. 파란만장하더라도 성공하는 인생을 걷고 싶다. ································· ① ② ③
146. 활기찬 편이라고 생각한다. ································· ① ② ③
147. 소극적인 편이라고 생각한다. ································· ① ② ③
148. 무심코 평론가가 되어 버린다. ································· ① ② ③
149. 자신은 성급하다고 생각한다. ································· ① ② ③
150. 꾸준히 노력하는 타입이라고 생각한다. ································· ① ② ③
151. 내일의 계획이라도 메모한다. ································· ① ② ③
152. 리더십이 있는 사람이 되고 싶다. ································· ① ② ③
153. 열정적인 사람이라고 생각한다. ································· ① ② ③
154. 다른 사람 앞에서 이야기를 잘 하지 못한다. ································· ① ② ③
155. 통찰력이 있는 편이다. ································· ① ② ③
156. 엉덩이가 가벼운 편이다. ································· ① ② ③
157. 여러 가지로 구애됨이 있다. ································· ① ② ③
158. 돌다리도 두들겨 보고 건너는 쪽이 좋다. ································· ① ② ③
159. 자신에게는 권력욕이 있다. ································· ① ② ③
160. 업무를 할당받으면 기쁘다. ································· ① ② ③
161. 사색적인 사람이라고 생각한다. ································· ① ② ③

162. 비교적 개혁적이다. ·· ① ② ③

163. 좋고 싫음으로 정할 때가 많다. ·· ① ② ③

164. 전통에 구애되는 것은 버리는 것이 적절하다. ····················· ① ② ③

165. 교제 범위가 좁은 편이다. ·· ① ② ③

166. 발상의 전환을 할 수 있는 타입이라고 생각한다. ·················· ① ② ③

167. 너무 주관적이어서 실패한다. ·· ① ② ③

168. 현실적이고 실용적인 면을 추구한다. ··································· ① ② ③

169. 내가 어떤 배우의 팬인지 아무도 모른다. ··························· ① ② ③

170. 현실보다 가능성이다. ··· ① ② ③

171. 마음이 담겨 있으면 선물은 아무 것이나 좋다. ···················· ① ② ③

172. 여행은 마음대로 하는 것이 좋다. ······································ ① ② ③

173. 추상적인 일에 관심이 있는 편이다. ··································· ① ② ③

174. 일은 대담히 하는 편이다. ··· ① ② ③

175. 괴로워하는 사람을 보면 우선 동정한다. ····························· ① ② ③

176. 가치기준은 자신의 안에 있다고 생각한다. ·························· ① ② ③

177. 조용하고 조심스러운 편이다. ·· ① ② ③

178. 상상력이 풍부한 편이라고 생각한다. ·································· ① ② ③

179. 의리, 인정이 두터운 상사를 만나고 싶다. ··························· ① ② ③

180. 인생의 앞날을 알 수 없어 재미있다. ································· ① ② ③

181. 밝은 성격이다. ··· ① ② ③

182. 별로 반성하지 않는다. ··· ① ② ③

183. 활동범위가 좁은 편이다. ·· ① ② ③

184. 자신을 시원시원한 사람이라고 생각한다. ··························· ① ② ③

185. 좋다고 생각하면 바로 행동한다. ······································· ① ② ③

186. 좋은 사람이 되고 싶다. ·· ① ② ③

187. 한 번에 많은 일을 떠맡는 것은 골칫거리라고 생각한다. ········· ① ② ③

188. 사람과 만날 약속은 즐겁다. ··· ① ② ③

189. 질문을 받으면 그때의 느낌으로 대답하는 편이다. ················ ① ② ③

190. 땀을 흘리는 것보다 머리를 쓰는 일이 좋다. ···························· ① ② ③

191. 결정한 것이라도 그다지 구속받지 않는다. ···························· ① ② ③

192. 외출 시 문을 잠갔는지 별로 확인하지 않는다. ···························· ① ② ③

193. 지위에 어울리면 된다. ···························· ① ② ③

194. 안전책을 고르는 타입이다. ···························· ① ② ③

195. 자신은 사교적이라고 생각한다. ···························· ① ② ③

196. 도리는 상관없다. ···························· ① ② ③

197. '침착하네요'라는 말을 듣는다. ···························· ① ② ③

198. 단념이 중요하다고 생각한다. ···························· ① ② ③

199. 예상하지 못한 일도 해보고 싶다. ···························· ① ② ③

200. 평범하고 평온하게 행복한 인생을 살고 싶다. ···························· ① ② ③

201. 몹시 귀찮아하는 편이라고 생각한다. ···························· ① ② ③

202. 특별히 소극적이라고 생각하지 않는다. ···························· ① ② ③

203. 이것저것 평하는 것이 싫다. ···························· ① ② ③

204. 자신은 성급하지 않다고 생각한다. ···························· ① ② ③

205. 꾸준히 노력하는 것을 잘 하지 못한다. ···························· ① ② ③

206. 내일의 계획은 머릿속에 기억한다. ···························· ① ② ③

207. 협동성이 있는 사람이 되고 싶다. ···························· ① ② ③

208. 열정적인 사람이라고 생각하지 않는다. ···························· ① ② ③

209. 다른 사람 앞에서 이야기를 잘한다. ···························· ① ② ③

210. 행동력이 있는 편이다. ···························· ① ② ③

PART

IV

면접

01 면접의 기본

1 면접준비

(1) 면접의 기본 원칙

① **면접의 의미** … 면접이란 다양한 면접기법을 활용하여 지원한 직무에 필요한 능력을 지원자가 보유하고 있는지를 확인하는 절차라고 할 수 있다. 즉, 지원자의 입장에서는 채용 직무수행에 필요한 요건들과 관련하여 자신의 환경, 경험, 관심사, 성취 등에 대해 기업에 직접 어필할 수 있는 기회를 제공받는 것이며, 기업의 입장에서는 서류전형만으로 알 수 없는 지원자에 대한 정보를 직접적으로 수집하고 평가하는 것이다.

② **면접의 특징** … 면접은 기업의 입장에서 서류전형이나 필기전형에서 드러나지 않는 지원자의 능력이나 성향을 볼 수 있는 기회로, 면대면으로 이루어지며 즉흥적인 질문들이 포함될 수 있기 때문에 지원자가 완벽하게 준비하기 어려운 부분이 있다. 하지만 지원자 입장에서도 서류전형이나 필기전형에서 모두 보여주지 못한 자신의 능력 등을 기업의 인사담당자에게 어필할 수 있는 추가적인 기회가 될 수도 있다.

[서류 · 필기전형과 차별화되는 면접의 특징]

- 직무수행과 관련된 다양한 지원자 행동에 대한 관찰이 가능하다.
- 면접관이 알고자 하는 정보를 심층적으로 파악할 수 있다.
- 서류상의 미비한 사항과 의심스러운 부분을 확인할 수 있다.
- 커뮤니케이션 능력, 대인관계 능력 등 행동 · 언어적 정보도 얻을 수 있다.

③ **면접의 유형**

　㉠ **구조화 면접** : 구조화 면접은 사전에 계획을 세워 질문의 내용과 방법, 지원자의 답변 유형에 따른 추가 질문과 그에 대한 평가 역량이 정해져 있는 면접 방식으로 표준화 면접이라고도 한다.

　　• 표준화된 질문이나 평가요소가 면접 전 확정되며, 지원자는 편성된 조나 면접관에 영향을 받지 않고 동일한 질문과 시간을 부여받을 수 있다.

- 조직 또는 직무별로 주요하게 도출된 역량을 기반으로 평가요소가 구성되어, 조직 또는 직무에서 필요한 역량을 가진 지원자를 선발할 수 있다.
- 표준화된 형식을 사용하는 특성 때문에 비구조화 면접에 비해 신뢰성과 타당성, 객관성이 높다.

ⓛ 비구조화 면접 : 비구조화 면접은 면접 계획을 세울 때 면접 목적만을 명시하고 내용이나 방법은 면접관에게 전적으로 일임하는 방식으로 비표준화 면접이라고도 한다.
- 표준화된 질문이나 평가요소 없이 면접이 진행되며, 편성된 조나 면접관에 따라 지원자에게 주어지는 질문이나 시간이 다르다.
- 면접관의 주관적인 판단에 따라 평가가 이루어져 평가 오류가 빈번히 일어난다.
- 상황 대처나 언변이 뛰어난 지원자에게 유리한 면접이 될 수 있다.

④ 경쟁력 있는 면접 요령
ⓛ 면접 전에 준비하고 유념할 사항
- 예상 질문과 답변을 미리 작성한다.
- 작성한 내용을 문장으로 외우지 않고 키워드로 기억한다.
- 지원한 회사의 최근 기사를 검색하여 기억한다.
- 지원한 회사가 속한 산업군의 최근 기사를 검색하여 기억한다.
- 면접 전 1주일간 이슈가 되는 뉴스를 기억하고 자신의 생각을 반영하여 정리한다.
- 찬반토론에 대비한 주제를 목록으로 정리하여 자신의 논리를 내세운 예상답변을 작성한다.

ⓛ 면접장에서 유념할 사항
- 질문의 의도 파악 : 답변을 할 때에는 질문 의도를 파악하고 그에 충실한 답변이 될 수 있도록 질문사항을 유념해야 한다. 많은 지원자가 하는 실수 중 하나로 답변을 하는 도중 자기 말에 심취되어 질문의 의도와 다른 답변을 하거나 자신이 알고 있는 지식만을 나열하는 경우가 있는데, 이럴 경우 의사소통능력이 부족한 사람으로 인식될 수 있으므로 주의하도록 한다.
- 답변은 두괄식 : 답변을 할 때에는 두괄식으로 결론을 먼저 말하고 그 이유를 설명하는 것이 좋다. 미괄식으로 답변을 할 경우 용두사미의 답변이 될 가능성이 높으며, 결론을 이끌어 내는 과정에서 논리성이 결여될 우려가 있다. 또한 면접관이 결론을 듣기 전에 말을 끊고 다른 질문을 추가하는 예상치 못한 상황이 발생될 수 있으므로 답변은 자신이 전달하고자 하는 바를 먼저 밝히고 그에 대한 설명을 하는 것이 좋다.

- 지원한 회사의 기업정신과 인재상을 기억 : 답변을 할 때에는 회사가 원하는 인재라는 인상을 심어주기 위해 지원한 회사의 기업정신과 인재상 등을 염두에 두고 답변을 하는 것이 좋다. 모든 회사에 해당되는 두루뭉술한 답변보다는 지원한 회사에 맞는 맞춤형 답변을 하는 것이 좋다.
- 나보다는 회사와 사회적 관점에서 답변 : 답변을 할 때에는 자기중심적인 관점을 피하고 좀 더 넓은 시각으로 회사와 국가, 사회적 입장까지 고려하는 인재임을 어필하는 것이 좋다. 자기중심적 시각을 바탕으로 자신의 출세만을 위해 회사에 입사하려는 인상을 심어줄 경우 면접에서 불이익을 받을 가능성이 높다.
- 난처한 질문은 정직한 답변 : 난처한 질문에 답변을 해야 할 때에는 피하기보다는 정면 돌파로 정직하고 솔직하게 답변하는 것이 좋다. 난처한 부분을 감추고 드러내지 않으려 회피하려는 지원자의 모습은 인사담당자에게 입사 후에도 비슷한 상황에 처했을 때 회피할 수도 있다는 우려를 심어줄 수 있다. 따라서 직장생활에 있어 중요한 덕목 중 하나인 정직을 바탕으로 솔직하게 답변을 하도록 한다.

(2) 면접의 종류 및 준비 전략

① 인성면접

ㄱ 면접 방식 및 판단기준
- 면접 방식 : 인성면접은 면접관이 가지고 있는 개인적 면접 노하우나 관심사에 의해 질문을 실시한다. 주로 입사지원서나 자기소개서의 내용을 토대로 지원동기, 과거의 경험, 미래 포부 등을 이야기하도록 하는 방식이다.
- 판단기준 : 면접관의 개인적 가치관과 경험, 해당 역량의 수준, 경험의 구체성 · 진실성 등

ㄴ 특징 : 인성면접은 그 방식으로 인해 역량과 무관한 질문들이 많고 지원자에게 주어지는 면접질문, 시간 등이 다를 수 있다. 또한 입사지원서나 자기소개서의 내용을 토대로 하기 때문에 지원자별 질문이 달라질 수 있다.

ⓒ 예시 문항 및 준비전략

• 예시 문항

> • 3분 동안 자기소개를 해 보십시오.
> • 자신의 장점과 단점을 말해 보십시오.
> • 학점이 좋지 않은데 그 이유가 무엇입니까?
> • 최근에 인상 깊게 읽은 책은 무엇입니까?
> • 회사를 선택할 때 중요시하는 것은 무엇입니까?
> • 일과 개인생활 중 어느 쪽을 중시합니까?
> • 10년 후 자신은 어떤 모습일 것이라고 생각합니까?
> • 휴학 기간 동안에는 무엇을 했습니까?

• 준비전략 : 인성면접은 입사지원서나 자기소개서의 내용을 바탕으로 하는 경우가 많으므로 자신이 작성한 입사지원서와 자기소개서의 내용을 충분히 숙지하도록 한다. 또한 최근 사회적으로 이슈가 되고 있는 뉴스에 대한 견해를 묻거나 시사상식 등에 대한 질문을 받을 수 있으므로 이에 대한 대비도 필요하다. 자칫 부담스러워 보이지 않는 질문으로 가볍게 대답하지 않도록 주의하고 모든 질문에 입사 의지를 담아 성실하게 답변하는 것이 중요하다.

② 발표면접

㉠ 면접 방식 및 판단기준

• 면접 방식 : 지원자가 특정 주제와 관련된 자료를 검토하고 그에 대한 자신의 생각을 면접관 앞에서 주어진 시간 동안 발표하고 추가 질의를 받는 방식으로 진행된다.

• 판단기준 : 지원자의 사고력, 논리력, 문제해결력 등

㉡ 특징 : 발표면접은 지원자에게 과제를 부여한 후, 과제를 수행하는 과정과 결과를 관찰·평가한다. 따라서 과제수행 결과뿐 아니라 수행과정에서의 행동을 모두 평가할 수 있다.

ⓒ 예시 문항 및 준비전략

• 예시 문항

[신입사원 조기 이직 문제]

※ 지원자는 아래에 제시된 자료를 검토한 뒤, 신입사원 조기 이직의 원인을 크게 3가지로 정리하고 이에 대한 구체적인 개선안을 도출하여 발표해 주시기 바랍니다.

※ 본 과제에 정해진 정답은 없으나 논리적 근거를 들어 개선안을 작성해 주십시오.

• A기업은 동종업계 유사기업들과 비교해 볼 때, 비교적 높은 재무안정성을 유지하고 있으며 업무강도가 그리 높지 않은 것으로 외부에 알려져 있음.

• 최근 조사결과, 동종업계 유사기업들과 연봉을 비교해 보았을 때 연봉 수준도 그리 나쁘지 않은 편이라는 것이 확인되었음.

• 그러나 지난 3년간 1~2년차 직원들의 이직률이 계속해서 증가하고 있는 추세이며, 경영진 회의에서 최우선 해결과제 중 하나로 거론되었음.

• 이에 따라 인사팀에서 현재 1~2년차 사원들을 대상으로 개선되어야 하는 A기업의 조직문화에 대한 설문조사를 실시한 결과, '상명하복식의 의사소통'이 36.7%로 1위를 차지했음.

• 이러한 설문조사와 함께, 신입사원 조기 이직에 대한 원인을 분석한 결과 파랑새 증후군, 셀프홀릭 증후군, 피터팬 증후군 등 3가지로 분류할 수 있었음.

〈동종업계 유사기업들과의 연봉 비교〉   〈우리 회사 조직문화 중 개선되었으면 하는 것〉

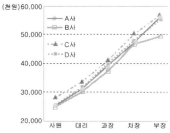
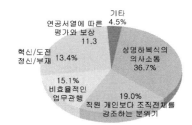

〈신입사원 조기 이직의 원인〉

• 파랑새 증후군
- 현재의 직장보다 더 좋은 직장이 있을 것이라는 막연한 기대감으로 끊임없이 새로운 직장을 탐색함.
- 학력 수준과 맞지 않는 '하향지원', 전공과 적성을 고려하지 않고 일단 취업하고 보자는 '묻지마 지원'이 파랑새 증후군을 초래함.

• 셀프홀릭 증후군
- 본인의 역량에 비해 가치가 낮은 일을 주로 하면서 갈등을 느낌.

• 피터팬 증후군
- 기성세대의 문화를 무조건 수용하기보다는 자유로움과 변화를 추구함.
- 상명하복, 엄격한 규율 등 기성세대가 당연시하는 관행에 거부감을 가지며 직장에 답답함을 느낌.

- 준비전략 : 발표면접의 시작은 과제 안내문과 과제 상황, 과제 자료 등을 정확하게 이해하는 것에서 출발한다. 과제 안내문을 침착하게 읽고 제시된 주제 및 문제와 관련된 상황의 맥락을 파악한 후 과제를 검토한다. 제시된 기사나 그래프 등을 충분히 활용하여 주어진 문제를 해결할 수 있는 해결책이나 대안을 제시하며, 발표를 할 때에는 명확하고 자신 있는 태도로 전달할 수 있도록 한다.

③ 토론면접
  ㉠ 면접 방식 및 판단기준
    - 면접 방식 : 상호갈등적 요소를 가진 과제 또는 공통의 과제를 해결하는 내용의 토론 과제를 제시하고, 그 과정에서 개인 간의 상호작용 행동을 관찰하는 방식으로 면접이 진행된다.
    - 판단기준 : 팀워크, 적극성, 갈등 조정, 의사소통능력, 문제해결능력 등
  ㉡ 특징 : 토론을 통해 도출해 낸 최종안의 타당성도 중요하지만, 결론을 도출해 내는 과정에서의 의사소통능력이나 갈등상황에서 의견을 조정하는 능력 등이 중요하게 평가되는 특징이 있다.
  ㉢ 예시 문항 및 준비전략
    - 예시 문항

      - 군 가산점제 부활에 대한 찬반토론
      - 담뱃값 인상에 대한 찬반토론
      - 비정규직 철폐에 대한 찬반토론
      - 대학의 영어 강의 확대 찬반토론
      - 워크숍 장소 선정을 위한 토론

    - 준비전략 : 토론면접은 무엇보다 팀워크와 적극성이 강조된다. 따라서 토론과정에 적극적으로 참여하며 자신의 의사를 분명하게 전달하며, 갈등상황에서 자신의 의견만 내세울 것이 아니라 다른 지원자의 의견을 경청하고 배려하는 모습도 중요하다. 갈등 상황을 일목요연하게 정리하여 조정하는 등의 의사소통능력을 발휘하는 것도 좋은 전략이 될 수 있다.

④ 상황면접
  ㉠ 면접 방식 및 판단기준
    - 면접 방식 : 상황면접은 직무 수행 시 접할 수 있는 상황들을 제시하고, 그러한 상황에서 어떻게 행동할 것인지를 이야기하는 방식으로 진행된다.
    - 판단기준 : 해당 상황에 적절한 역량의 구현과 구체적 행동지표

ⓛ 특징 : 실제 직무 수행 시 접할 수 있는 상황들을 제시하므로 입사 이후 지원자의 업무수행능력을 평가하는 데 적절한 면접 방식이다. 또한 지원자의 가치관, 태도, 사고방식 등의 요소를 통합적으로 평가하는 데 용이하다.

ⓒ 예시 문항 및 준비전략

• 예시 문항

> 당신은 생산관리팀의 팀원으로, 생산팀이 기한에 맞춰 효율적으로 제품을 생산할 수 있도록 관리하는 역할을 맡고 있습니다. 3개월 뒤에 제품A를 정상적으로 출시하기 위해 생산팀의 생산 계획을 수립한 상황입니다. 그러나 원가가 곧 실적으로 이어지는 구매팀에서는 최대한 원가를 줄여 전반적 단가를 낮추려고 원가절감을 위한 제안을 하였으나, 연구개발팀에서는 구매팀이 제안한 방식으로 제품을 생산할 경우 대부분이 구매팀의 실적으로 산정될 것이므로 제대로 확인도 해보지 않은 채 적합하지 않은 방식이라고 판단하고 있습니다. 당신은 어떻게 하겠습니까?

• 준비전략 : 상황면접은 먼저 주어진 상황에서 핵심이 되는 문제가 무엇인지를 파악하는 것에서 시작한다. 주질문과 세부질문을 통하여 질문의 의도를 파악하였다면, 그에 대한 구체적인 행동이나 생각 등에 대해 응답할수록 높은 점수를 얻을 수 있다.

⑤ 역할면접

ⓐ 면접 방식 및 판단기준

• 면접 방식 : 역할면접 또는 역할연기 면접은 기업 내 발생 가능한 상황에서 부딪히게 되는 문제와 역할을 가상적으로 설정하여 특정 역할을 맡은 사람과 상호작용하고 문제를 해결해 나가도록 하는 방식으로 진행된다. 역할연기 면접에서는 면접관이 직접 역할연기를 하면서 지원자를 관찰하기도 하지만, 역할연기 수행만 전문적으로 하는 사람을 투입할 수도 있다.

• 판단기준 : 대처능력, 대인관계능력, 의사소통능력 등

ⓛ 특징 : 역할면접은 실제 상황과 유사한 가상 상황에서의 행동을 관찰함으로서 지원자의 성격이나 대처 행동 등을 관찰할 수 있다.

ⓒ 예시 문항 및 준비전략

• 예시 문항

> [금융권 역할면접의 예]
> 당신은 ○○은행의 신입 텔러이다. 사람이 많은 월말 오전 한 할아버지(면접관 또는 역할담당자)께서 ○○은행을 사칭한 보이스피싱으로 500만 원을 피해 보았다며 소란을 일으키고 있다. 실제 업무상황이라고 생각하고 상황에 대처해 보시오.

- 준비전략 : 역할연기 면접에서 측정하는 역량은 주로 갈등의 원인이 되는 문제를 해결 하고 제시된 해결방안을 상대방에게 설득하는 것이다. 따라서 갈등해결, 문제해결, 조정·통합, 설득력과 같은 역량이 중요시된다. 또한 갈등을 해결하기 위해서 상대방에 대한 이해도 필수적인 요소이므로 고객 지향을 염두에 두고 상황에 맞게 대처해야 한다.
  역할면접에서는 변별력을 높이기 위해 면접관이 압박적인 분위기를 조성하는 경우가 많기 때문에 스트레스 상황에서 불안해하지 않고 유연하게 대처할 수 있도록 시간과 노력을 들여 충분히 연습하는 것이 좋다.

2 면접 이미지 메이킹

(1) 성공적인 이미지 메이킹 포인트

① 복장 및 스타일
  ㉠ 남성

- 양복 : 양복은 단색으로 하며 넥타이나 셔츠로 포인트를 주는 것이 효과적이다. 짙은 회색이나 감청색이 가장 단정하고 품위 있는 인상을 준다.
- 셔츠 : 흰색이 가장 선호되나 자신의 피부색에 맞추는 것이 좋다. 푸른색이나 베이지색은 산뜻한 느낌을 줄 수 있다. 양복과의 배색도 고려하도록 한다.
- 넥타이 : 의상에 포인트를 줄 수 있는 아이템이지만 너무 화려한 것은 피한다. 지원자의 피부색은 물론, 정장과 셔츠의 색을 고려하며, 체격에 따라 넥타이 폭을 조절하는 것이 좋다.
- 구두 & 양말 : 구두는 검정색이나 짙은 갈색이 어느 양복에나 무난하게 어울리며 깔끔하게 닦아 준비한다. 양말은 정장과 동일한 색상이나 검정색을 착용한다.
- 헤어스타일 : 머리스타일은 단정한 느낌을 주는 짧은 헤어스타일이 좋으며 앞머리가 있다면 이마나 눈썹을 가리지 않는 선에서 정리하는 것이 좋다.

ⓛ 여성

- 의상 : 단정한 스커트 투피스 정장이나 슬랙스 슈트가 무난하다. 블랙이나 그레이, 네이비, 브라운 등 차분해 보이는 색상을 선택하는 것이 좋다.
- 소품 : 구두, 핸드백 등은 같은 계열로 코디하는 것이 좋으며 구두는 너무 화려한 디자인이나 굽이 높은 것을 피한다. 스타킹은 의상과 구두에 맞춰 단정한 것으로 선택한다.
- 액세서리 : 액세서리는 너무 크거나 화려한 것은 좋지 않으며 과하게 많이 하는 것도 좋은 인상을 주지 못한다. 착용하지 않거나 작고 깔끔한 디자인으로 포인트를 주는 정도가 적당하다.
- 메이크업 : 화장은 자연스럽고 밝은 이미지를 표현하는 것이 좋으며 진한 색조는 인상이 강해 보일 수 있으므로 피한다.
- 헤어스타일 : 커트나 단발처럼 짧은 머리는 활동적이면서도 단정한 이미지를 줄 수 있도록 정리한다. 긴 머리의 경우 하나로 묶거나 단정한 머리망으로 정리하는 것이 좋으며, 짙은 염색이나 화려한 웨이브는 피한다.

② 인사

ⓖ 인사의 의미 : 인사는 예의범절의 기본이며 상대방의 마음을 여는 기본적인 행동이라고 할 수 있다. 인사는 처음 만나는 면접관에게 호감을 살 수 있는 가장 쉬운 방법이 될 수 있기도 하지만 제대로 예의를 지키지 않으면 지원자의 인성 전반에 대한 평가로 이어질 수 있으므로 각별히 주의해야 한다.

ⓛ 인사의 핵심 포인트

- 인사말 : 인사말을 할 때에는 밝고 친근감 있는 목소리로 하며, 자신의 이름과 수험번호 등을 간략하게 소개한다.
- 시선 : 인사는 상대방의 눈을 보며 하는 것이 중요하며 너무 빤히 쳐다본다는 느낌이 들지 않도록 주의한다.
- 표정 : 인사는 마음에서 우러나오는 존경이나 반가움을 표현하고 예의를 차리는 것이므로 살짝 미소를 지으며 하는 것이 좋다.
- 자세 : 인사를 할 때에는 가볍게 목만 숙인다거나 흐트러진 상태에서 인사를 하지 않도록 주의하며 절도 있고 확실하게 하는 것이 좋다.

③ 시선처리와 표정, 목소리

　㉠ 시선처리와 표정 : 표정은 면접에서 지원자의 첫인상을 결정하는 중요한 요소이다. 얼굴표정은 사람의 감정을 가장 잘 표현할 수 있는 의사소통 도구로 표정 하나로 상대방에게 호감을 주거나, 비호감을 사기도 한다. 호감이 가는 인상의 특징은 부드러운 눈썹, 자연스러운 미간, 적당히 볼록한 광대, 올라간 입 꼬리 등으로 가볍게 미소를 지을 때의 표정과 일치한다. 따라서 면접 중에는 밝은 표정으로 미소를 지어 호감을 형성할 수 있도록 한다. 시선은 면접관과 고르게 맞추되 생기 있는 눈빛을 띄도록 하며, 너무 빤히 쳐다본다는 인상을 주지 않도록 한다.

　㉡ 목소리 : 면접은 주로 면접관과 지원자의 대화로 이루어지므로 목소리가 미치는 영향이 상당하다. 답변을 할 때에는 부드러우면서도 활기차고 생동감 있는 목소리로 하는 것이 면접관에게 호감을 줄 수 있으며 적당한 제스처가 더해진다면 상승효과를 얻을 수 있다. 그러나 적절한 답변을 하였음에도 불구하고 콧소리나 날카로운 목소리, 자신감 없는 작은 목소리는 답변의 신뢰성을 떨어뜨릴 수 있으므로 주의하도록 한다.

④ 자세

　㉠ 걷는 자세

　　• 면접장에 입실할 때에는 상체를 곧게 유지하고 발끝은 평행이 되게 하며 무릎을 스치듯 11자로 걷는다.

　　• 시선은 정면을 향하고 턱은 가볍게 당기며 어깨나 엉덩이가 흔들리지 않도록 주의한다.

　　• 발바닥 전체가 닿는 느낌으로 안정감 있게 걸으며 발소리가 나지 않도록 주의한다.

　　• 보폭은 어깨넓이만큼이 적당하지만, 스커트를 착용했을 경우 보폭을 줄인다.

　　• 걸을 때도 미소를 유지한다.

　㉡ 서있는 자세

　　• 몸 전체를 곧게 펴고 가슴을 자연스럽게 내민 후 등과 어깨에 힘을 주지 않는다.

　　• 정면을 바라본 상태에서 턱을 약간 당기고 아랫배에 힘을 주어 당기며 바르게 선다.

　　• 양 무릎과 발뒤꿈치는 붙이고 발끝은 11자 또는 V형을 취한다.

　　• 남성의 경우 팔을 자연스럽게 내리고 양손을 가볍게 쥐어 바지 옆선에 붙이고, 여성의 경우 공수자세를 유지한다.

ⓒ 앉은 자세

• 남성

> • 의자 깊숙이 앉고 등받이와 등 사이에 주먹 1개 정도의 간격을 두며 기대듯 앉지 않도록 주의한다. (남녀 공통 사항)
> • 무릎 사이에 주먹 2개 정도의 간격을 유지하고 발끝은 11자를 취한다.
> • 시선은 정면을 바라보며 턱은 가볍게 당기고 미소를 짓는다. (남녀 공통 사항)
> • 양손은 가볍게 주먹을 쥐고 무릎 위에 올려놓는다.
> • 앉고 일어날 때에는 자세가 흐트러지지 않도록 주의한다. (남녀 공통 사항)

• 여성

> • 스커트를 입었을 경우 왼손으로 뒤쪽 스커트 자락을 누르고 오른손으로 앞쪽 자락을 누르며 의자에 앉는다.
> • 무릎은 붙이고 발끝을 가지런히 하며, 다리를 왼쪽으로 비스듬히 기울이면 여성스러워 보이는 효과가 있다.
> • 양손을 모아 무릎 위에 모아 놓으며 스커트를 입었을 경우 스커트 위를 가볍게 누르듯이 올려놓는다.

(2) 면접 예절

① 행동 관련 예절

ⓐ **지각은 절대금물** : 시간을 지키는 것은 예절의 기본이다. 지각을 할 경우 면접에 응시할 수 없거나, 면접 기회가 주어지더라도 불이익을 받을 가능성이 높아진다. 따라서 면접장소가 결정되면 교통편과 소요시간을 확인하고 가능하다면 사전에 미리 방문해 보는 것도 좋다. 면접 당일에는 서둘러 출발하여 면접 시간 20~30분 전에 도착하여 회사를 둘러보고 환경에 익숙해지는 것도 성공적인 면접을 위한 요령이 될 수 있다.

ⓑ **면접 대기 시간** : 지원자들은 대부분 면접장에서의 행동과 답변 등으로만 평가를 받는다고 생각하지만 그렇지 않다. 면접관이 아닌 면접진행자 역시 대부분 인사실무자이며 면접관이 면접 후 지원자에 대한 평가에 있어 확신을 위해 면접진행자의 의견을 구한다면 면접진행자의 의견이 당락에 영향을 줄 수 있다. 따라서 면접 대기 시간에도 행동과 말을 조심해야 하며, 면접을 마치고 돌아가는 순간까지도 긴장을 늦춰서는 안 된다. 면접 중 압박적인 질문에 답변을 잘 했지만, 면접장을 나와 흐트러진 모습을 보이거나 욕설을 한다면 면접 탈락의 요인이 될 수 있으므로 주의해야 한다.

ⓒ 입실 후 태도 : 본인의 차례가 되어 호명되면 또렷하게 대답하고 들어간다. 만약 면접장 문이 닫혀 있다면 상대에게 소리가 들릴 수 있을 정도로 노크를 두세 번 한 후 대답을 듣고 나서 들어가야 한다. 문을 여닫을 때에는 소리가 나지 않게 조용히 하며 공손한 자세로 인사한 후 성명과 수험번호를 말하고 면접관의 지시에 따라 자리에 앉는다. 이 경우 착석하라는 말이 없는데 먼저 의자에 앉으면 무례한 사람으로 보일 수 있으므로 주의한다. 의자에 앉을 때에는 끝에 앉지 말고 무릎 위에 양손을 가지런히 얹는 것이 예절이라고 할 수 있다.

ⓔ 옷매무새를 자주 고치지 마라. : 일부 지원자의 경우 옷매무새 또는 헤어스타일을 자주 고치거나 확인하기도 하는데 이러한 모습은 과도하게 긴장한 것 같아 보이거나 면접에 집중하지 못하는 것으로 보일 수 있다. 남성 지원자의 경우 넥타이를 자꾸 고쳐 맨다거나 정장 상의 끝을 너무 자주 만지작거리지 않는다. 여성 지원자는 머리를 계속 쓸어 올리지 않고, 특히 짧은 치마를 입고서 신경이 쓰여 치마를 끌어 내리는 행동은 좋지 않다.

ⓜ 다리를 떨거나 산만한 시선은 면접 탈락의 지름길 : 자신도 모르게 다리를 떨거나 손가락을 만지는 등의 행동을 하는 지원자가 있는데, 이는 면접관의 주의를 끌 뿐만 아니라 불안하고 산만한 사람이라는 느낌을 주게 된다. 따라서 가능한 한 바른 자세로 앉아 있는 것이 좋다. 또한 면접관과 시선을 맞추지 못하고 여기저기 둘러보는 듯한 산만한 시선은 지원자가 거짓말을 하고 있다고 여겨지거나 신뢰할 수 없는 사람이라고 생각될 수 있다.

② 답변 관련 예절

ⓐ 면접관이나 다른 지원자와 가치 논쟁을 하지 않는다. : 질문을 받고 답변하는 과정에서 면접관 또는 다른 지원자의 의견과 다른 의견이 있을 수 있다. 특히 평소 지원자가 관심이 많은 문제이거나 잘 알고 있는 문제인 경우 자신과 다른 의견에 대해 이의가 있을 수 있다. 하지만 주의할 것은 면접에서 면접관이나 다른 지원자와 가치 논쟁을 할 필요는 없다는 것이며 오히려 불이익을 당할 수도 있다. 정답이 정해져 있지 않은 경우에는 가치관이나 성장배경에 따라 문제를 받아들이는 태도에서 답변까지 충분히 차이가 있을 수 있으므로 굳이 면접관이나 다른 지원자의 가치관을 지적하고 고치려 드는 것은 좋지 않다.

ⓛ 답변은 항상 정직해야 한다. : 면접이라는 것이 아무리 지원자의 장점을 부각시키고 단점을 축소시키는 것이라고 해도 절대로 거짓말을 해서는 안 된다. 거짓말을 하게 되면 지원자는 불안하거나 꺼림칙한 마음이 들게 되어 면접에 집중을 하지 못하게 되고 수많은 지원자를 상대하는 면접관은 그것을 놓치지 않는다. 거짓말은 그 지원자에 대한 신뢰성을 떨어뜨리며 이로 인해 다른 스펙이 아무리 훌륭하다고 해도 채용에서 탈락하게 될 수 있음을 명심하도록 한다.

ⓒ 경력직을 경우 전 직장에 대해 험담하지 않는다. : 지원자가 전 직장에서 무슨 업무를 담당했고 어떤 성과를 올렸는지는 면접관이 관심을 둘 사항일 수 있지만, 이전 직장의 기업문화나 상사들이 어땠는지는 그다지 궁금해 하는 사항이 아니다. 전 직장에 대해 험담을 늘어놓는다든가, 동료와 상사에 대한 악담을 하게 된다면 오히려 지원자에 대한 부정적인 이미지만 심어줄 수 있다. 만약 전 직장에 대한 말을 해야 할 경우가 생긴다면 가능한 한 객관적으로 이야기하는 것이 좋다.

ⓔ 자기 자신이나 배경에 대해 자랑하지 않는다. : 자신의 성취나 부모 형제 등 집안사람들이 사회·경제적으로 어떠한 위치에 있는지에 대한 자랑은 면접관으로 하여금 지원자에 대해 오만한 사람이거나 배경에 의존하려는 나약한 사람이라는 이미지를 갖게 할 수 있다. 따라서 자기 자신이나 배경에 대해 자랑하지 않도록 하고, 자신이 한 일에 대해서 너무 자세하게 얘기하지 않도록 주의해야 한다.

3 면접 질문 및 답변 포인트

(1) 가족 및 대인관계에 관한 질문

① 당신의 가정은 어떤 가정입니까?
면접관들은 지원자의 가정환경과 성장과정을 통해 지원자의 성향을 알고 싶어 이와 같은 질문을 한다. 비록 가정 일과 사회의 일이 완전히 일치하는 것은 아니지만 '가화만사성'이라는 말이 있듯이 가정이 화목해야 사회에서도 화목하게 지낼 수 있기 때문이다. 그러므로 답변 시에는 가족사항을 정확하게 설명하고 집안의 분위기와 특징에 대해 이야기하는 것이 좋다.

② 아버지의 직업은 무엇입니까?

아주 기본적인 질문이지만 지원자는 아버지의 직업과 내가 무슨 관련성이 있을까 생각하기 쉬워 포괄적인 답변을 하는 경우가 많다. 그러나 이는 바람직하지 않은 것으로 단답형으로 답변하면 세부적인 직종 및 근무연한 등을 물을 수 있으므로 모든 걸 한 번에 대답하는 것이 좋다.

③ 친구 관계에 대해 말해 보십시오.

지원자의 인간성을 판단하는 질문으로 교우관계를 통해 답변자의 성격과 대인관계능력을 파악할 수 있다. 새로운 환경에 적응을 잘하여 새로운 친구들이 많은 것도 좋지만, 깊고 오래 지속되어온 인간관계를 말하는 것이 더욱 바람직하다.

(2) 성격 및 가치관에 관한 질문

① 당신의 PR포인트를 말해 주십시오.

PR포인트를 말할 때에는 지나치게 겸손한 태도는 좋지 않으며 적극적으로 자기를 주장하는 것이 좋다. 앞으로 입사 후 하게 될 업무와 관련된 자기의 특성을 구체적인 일화를 더하여 이야기하도록 한다.

② 당신의 장·단점을 말해 보십시오.

지원자의 구체적인 장·단점을 알고자 하기 보다는 지원자가 자기 자신에 대해 얼마나 알고 있으며 어느 정도의 객관적인 분석을 하고 있나, 그리고 개선의 노력 등을 시도하는지를 파악하고자 하는 것이다. 따라서 장점을 말할 때는 업무와 관련된 장점을 뒷받침할 수 있는 근거와 함께 제시하며, 단점을 이야기할 때에는 극복을 위한 노력을 반드시 포함해야 한다.

③ 가장 존경하는 사람은 누구입니까?

존경하는 사람을 말하기 위해서는 우선 그 인물에 대해 알아야 한다. 잘 모르는 인물에 대해 존경한다고 말하는 것은 면접관에게 바로 지적당할 수 있으므로, 추상적이라도 좋으니 평소에 존경스럽다고 생각했던 사람에 대해 그 사람의 어떤 점이 좋고 존경스러운지 대답하도록 한다. 또한 자신에게 어떤 영향을 미쳤는지도 언급하면 좋다.

(3) 학교생활에 관한 질문

① 지금까지의 학교생활 중 가장 기억에 남는 일은 무엇입니까?

가급적 직장생활에 도움이 되는 경험을 이야기하는 것이 좋다. 또한 경험만을 간단하게 말하지 말고 그 경험을 통해서 얻을 수 있었던 교훈 등을 예시와 함께 이야기하는 것이 좋으나 너무 상투적인 답변이 되지 않도록 주의해야 한다.

② 성적은 좋은 편이었습니까?

면접관은 이미 서류심사를 통해 지원자의 성적을 알고 있다. 그럼에도 불구하고 이 질문을 하는 것은 지원자가 성적에 대해서 어떻게 인식하느냐를 알고자 하는 것이다. 성적이 나빴던 이유에 대해서 변명하려 하지 말고 담백하게 받아드리고 그것에 대한 개선노력을 했음을 밝히는 것이 적절하다.

③ 학창시절에 시위나 집회 등에 참여한 경험이 있습니까?

기업에서는 노사분규를 기업의 사활이 걸린 중대한 문제로 인식하고 거시적인 차원에서 접근한다. 이러한 기업문화를 제대로 인식하지 못하여 학창시절의 시위나 집회 참여 경험을 자랑스럽게 답변할 경우 감점요인이 되거나 심지어는 탈락할 수 있다는 사실에 주의한다. 시위나 집회에 참가한 경험을 말할 때에는 타당성과 정도에 유의하여 답변해야 한다.

(4) 지원동기 및 직업의식에 관한 질문

① 왜 우리 회사를 지원했습니까?

이 질문은 어느 회사나 가장 먼저 물어보고 싶은 것으로 지원자들은 기업의 이념, 대표의 경영능력, 재무구조, 복리후생 등 외적인 부분을 설명하는 경우가 많다. 이러한 답변도 적절하지만 지원 회사의 주력 상품에 관한 소비자의 인지도, 경쟁사 제품과의 시장점유율을 비교하면서 입사동기를 설명한다면 상당히 주목 받을 수 있을 것이다.

② 만약 이번 채용에 불합격하면 어떻게 하겠습니까?

불합격할 것을 가정하고 회사에 응시하는 지원자는 거의 없을 것이다. 이는 지원자를 궁지로 몰아넣고 어떻게 대응하는지를 살펴보며 입사 의지를 알아보려고 하는 것이다. 이 질문은 너무 깊이 들어가지 말고 침착하게 답변하는 것이 좋다.

③ 당신이 생각하는 바람직한 사원상은 무엇입니까?

직장인으로서 또는 조직의 일원으로서의 자세를 묻는 질문으로 지원하는 회사에서 어떤 인재상을 요구하는 가를 알아두는 것이 좋으며, 평소에 자신의 생각을 미리 정리해 두어 당황하지 않도록 한다.

④ 직무상의 적성과 보수의 많음 중 어느 것을 택하겠습니까?

이런 질문에서 회사 측에서 원하는 답변은 당연히 직무상의 적성에 비중을 둔다는 것이다. 그러나 적성만을 너무 강조하다 보면 오히려 솔직하지 못하다는 인상을 줄 수 있으므로 어느 한 쪽을 너무 강조하거나 경시하는 태도는 바람직하지 못하다.

⑤ 상사와 의견이 다를 때 어떻게 하겠습니까?

과거와 다르게 최근에는 상사의 명령에 무조건 따르겠다는 수동적인 자세는 바람직하지 않다. 회사에서는 때에 따라 자신이 판단하고 행동할 수 있는 직원을 원하기 때문이다. 그러나 지나치게 자신의 의견만을 고집한다면 이는 팀원 간의 불화를 야기할 수 있으며 팀 체제에 악영향을 미칠 수 있으므로 선호하지 않는다는 것에 유념하여 답해야 한다.

⑥ 근무지가 지방인데 근무가 가능합니까?

근무지가 지방 중에서도 특정 지역은 되고 다른 지역은 안 된다는 답변은 바람직하지 않다. 직장에서는 순환 근무라는 것이 있으므로 처음에 지방에서 근무를 시작했다고 해서 계속 지방에만 있는 것은 아님을 유의하고 답변하도록 한다.

(5) 여가 활용에 관한 질문

① 취미가 무엇입니까?

기초적인 질문이지만 특별한 취미가 없는 지원자의 경우 대답이 애매할 수밖에 없다. 그래서 가장 많이 대답하게 되는 것이 독서, 영화감상, 혹은 음악감상 등과 같은 흔한 취미를 말하게 되는데 이런 취미는 면접관의 주의를 끌기 어려우며 설사 정말 위와 같은 취미를 가지고 있다하더라도 제대로 답변하기는 힘든 것이 사실이다. 가능하면 독특한 취미를 말하는 것이 좋으며 이제 막 시작한 것이라도 열의를 가지고 있음을 설명할 수 있으면 그것을 취미로 답변하는 것도 좋다.

② 술자리를 좋아합니까?

이 질문은 정말로 술자리를 좋아하는 정도를 묻는 것이 아니다. 우리나라에서는 대부분 술자리가 친교의 자리로 인식되기 때문에 그것에 얼마나 적극적으로 참여할 수 있는 가를 우회적으로 묻는 것이다. 술자리를 싫어한다고 대답하게 되면 원만한 대인관계에 문제가 있을 수 있다고 평가될 수 있으므로 술을 잘 마시지 못하더라도 술자리의 분위기는 즐긴 다고 답변하는 것이 좋으며 주량에 대해서는 정확하게 말하는 것이 좋다.

(6) 여성 지원자들을 겨냥한 질문

① 결혼은 언제 할 생각입니까?

지원자가 결혼예정자일 경우 기업은 채용을 꺼리게 되는 경향이 있다. 업무를 어느 정도 인식하고 수행할 정도가 되면 퇴사하는 일이 흔하기 때문이다. 가능하면 향후 몇 년간은 결혼 계획이 없다고 답변하는 것이 현실적인 대처 요령이며, 덧붙여 결혼 후에도 일하고 자 하는 의지를 강하게 내보인다면 더욱 도움이 된다.

② 만약 결혼 후 남편이나 시댁에서 직장생활을 그만두라고 강요한다면 어떻게 하겠습니까?

결혼적령기의 여성 지원자들에게 빈번하게 묻는 질문으로 의견 대립이 생겼을 때 상대방 을 설득하고 타협하는 능력을 알아보고자 하는 것이다. 따라서 남편이나 시댁과 충분한 대화를 통해 설득하고 계속 근무하겠다는 의지를 밝히는 것이 좋다.

③ 여성의 취업을 어떻게 생각합니까?

여성 지원자들의 일에 대한 열의와 포부를 알고자 하는 질문이다. 많은 기업들이 여성들 의 섬세하고 꼼꼼한 업무능력과 감각을 높이 평가하고 있으며, 사회 전반적인 분위기 역 시 맞벌이를 이해하고 있으므로 자신의 의지를 당당하고 자신감 있게 밝히는 것이 좋다.

④ 커피나 복사 같은 잔심부름이 주어진다면 어떻게 하겠습니까?

여성 지원자들에게 가장 난감하고 자존심상하는 질문일 수 있다. 이 질문은 여성 지원자 에게 잔심부름을 시키겠다는 요구가 아니라 직장생활 중에서의 협동심이나 봉사정신, 직 업관을 알아보고자 하는 것이다. 또한 이 과정에서 압박기법을 사용해 비꼬는 투로 말하 는 수 있는데 이는 자존심이 상하거나 불쾌해질 때의 행동을 알아보려는 것이다. 이럴 경 우 흥분하여 과격하게 답변하면 탈락하게 되며, 무조건 열심히 하겠다는 대답도 신뢰성이 없는 답변이다. 직장생활을 위해 필요한 일이면 할 수 있다는 정도의 긍정적인 답변을 하 되, 한 사람의 사원으로서 당당함을 유지하는 것이 좋다.

(7) 지원자를 당황하게 하는 질문

① 성적이 좋지 않은데 이 정도의 성적으로 우리 회사에 입사할 수 있다고 생각합니까?

비록 자신의 성적이 좋지 않더라도 이미 서류심사에 통과하여 면접에 참여하였다면 기업에서는 지원자의 성적보다 성적 이외의 요소, 즉 성격·열정 등을 높이 평가했다는 것이라고 할 수 있다. 그러나 이런 질문을 받게 되면 지원자는 당황할 수 있으나 주눅 들지말고 침착하게 대처하는 면모를 보인다면 더 좋은 인상을 남길 수 있다.

② 우리 회사 회장님 함자를 알고 있습니까?

회장이나 사장의 이름을 조사하는 것은 면접일을 통고받았을 때 이미 사전 조사되었어야하는 사항이다. 단답형으로 이름만 말하기보다는 그 기업에 입사를 희망하는 지원자의 입장에서 답변하는 것이 좋다.

③ 당신은 이 회사에 적합하지 않은 것 같군요.

이 질문은 지원자의 입장에서 상당히 곤혹스러울 수밖에 없다. 질문을 듣는 순간 그렇다면 면접은 왜 참가시킨 것인가 하는 생각이 들 수도 있다. 하지만 당황하거나 흥분하지말고 침착하게 자신의 어떤 면이 회사에 적당하지 않는지 겸손하게 물어보고 지적당한 부분에 대해서 고치겠다는 의지를 보인다면 오히려 자신의 능력을 어필할 수 있는 기회로사용할 수도 있다.

④ 다시 공부할 계획이 있습니까?

이 질문은 지원자가 합격하여 직장을 다니다가 공부를 더 하기 위해 회사를 그만 두거나학습에 더 관심을 두어 일에 대한 능률이 저하될 것을 우려하여 묻는 것이다. 이때에는당연히 학습보다는 일을 강조해야 하며, 업무 수행에 필요한 학습이라면 업무에 지장이없는 범위에서 야간학교를 다니거나 회사에서 제공하는 연수 프로그램 등을 활용하겠다고답변하는 것이 적당하다.

⑤ 지원한 분야가 전공한 분야와 다른데 여기 일을 할 수 있겠습니까?

수험생의 입장에서 본다면 지원한 분야와 전공이 다르지만 서류전형과 필기전형에 합격하여 면접을 보게 된 경우라고 할 수 있다. 이는 결국 해당 회사의 채용 방침상 전공에 크게 영향을 받지 않는다는 것이므로 무엇보다 자신이 전공하지는 않았지만 어떤 업무도 적극적으로 임할 수 있다는 자신감과 능동적인 자세를 보여주도록 노력하는 것이 좋다.

02 면접기출

1 한국에너지공단 면접기출

한국에너지공단은 크게 상황면접과 경험면접으로 진행된다. 상황면접은 지원한 직무에 따라 특정한 상황을 주고 그 상황에 따른 대처방안에 대해 발표하는 것으로 이뤄지며, 경험면접은 인성면접과 함께 지원자의 삶 속에서 의미 있었던 경험에 대해 자기소개서를 기반으로 질문한다.

① 자기소개를 해 보시오.

② 우리 공단에 지원한 동기는 무엇입니까?

③ (경력) 전 직장에서의 업무 경험에 대해 말해 보시오.

④ 자신의 성격적 강점을 말해 보시오.

⑤ 우리 공단에 대해 아는 대로 말해 보시오.

⑥ 우리 공단에서 하는 일에 대해 말해 보시오.

⑦ 우리 공단의 최근 이슈는 무엇인지 말해 보시오.

⑧ 인턴 업무에 임함에 있어 중요하다고 생각하는 것은 무엇입니까?

⑨ 신재생에너지의 종류에 대해 말해 보시오.

⑩ 지금까지 살아오면서 본인이 가장 힘들었던 일은 무엇인가?

⑪ 가장 열정적으로 일했던 경험을 말해 보시오.

⑫ 타인과 불화가 있었던 경험과 어떻게 극복했는지를 말해 보시오.

⑬ 직무기술서의 세부항목 중 본인이 담당하고 싶은 항목과 그 이유는 무엇인가?

⑭ 우리 공단에서 본인을 왜 뽑아야 하는지 설득해 보시오.

⑮ 공단 사업을 추진함에 있어 지역주민과의 갈등을 어떻게 해소할지 말해 보시오.

① 상사가 부정한 일로 자신의 이득을 취하고 있다. 이를 인지하게 되었을 때 자신이라면 어떻게 행동할 것인가?

② 본인이 했던 일 중 가장 창의적이었다고 생각하는 경험에 대해 말해보시오.

③ 직장 생활 중 적성에 맞지 않는다고 느낀다면 다른 일을 찾을 것인가? 아니면 참고 견뎌내겠는가?

④ 자신만의 특별한 취미가 있는가? 그것을 업무에서 활용할 수 있다고 생각하는가?

⑤ 면접을 보러 가는 길인데 신호등이 빨간불이다. 시간이 매우 촉박한 상황인데, 무단횡단을 할 것인가?

⑥ 원하는 직무에 배치 받지 못할 경우 어떻게 행동할 것인가?

⑦ 상사와 종교·정치에 대한 대화를 하던 중 본인의 생각과 크게 다른 경우 어떻게 하겠는가?

⑧ 타인과 차별화 될 수 있는 자신만의 장점 및 역량은 무엇인가?

⑨ 자격증을 한 번에 몰아서 취득했는데 힘들지 않았는가?

⑩ 오늘 경제신문 첫 면의 기사에 대해 브리핑 해보시오.

⑪ 무상급식 전국실시에 대한 본인의 의견을 말하시오.

⑫ 타인과 차별화 될 수 있는 자신만의 장점 및 역량은 무엇인가?

⑬ 외국인 노동자와 비정규직에 대한 자신의 의견을 말해보시오.

⑭ 장래에 자녀를 낳는다면 주말 계획은 자녀와 자신 중 어느 쪽에 맞춰서 할 것인가?

⑮ 공사 진행과 관련하여 민원인과의 마찰이 생기면 어떻게 대응하겠는가?

⑯ 직장 상사가 나보다 다섯 살 이상 어리면 어떤 기분이 들겠는가?

⑰ 현재 심각한 취업난인 반면 중소기업은 인력이 부족하다는데 어떻게 생각하는가?

⑱ 영어 자기소개, 영어 입사동기

⑲ 지방이나 오지 근무에 대해서 어떻게 생각하는가?

⑳ 상사에게 부당한 지시를 받으면 어떻게 행동하겠는가?

㉑ 최근 주의 깊게 본 시사 이슈는 무엇인가?

㉒ 자신만의 스트레스 해소법이 있다면 말해보시오.

㉓ 방사능 유출에 대한 획기적인 대책을 제시해보시오.

㉔ 고준위 폐기물 재처리는 어떻게 하는 것이 바람직하다고 생각하는가?

수험서 전문출판사 서원각

목표를 위해 나아가는 수험생 여러분을 성심껏 돕기 위해서 서원각에서는 최고의 수험서 개발에 심혈을 기울이고 있습 니다. 희망찬 미래를 위해서 노력하는 모든 수험생 여러분을 응원합니다.

공무원 대비서

취업 대비서

군 관련 시리즈

자격증 시리즈

동영상 강의

수험서 BEST SELLER

공무원

9급 공무원 파워특강 시리즈
국어, 영어, 한국사, 행정법총론, 행정학개론,
교육학개론, 사회복지학개론, 국제법개론

5, 6개년 기출문제
영어, 한국사, 행정법총론, 행정학개론, 회계학
교육학개론, 사회복지학개론, 사회, 수학, 과학

10개년 기출문제
국어, 영어, 한국사, 행정법총론, 행정학개론,
교육학개론, 사회복지학개론, 사회

소방공무원
필수과목, 소방학개론, 소방관계법규,
인·적성검사, 생활영어 등

자격증

사회조사분석사 2급 1차 필기

생활정보탐정사

청소년상담사 3급(자격증 한 번에 따기)

임상심리사 2급 기출문제

NCS기본서

공공기관 통합채용